# 科技创新对城市高质量发展的影响机理研究

Research on the Influence Mechanism of Science and Technological
Innovation on High Quality Development of Chinese Cities

王元萍　著

重庆大学出版社

## 内容摘要

本书首先通过"纵横向"拉开档次法,分别分析了 35 个大中城市高质量发展和科技创新发展的现状和存在的问题;通过格兰杰因果检验,分析科技创新与城市高质量发展之间的内在联系。其次,关于科技创新对城市高质量发展的影响机理进行理论阐述。再次,基于 ESET 系统的理论框架,借助中国统计年鉴数据和问卷调查数据,构建结构方程模型(SEM)实证科技创新对城市高质量发展的影响机理。最后,利用 SD 工具构建 ESET 复合系统仿真模型,为城市高质量发展情景预测和分析提供了理论模型和基础。

**图书在版编目(CIP)数据**

科技创新对城市高质量发展的影响机理研究 / 王元
萍著. -- 重庆 : 重庆大学出版社,2023.6
　　ISBN 978-7-5689-4022-1

　　Ⅰ. ①科… 　Ⅱ. ①王… 　Ⅲ. ①技术革新—影响—城市
经济—经济发展—研究—中国　Ⅳ. ①F299.21

中国国家版本馆 CIP 数据核字(2023)第 115271 号

### 科技创新对城市高质量发展的影响机理研究

KEJI CHUANGXIN DUI CHENGSHI GAOZHILIANG FAZHAN DE YINGXIANG JILI YANJIU

王元萍　著

策划编辑:林青山

责任编辑:文 鹏　　版式设计:林青山
责任校对:邹 忌　　责任印制:赵 晟

\*

重庆大学出版社出版发行

出版人:饶帮华

社址:重庆市沙坪坝区大学城西路 21 号

邮编:401331

电话:(023) 88617190　88617185(中小学)

传真:(023) 88617186　88617166

网址:http://www.cqup.com.cn

邮箱:fxk@ cqup.com.cn(营销中心)

全国新华书店经销

重庆升光电力印务有限公司印刷

\*

开本:720mm×1020mm　1/16　印张:19.25　字数:275 千

2023 年 6 月第 1 版　　2023 年 6 月第 1 次印刷

ISBN 978-7-5689-4022-1　定价:89.00 元

# 前　言

　　改革开放40多年来,我国城市发展取得了举世瞩目的成绩,为经济的持续增长、城市数量增加、规模扩大和实现现代化做出了重大贡献。过去十年,我国GDP(国家或地区生产总值)以年均8.25%的速度增长,人均国民收入以年均7.92%的速度增长,同时能源生产量也以年均2.32%的速度增长,出现了经济、社会和生态环境不协同发展的现象。因此,粗放的城市发展方式难以适应我国提出的城市高质量发展的要求,也无法满足新时代我国城市可持续发展的需要,亟待通过科技创新手段对产业结构进行优化,推动产业向高端化、绿色化、数字化、智能化和融合化方向发展,促进城市发展向节约集约转变,摆脱传统资源依赖型的城市发展道路,实现城市可持续高质量发展,城市转型变得十分迫切。当前我国处于从高速增长阶段向高质量发展阶段转变的一个重要阶段,这两个阶段是有本质区别的,是从"量"到"质"、从"外延式扩张"向"内涵式发展"、从"速度型""数量型"向"创新型""高质量"的转变,无论从哪一个转向来看,科技创新都是不可缺少的核心要素,是城市高质量发展的核心驱动力。此外,大中城市规模大、地位高、影响力显著,具有强大的集聚辐射带动作用。基于此,本书以35个大中城市为研究对象,从科技创新视角展开城市高质量发展机理研究,旨在推动城市高质量发展,助力早日实现全面现代化、科技强国战略、产业强国战略。本书的主要研究内容有:

　　首先,通过"纵横向"拉开档次法,对35个大中城市高质量发展水平和科技创新水平进行测度,分别分析了城市高质量发展和科技创新发展的现状和存在的问题;通过格兰杰因果检验,分析科技创新与城市高质量发展之间的内在联系。

　　其次,关于科技创新对城市高质量发展的影响机理进行理论阐述。本书基于对科技创新、城市高质量发展概念的解析以及两者之间关系的实证和梳理提炼,借鉴新经济地理理论、内生经济增长理论等相关理论,重新审视科技创新影响城市高质量发展的理论依据,从理论层面解释了科技创新对城市高质量发展影响机理是"把科技创新作为内源驱动力,促进经济、社会和生态环境'质'的提升,最终推动城市高质量、可持续发展,实现城市由量变到质变、质变推动量变的转型升级"。

再次,基于 ESET 系统的理论框架,借助中国统计年鉴数据和问卷调查数据,构建结构方程模型(SEM)实证科技创新对城市高质量发展的影响机理。运用 SEM 模型分析关键影响因素的作用方式和作用效果,得到科技创新对城市高质量发展的影响机理路径和关键骨架。

最后,利用 SD 工具构建 ESET 复合系统仿真模型。本书在对科技创新对城市高质量发展的影响机理进行定性分析及作用机理路径基础上,基于提供的静态关键骨架,分析科技创新对城市高质量发展的影响以及它们之间非线性、多反馈的复杂作用关系,借助系统动力学对城市高质量发展系统进行真实还原,涵盖多个实际变量,对 SEM 影响机理实证进行增补优化,揭示科技创新对城市高质量发展的内在运行机理,为城市高质量发展情景预测和分析提供了理论模型和基础。然后,借助中国统计年鉴和问卷调研数据,设定基准情景、集约发展情景和创新集约发展情景等不同情景,得出创新集约发展情景是各子系统耦合协调发展的情景。分析关键影响因素的作用强度和敏感程度,得到了科技创新对城市高质量发展的政策敏感因素,提出"以科技创新环境为先导,科技创新投入为手段,科技创新产出为重要环节"的对策建议。

本书遵循"关联研究—机理研究—对策建议"的思路,结合实证研究与规范研究的方法,揭示科技创新对城市高质量发展的影响机理,丰富了城市发展的相关理论体系的科学内涵应用范畴,有助于城市高质量发展问题的研究;基于科技创新对城市高质量发展的影响机理,提出以科技创新环境建设为先导,以科技创新投入为手段,以科技创新产出实现为重要环节的科技创新驱动城市高质量发展对策,为政府有关部门的政策制定提供了参考思路和智力支持。

王元萍

2023 年 1 月于重庆科技学院

# 目 录

# 1  绪  论

## 1.1  研究背景与问题提出

### 1.1.1  研究背景

诺贝尔经济奖获得者约瑟夫·斯蒂格涅茨指出,"中国的城市化和美国的高科技发展将是 21 世纪以来影响人类发展的两个非常重要的课题"[1]。《"十四五"城镇化与城市发展科技创新专项规划》提出"要深入推进以人民为中心的创新型城镇化发展战略,促进城乡建设高质量发展,构建具有中国特色的城镇空间优化开发和城市(群)及都市圈规划设计。"《习近平关于科技创新论述摘编》中明确提出"科技创新是提高社会生产力和综合国力的战略支撑""创新是引领发展的第一动力""实施创新驱动发展战略,推进以科技创新为核心的全面创新"等重要论断。"十四五"规划明确提出"要坚持创新在我国现代化建设全局中的核心地位。"《国家创新驱动发展战略纲要》指出必须依赖创新驱动打造经济发展的新引擎,培育出新的经济增长点,开辟出一片创新发展的新空间。党的"二十大"报告明确提出"必须坚持科技是第一生产力、人才是第一资源、创新是第一动力"[2]。《国家新型城镇化规划(2014—2020 年)》中提出"要增强城市辐射带动作用"。2020 年 9 月 11 日习近平同志在科学家座谈会上指出,"我国经济社会发展和民生改善比过去任何时候都更加需要科学技术解决方案,都更加需要增强创新这个第一动力"。

科技创新是在人们对可持续发展、高质量发展探索和实践的基础上被提出的,是对两种发展理念的升华。科技创新跟以往的发展理念不同,在指导人类发展的同时带来革命性变革,否定过去以高资源消耗和牺牲环境为代价实现"量"的增长的发展模式,要求实现"质"的提高,"质"与"量"协调发展。因此,高质量发展、可持续发展成为有序推进大中城市发展的核心工作,不能盲目借助科技创新驱动大中城市高质量发展,必须把科技创新对大中城市高质量发展的影响机理弄清楚,探讨其本质,解释基本规律。因此,探讨科技创新对我国大中城市高质量发展影响机理显得急切且必要。通过科技创新助力大中城市可持续高质量发展迫在眉睫,研究科技创新视角下大中城市高质量发展问题不仅具有明显的现实意义而且显得十分迫切。

### 1)选取大中城市为研究对象

城市是人类从事经济社会活动的重要平台和有力支撑,是高质量发展的战略要地,是科技创新资源(信息、技术、知识、人才等)的聚集地,对周边区域在动力转换、方式转换和结构调整等方面起着重要的示范和带动作用,因此城市就成为科技创新资源的一个重要节点,然后很有可能逐步发展成为科技创新中心[3],大中城市更具有强大的辐射、示范带动作用。高质量发展离不开城市的高质量发展,城市的高质量发展离不开大中城市的高质量发展,大中城市的高质量发展离不开科技创新。相比于中小城市,大中城市有其自己的特色和优势,本书以大中城市为研究对象,主要是因为:①在一个城市群中,大中城市创造出更多的经济社会价值。相比于其他城市,大中城市体量和占比较大。比如在珠三角城市群中,广州、深圳地区生产总值占到整个城市群(9 个城市)的 57.25%(见图1.1);京津冀城市群中,北京在整个城市群的地区生产总值占比为 39.45%,天津在整个城市群中占比为 24.74%,整个京津冀城市群中(8 个城市),仅北京、天津两个城市创造的地区生产总值达 63.92%(见图1.2);包括 26 个城市的长三角城市群,上海就创造出了占比为 18.35% 的地区生产总值(见图 1.3)。②大中城市具有更强的集聚辐射带动作用。中心城市与周边地区之间的关系是先有集聚关系再有辐射关系。先把各种资源集聚到中心城市,然后发展起来的中心城市对周边地区产生辐射效应,帮助这些地区快速发展起来;最后,中心城市与周边中小城市形成相互影响、相互依存的良性互动关系。③相比于中小城市,大中城市更加需要科技创新来驱动城市高质量发展。过去城市发展模式出现了一系列的问题,遇到了发展瓶颈期,迫切需要找出一条走向高质量可持续的发展道路。

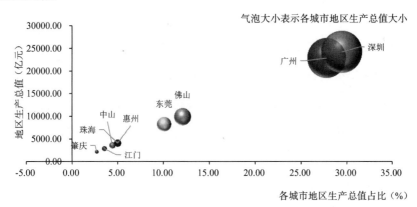

**图 1.1　珠三角城市群各城市地区生产总值情况**

**数据来源:《中国城市统计年鉴》**

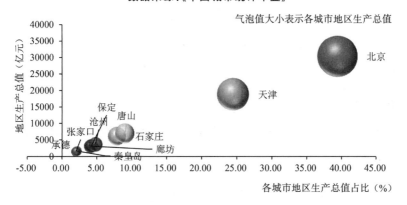

**图 1.2　京津冀城市群各城市地区生产总值情况**

**数据来源:《中国城市统计年鉴》**

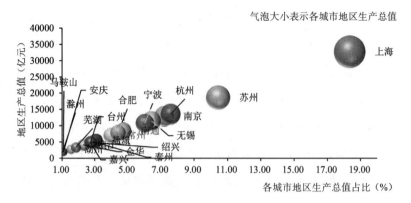

图 1.3　长三角城市群各城市地区生产总值情况

**数据来源：《中国城市统计年鉴》**

　　基于此，可以看出高质量和科技创新是这个时代的底色，高质量发展背后实际上是要有强大的科技作支撑，科技创新是我国大中城市高质量发展的内源驱动力，是推动大中城市高质量发展动能转换的迫切需求和重要支撑，想要实现全面发展就需抓住科技创新，紧扣"科技创新""高质量"抢抓发展新机遇，实现大中城市发展提质增效。

**2）科技创新是促进大中城市高质量发展的内源驱动力**

　　改革开放以来，我国在城市发展方面取得了举世瞩目的成绩，截至 2018 年底，在短短四十多年时间里，中国城镇常住人口达到 8.1 亿，城市化率达到 58.32%，与世界平均水平大体相当（54.29%）（见图 1.4）。从城镇人口、空间形态标准来看，中国整体上已经初步步入了城市型社会。但是，过去以追求地区生产总值增长为主要目标的经济发展模式导致在城市发展过程中出现了一系列问题，如生态环境破坏、自然资源浪费、过度投资重工业、疯狂扩张土地等，城市发展缺乏可持续[4,5]。对城市发展内涵认识不充分，仅考虑城市发展"量"的层面，对"质"的考量不足是出现这些问题的根源所在[6]。这些积累的问题不容忽视，这些问题的存在影响了我国城市高质量可持续的发展，值得高度关注并认真加以解决。

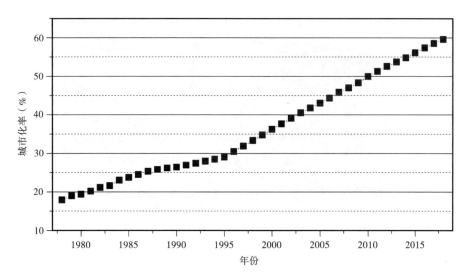

**图 1.4  1978—2018 年城市化率**

**数据来源:《中国统计年鉴》**

首先,城市发展面临从"人口红利"到"人才红利"的转换。城市火拼"抢人大战",为城市高质量发展注入人才活力。从图 1.5 可以看出,在 2010、2011 年 15～64 岁年龄段人口比重已经见顶,这意味着过去长期支撑经济社会高质量发展的人口红利消失了,目前急需从人口红利转向人才红利。自 2017 年以来,全国将近有 100 多个城市出台了一系列引进人才政策,掀起了激烈的"抢人大战",不仅抢年轻人口更是抢人才。比如江苏省无锡市在"2020 太湖人才峰会"上,给予 1 亿元资金支持,奖励给中国科学院院士丁汉团队。继无锡后,沈阳出台了《沈阳市高层次人才创新创业自主办法》,其中,对顶尖人才项目最高可达到 1 亿元的资助额,对高层次人才可达到 3 000 万的资助额。各大城市"抢人大战"最终还是要落到城市高质量发展上来,城市只要拥有高层次高素质的创新人才,再充分发挥自身地域优势,就会逐渐发展成中心城市,起到很强的集聚辐射带动作用,以点带面,最终促进城市高质量发展。

其次,我国城市发展动力面临从"要素驱动"和"投资驱动"到"创新驱动"的转换。"创新驱动"是有别于"要素驱动"和"投资驱动"的一种新的战略发展

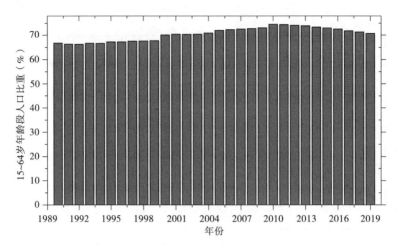

图 1.5　15～64 岁年龄段人口比重

数据来源:《中国统计年鉴》

观。美国哈佛大学经济学教授迈克尔·波特[7]把国家竞争优势发展分为"四个阶段":生产要素驱动发展阶段、投资驱动发展阶段、创新驱动发展阶段和财富驱动发展阶段。迈克尔·波特的"国家竞争力发展阶段理论"同样适用于我国的城市发展(图 1.6)。当前我国城市发展必须由"要素驱动"和"投资驱动"向"创新驱动"转变,实现从重数量的外延式扩张转向重品质的内涵式发展。从图 1.6 可以看出,$O—A$ 阶段,城市发展呈指数增长状态,此阶段城市发展外部条件适宜,资源充足;$A—B$ 阶段,城市发展速度仍在持续增长,但是外部资源对城市发展的影响的局限性已经凸显出来;$B—C$ 阶段,城市发展速度进一步增长,但是此时外部资源对城市发展的限制作用已经上升到主导地位;$B—C$ 阶段之后的城市发展就出现不可持续性,比如图 1.6 中的②③情况,此种情况就好比一些资源枯竭型城市(德国鲁尔矿区,法国洛林矿区,中国黑龙江鹤岗、辽宁盘锦、吉林敦化等),这些城市外部资源条件已经接近耗尽,出现城市收缩现象,城市发展不能实现可持续发展。此时,若要突破城市发展瓶颈,就需借助科技创新作为内源驱动力驱动城市向高质量可持续方向发展,如美国硅谷、加拿大渥太华、印度班加罗尔、中国深圳等,实现科技集成和科技创新,使科技创新成为城市发展的不竭动力。

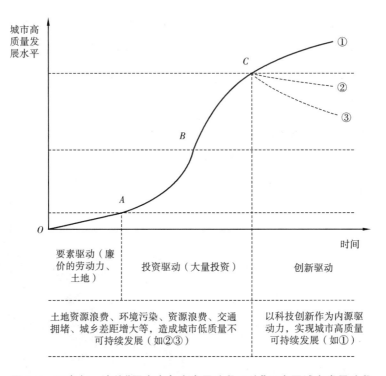

**图1.6　迈克尔·波特"国家竞争力发展阶段理论"下中国城市发展阶段**

　　传统粗放的城市发展方式遇到瓶颈期。若要突破这种发展瓶颈,需改变传统的城市发展模式,依靠科技创新,提升科技含量,走科技创新型城市发展道路。城市是区域发展的核心,城市的高质量发展和健康可持续发展是个世界性难题[8]。传统的城市发展模式以加快城市建设、扩大城市规模为主,忽视了提高人民生活水平和保护生态环境,最终导致发展不平衡、资源浪费、环境恶化等一系列城市问题。传统粗放的城市发展方式对城市健康发展、可持续高质量发展存在严重的影响。同时,这种只注重数量、规模而忽视质量的城市发展模式严重制约着城市向高质量发展的转变。目前,我国各地区在推进城市建设过程中,往往忽视当地资源环境承载力,忽视自身优势和功能定位,盲目大搞城市扩张,使得城市发展质量和速度不协调,出现了各种城市发展质量问题,各种矛盾日益突出,城市发展质量问题日益受到关注。

　　最后,我国经济增长速度已从高速增长向中高速增长转换,经济结构面临转型升级。由图 1.7 可知,自 2010 年以来,我国国内生产总值增长率一直处于下降趋势,在 2015 年降至 7.0%。据国际经验,一国或者一地区在经历持续的高速增长之后,都要面临增速"换挡"期。在经历这种换挡期时,一些突出问题(比如发展停滞、失业人数增加、社会矛盾频发等)很容易出现。城市是一国经济发展的载体,所以,需把握新时代下经济发展的根本特征,据此找出经济增长在新时代下的新载体、新模式、新动能。

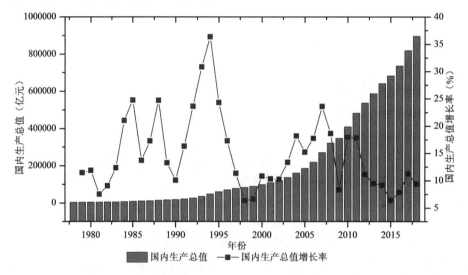

图 1.7 1978—2018 年中国国内生产总值及生产总值增长率

**数据来源:《中国统计年鉴》**

从图 1.8 可以看出,我国经济结构出现重大变革的年份是 2013 年,在这一年,第三产业增加值占国内生产总值的比重第一次超过第二产业增加值占国内生产总值的比重,我国经济正式迈入"三二一"产业时代。直到 2018 年,我国三产比重分别为 7.9%、40.5% 和 51.6%,我国产业结构不断转型升级,我国的经济发展方式出现了由重"量"的传统型到重"质"的现代智力型增长方式转变。需要通过科技创新、新知识作为新引擎实现经济发展方式的转变,加快实现新突破,不断优化升级经济结构。

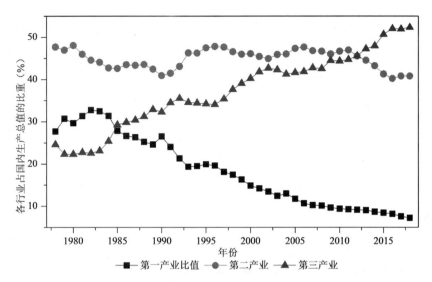

**图 1.8 1978—2018 年三次产业占国内生产总值的比重**

**数据来源:《中国统计年鉴》**

为了应对城市发展在未来的不确定性,科技创新需花大气力支持城市发展[9]。我国经济发展将步入高质量发展的新阶段,城市作为城市经济发展的载体,急需实现转型升级。需要主动把握城市发展在新时代下的根本特征,加快孕育新产业、培育新动能、突破发展瓶颈期,通过新的发展动能实现我国城市发展步入健康持续高质量的发展新阶段。科技创新不仅可以实现经济"量"的增加,也能实现经济"质"的提升。科技创新通过集体劳动的运行过程,可以实现经济的快速发展,随着大工业发展,真正财富的创造不再依赖劳动实践和劳动力,而是更多地取决于科技的应用和发展水平。

### 3)适应新时代高质量发展的战略要求

党的"十九大"报告明确提出"创新是引领发展的第一动力,是建设现代化经济体系的战略支撑。"党的"十九大"报告指出,"中国特色社会主义进入新时代,我国经济已由高速增长阶段转向高质量发展阶段"。《国家新型城镇化规划(2014—2020 年)》中提出"要增强城市辐射带动功能。"习近平在广东视察时提出"践行高质量发展要求,深入实施创新驱动发展战略。"《习近平关于科技创新论述摘编》中明确提出"科技创新是提高社会生产力和综合国力的战略支撑""创新是引领发展的第一生产力""实施创新驱动发展战略,推进以科技创新为核心的全面创新"等重要论断。2020 年 9 月 11 日习近平在科学家座谈会上指出,"我国经济社会发展和民生改善比过去任何时候都更加需要科学技术解决方案,都更加需要增强创新这一动力"。科技创新和城市高质量发展的战略地位被逐步提升到国家战略的新高度,主要表现在:

首先,高质量的大中城市发展有利于构建现代经济体系,促进经济的高质量发展。根据党的"十九大"报告,我国经济已从高速增长阶段向高质量发展阶段转变,我国当前和今后很长一段时间发展思路、经济政策制定、宏观调控实施的根本要求是推动经济高质量发展。构建现代化的经济体系是新常态下实现高质量和跨越转型关口的迫切需求,城市经济体系作为现代化经济体系的一个重要组成部分。现阶段要实现经济高质量发展需从传统的增长领域寻找新的增长点,而新增长点不仅在于先进制造业领域,还在于互联网+、大数据和云计算等虚拟经济和实体经济的深度融合。大中城市高质量发展可以为经济发展提供更多、更优质的产品和服务,创造更先进、更适用的新技术、新产业、新业态和高附加值的劳动密集型产业和服务业。科技创新在促进经济高质量发展中的作用是不容忽视的。比如,在农业方面,现代化科学在改善土壤和提高土壤肥力法方面发挥着重要作用;在工业方面,通过科技创新可以改进工艺,提高生产率;在交通方面,通过科技创新可以实现更快的物流。

其次,大中城市的高质量发展有利于创新资源集聚。创新是推动经济高质量发展的总动力和核心引擎。国家的创新主体是企业,企业在推动创新创造方面起着主力军作用,是微观层面实现经济高质量发展一个最具有活力的环节。大中城市的高质量发展有利于创新主体的培育和创新平台建立,这使得创新基础更加扎实。大中城市是企业发展立足的主要载体。在培育创新主体中,政府起着重要的引导作用,对激发企业创新积极性非常有利,通过普惠性的财政科技资金补贴和各种政策,鼓励引导更多的企业加入新型企业的行列,提升高新技术企业的科技创新能力,从根本上解决技术被人控制的问题。政府在创新平台建设中发挥着重要作用,政府可以整合各种资源,推进国家重点实验室、工程技术研究中心等创新平台建设。政府也有能力提供低成本、便捷、全要素、开放的大众创新空间,吸引创新人才集聚。如:以3D打印、互联网+、云计算等为代表的新一代信息科技创新技术的出现和应用,加快了城市发展进程及资源要素在城乡间的流动,从而推动了大中城市高质量、可持续发展。

再次,大中城市的高质量发展有利于绿色低碳发展。绿色低碳发展是实现城市高质量发展的关键环节。绿色低碳发展可以解决人与自然的关系问题,是实现人类向往美好生活的紧迫需求,是经济社会健康发展的内在要求,也是实现经济高质量发展的重要标志。城市高质量发展有利于绿色发展理念指导实践。国内很多城市在过去高速发展中也承受了环境污染、生态系统退化带来的危害,未来政府更加注重解决好人与自然和谐共生问题。在城市社会经济发展中,树立践行绿色低碳发展理念,"绿水青山就是金山银山"已经成为共识,城市经济发展会实施更严格的环保标准,城市政府推出促进绿色低碳发展的战略导向、鼓励政策和地方性法规,有利于推动节能环保、清洁能源等绿色产业的快速发展,健全绿色低碳循环发展的经济体系。目前,城市普遍重视生态环境建设,正在加强水、气、土壤污染的综合治理,着力解决环境问题。城市的高质量发展使绿色发展成为普遍形态,也有力地推动经济进入高质量的发展轨道。

最后,大中城市高质量发展有利于满足人民对美好生活的向往。我国城市高质量发展的根本目标是实现人民对美好生活的向往。随着社会主要矛盾发生重大变化,人民对美好生活的需求也是多层次、多样化和多方面的,美好生活不仅是指丰富的物质生活和精神生活,还包括安全和良好生态环境。城市高质量发展是坚持以人民为中心的发展,就是在城市的发展中,立足人民群众的利益,把人民群众追求美好生活作为城市高质量发展的着眼点和着力点,解决好人民群众关心的教育、就业、收入、社保、住房、医疗卫生、城市管理、公共安全等问题,切实改善民生,真正提高人民群众的获得感、幸福感和安全感。城市发展以人民为中心的高质量发展目标契合了经济高质量发展的目标,城市让生活更美好,城市高质量发展使人民对美好生活的向往成为现实。

基于此,实现大中城市高质量发展的战略宗旨是既要转变思路,也要充分研究社会经济发展,还要系统研究科技创新,以实现城市高质量发展。

### 4)促进大中城市发展从"量"到"质"的转型升级

"科技兴则民族兴,科技强则国家强"。科技创新既要"顶天立地",又要"强国惠民"。在新的科技创新战略背景之下,把科技创新作为驱动大中城市高质量发展的重要作用力是迫切的,是前所未有的。把科技创新战略面向经济发展主战场,实现经济高质量发展,努力为人民创造更多财富。加快转化科技创新成果,真正实现 GDP 增长是通过科技创新带动的,促进社会和谐发展。

首先,大中城市实现高质量发展需加强软实力建设。当前,在城市的国际竞争日趋激烈的形势下,软实力的地位和意义将变得非常突出。我国目前的城市竞争已经进入了以软实力为标志的新阶段。在城市的软实力建设中,科技是基础,文化是关键,生态是核心。科技创新推动城市发展转型进程,是推动城市产业升级的动力。科技创新是推动城市快速发展的决定力量,想要提高城市发展质量,必须改变传统依靠资源粗放利用和传统产业重复建设的城市发展模式,走依靠科技创新提高城市发展质量的城市发展道路。推进城市发展,必须有产业支撑农村人口向城市集聚,推动城市经济发展。科技创新可以加速产业的升级换代,可以改变产业结构,可以加快城市产业规模化和集约化,从而加快产业发展体制转型,为提高城市高质量发展奠定基础。为应对未来发展的不确定性,科技创新对大中城市高质量发展起到有力支撑作用[11, 12]。例如:深圳、硅谷、重庆高新区都是把科技创新作为发展战略,集聚创新资源,促进产业升级,带动经济、人口、社会和环境的高质量发展。

其次,科技创新提升大中城市高质量发展。科技创新是经济社会发展中的引擎,是提升大中城市发展质量的内在动力,是突破城市发展过程中空间、人才、资源和效率瓶颈的关键。现阶段,因为科技创新的要素供给不充分,导致城市建设创新能力弱、城市发展水平不高、城市可持续性发展受到阻碍。积极有效地加大科技创新在城市发展中的投入,驱动各类资源合理配置、促进各项资源要素边际效率的提高、推进产业结构转型升级,实现城市发展从"要素驱动"向"创新驱动"的转变,从以"数量"为主的外延式扩张向注重"品质"的内涵式发展转变,是实现城乡经济社会全面、协调、可持续发展,促进城市高质量发展的有力手段。

最后,科技创新顺应我国时代发展潮流。当前,我国已全面建成小康社会,正处于全面建成社会主义现代化强国的主要阶段,必须把科技创新放在首位,为我国全面建成小康社会和社会主义现代化强国增加动力。中国共产党十九次代表大会指出,我国已进入一个由高速增长阶段向高质量发展阶段转变的新阶段,需要全方位的发展支撑实现高质量发展,毫无疑问,大中城市高质量发展是高质量发展的重要支撑方面。

综上所述,我国现阶段处于城市发展的后阶段,要实现城市高质量、可持续发展,是当前中国面临的一大难题和挑战。然而,在实现城市高质量发展阶段和实现"两个一百年"奋斗目标的关键时期,针对我国大中城市高质量发展展开研究,从科技创新的视角,深入剖析大中城市高质量发展机理,通过提升科技创新能力推动我国城市高质量发展,助力我国早日实现科技强国,适应社会发展新常态和高质量发展,需要深层次的研究和思考。

## 1.1.2 问题提出

基于以上背景可以看出,我国大中城市向高质量方向前进。与此同时,科技创新在驱动城市高质量发展中发挥着至关重要的作用,这种作用已经转变为政策思想,但是由于我国城市发展存在差异性,再加上对科技创新推动城市高质量发展的认知比较有限,导致我国城市发展质量低下,若这种趋势未得到有效的控制,将影响我国城市高质量可持续的发展,从而影响国家整体的经济效益和总体城乡统筹,高质量的背后实际上需要有高技术的支撑,科技创新是大中城市高质量发展的强大驱动力。但是,目前我国科技创新能力未能有效促进大中城市高质量发展。我国正处于高质量发展、全面建成小康社会、实现第一个百年奋斗目标并向第二个百年奋斗目标进军的关键时期,通过提升科技创新水平提高大中城市高质量发展对促进经济高质量发展、实现科技强国以及社会稳定、实现高质量发展目标具有现实意义。

我国尚处于新时代背景下向高质量与社会全面转型的新时期,实现大中城市高质量发展不可避免,促进大中城市高质量发展是顺应新时代高质量发展战略要求、全面建成小康社会、实现人民幸福生活的必然选择。解构城市高质量发展内在机理、剖析核心机制、探讨提高对策,不管是从理论层面还是从实践层面都是必要且紧迫的。城市高质量发展的实现及分析动因是一个极其复杂的过程,采用过去传统的、物理的、机械的或者还原的分析范式很难有效应对城市高质量发展的复杂性。从理论层面讲,城市经济学、制度经济学、社会经济学以及社会学、心理学等都是能够解决城市高质量发展的一种有效途径。然而,从世界各国城市的不同历史发展规律和我国目前复杂的环境来看,高质量推进城市发展依然不能有效解决,新时代新背景对中国城市发展提出了更高的新要求,城市高质量发展机制理论及促进城市高质量发展亟待更新解决。党的"十九大"报告指出,中国特色社会主义进入新时代,我国经济已由过去高速增长阶段向高质量发展阶段转变。这显示出城市高质量发展已经受到政府、社会以及广大人民的广泛关注。深究其因,发现先行的城市发展机制和政策导向还不能完全有效解决过去城市发展带来的一系列问题,城市内在的转变机制未能被有效激发出来。因此,本书提出从新的视角探究城市高质量发展的根本动因,深挖城市高质量发展的核心机制,从而针对性地提出城市发展产生的城市问题的解决对策,破解我国城市面临的发展瓶颈。本书研究问题的提出逻辑,如图1.9所示。

由图1.9可知,本书在发现问题的基础上提出了研究问题。

问题一:解构城市系统,解析城市高质量发展与科技创新之间的关联性

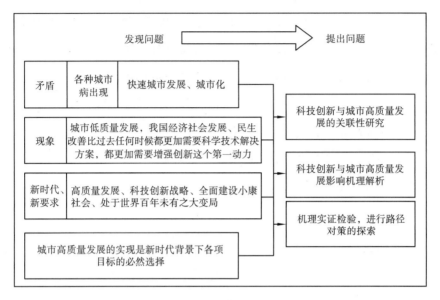

**图 1.9 本书研究问题的提出逻辑**

问题一回答了科技创新能否驱动城市高质量发展,科技创新和城市高质量发展现状及存在的问题是什么,科技创新与城市高质量发展是否存在一定关联,科技创新和城市高质量发展现状及存在的问题是什么,问题一是解答整个研究的基础。

问题二:剖析科技创新对城市高质量发展的影响机理

问题一解答了科技创新与城市高质量发展关联性,问题二则主要回答关联背后内在机理是什么。机理探索往往是非常复杂的,不能做到面面俱到,只能遵循"二八定律"原则,抓住事物本质关键的部分。本部分从城市、高质量发展和城市高质量发展内涵出发,系统梳理和分析其组分、结构和环境,在此基础上剖析其功能机制及科技创新和城市高质量发展之间理论关系,从而提出本书的基本假设。此假设为本书探讨后续核心机制提供了理论支撑。本部分的终极目的就是通过透视城市高质量发展机理,找出影响城市高质量发展机理的关键。遵循"大道至简"的思路提出了问题二,问题二的解决是本书的核心。

问题三:科技创新对城市高质量发展影响机理实证及对策路径探索

问题三重点是借助相关模型探讨关键影响因素的作用程度和作用机理。问题三回答了如何制定有效提升城市高质量发展的对策,是提高城市高质量发展政策建议的路线图和风向标,是本书由理论落实到实践的实证环节。在解析科技创新与城市高质量发展关联关系,科技创新对城市高质量发展影响机理的基础上,探讨提高城市高质量发展的有益举措,并据此提出相应的政策建议。

厘清并回答这些问题后,方可解决我国城市发展质量不高且日趋严重的问题,在制定政策时才能做到有的放矢。

# 1.2 文献综述

本书遵循"关联研究—机理研究—对策建议"的思路,研究涉及经济地理、建设管理、产业经济、区域经济等多学科领域。因此,按照上述逻辑,本书将在文献综述目标和规划的基础上,通过对国内外相关领域权威专家专著和经典文献的广泛检索、阅读、分类和总结,承接上述问题,旨在进一步论证本书的可行性、必要性和重复性,为后续章节的研究内容奠定坚实基础。具体来说,本书将从以下三个方面展开文献综述。

## 1.2.1 科技创新与城市高质量发展关系研究

尽管在城市发展进程中取得了丰硕的成绩,但这种以牺牲环境、资源、社会公平为代价的发展模式,在创造经济奇迹的同时也出现了很多城市问题,若这种趋势不能得到有效控制,将不能实现城市高质量发展。ABDEL-RAHMAN[10]认为科技创新在经济和城市发展之间起到一个中间要素的作用,推动经济增长,从而推动城市发展。城市发展水平提高,相应就会投入更多的科技人力、更多科研资金,科研平台环境也就越完善,科技的传播扩散速度越快,最终导致科技创新能力越强,进而就会促进经济的增长,这就形成了科技创新、经济与城市发展之间的良性循环。丁明磊[11]指出城市发展瓶颈的突破点是科技创新,要让科技来引领城市建设,并让科技在城市规划、建设等方面起到支撑作用。甘丹丽[12]指出人口数的增多对科技创新、城市发展的贡献是甚微的,而是要提高人口素质、文化教育水平。从产业结构变迁的视角,分析了产业结构变迁对中国城市群进程的影响,结果显示,FDI、产业结构变迁推进了中国城市发展。

科技创新对城市发展、城市可持续发展、城市发展质量的影响一直是国内外学者关注的重点内容。程开明[13]从经济学角度对城市发展展开了研究,认为经济增长在城市发展过程中起到举足轻重的作用,因技术创新的中介作用导致经济的快速增长。之后,程开明基于前述研究,展开了技术创新在城市可持续发展中的作用研究,通过比较城乡发展差异,得出城市规模越大,基础设施越完善,开放程度越高的结论。这些都是能够促进技术进步的有利条件,使技术创新与城市发展之间的关系越来越显著。

二元经济发展理论[14]指出农业与工业之间存在相互促进关系,共同促进经济发展。湛泳[15]完善了二元经济发展理论模型,把科技因素引入了模型,认为科技创新推动了工业的发展,工业的快速发展不断地吸引大量劳动力并使其不断向城市转移,从而带动城市发展。宛群超[16]从科技创新的角度,研究了科技创新与城市发展的相互作用机理、作用路径和实证分析。研究结果表明,科技创新对城市发展具有明显的空间相关性和空间溢出效应,城市发展质量和经济增长的提高是由内部技术进步引起的。于莲[9]的研究证明了通过培育关键现代产业体系、新型产业可提高科技创新能力,为城市发展提供保障。

一些研究指出城市发展水平的提高不仅带动了经济又改善了基础设施,进一步增强了创新资源(人力、物力、财力)的集聚效应;同时,城市发展引起的人口流动可以带动科技人才、技术、信息、知识等资源的流动,相应的传递和扩散速度也会加快,这将进一步导致技术创新能力的增强。熊艳[4]研究了技术创新对城市发展具有促进作用,指出了通过技术创新可以解决城市发展中存在的问题,并以此为基础提出了相应的对策和建议;张昌尔[17]以湖北省为研究对象,认为经济快速增长的重要驱动力是技术创新；鲁继通[18]实证检验了科技创新与京津冀城市群之间存在长期稳定的均衡关系，并且科技创新对城市发展具有较强的促进作用；甘丹丽[12]研究发现我国技术创新与城市发展之间严重脱节，针对这个问题提出技术创新与城市发展协调发展的政策建议。因此，科技创新常常被视为促进城市发展的关键因素。

表1.1　科技创新与城市高质量发展关系研究的典型文献梳理

| 文献 | 研究方法 | 国家/地区 | 研究发现 |
|---|---|---|---|
| 程开明[13] | 投入产出模型 | 中国 | 技术创新是促进城市发展和经济发展的重要因素 |
| 湛泳[15] | 二元经济发展理论模型 | 中国 | 科技创新推动了工业的发展，工业的快速发展不断地吸引劳动力并使其不断转向城市，这将带动城市发展 |
| 宛群超[16] | 空间杜宾模型 | 中国 | 城市发展质量提高和经济增长是由内部技术进步导致的 |
| 于莲[9] | 灰色关联度 | 中国 | 通过培育关键现代产业体系、新型产业提高科技创新能力，为城市发展提供保障 |
| 熊艳[4] | 联立方程模型 | 中国 | 技术创新支撑城市发展中存在的种种问题 |
| 张昌尔[17] | 回归分析 | 中国湖北 | 技术创新是促进经济增长的最重要动力 |
| 甘丹丽[12] | 因素分析和空间面板计量模型 | 中国 | 科技创新带动产业升级，与城市发展协调发展 |
| Williams[19] | GIS | 美国 | 人均申请专利数与城市规模成正比例增加，即城市越大，人均申请专利数就越多 |
| Riva[20] | 回归的方差分解方法 | 美国 | 专利申请数量与人口数量之间的关系，结果发现城市发展质量有利于技术发明 |
| Higgs[21] | 因素分析和空间面板计量模型 | 美国 | 城市发展率与专利申请之间的相互影响关系，发现专利申请量的高低和城市发展水平存在相关关系 |

续表

| 文献 | 研究方法 | 国家/地区 | 研究发现 |
|---|---|---|---|
| Feller[22] | 统计模型 | 奥地利 | 城市规模大小与专利发明之间的关系,另一方面指出城市提供了有利于技术创新的创新资源和创新环境 |
| Henderson[23] | 回归分析 | 欧洲大陆 | 从各个国家不同的科学技术发展历程验证技术创新与城市规模之间的关系,再次得出城市规模和发明创造之间存在正相关关系的结论 |
| Lan[24] | 动态面板数据回归分析 | 中国 | 城市的发展离不开科技创新,并且科技创新是城市发展最重要的推动力,科技创新将为未来城市发展方向做出贡献 |
| Maparu[25] | 向量自回归与向量误差修正模型 | 印度 | 交通基础设施与经济发展之间存在长期关系,经济发展和城市发展创造了需求,从而导致交通基础设施的投资 |
| Wilson[26] | 非参数检验方法 | 西班牙 | 人类已经进入了科技创新的重要转折点,科技创新是推动城市建设的最有力工具 |
| Abdel-Rahman[10] | 截面数据与时间序列分析 | 35 个发展中国家 | 科技创新在经济和城市发展之间起到中间要素的作用,推动经济增长,从而推动城市发展 |
| 丁明磊[11] | — | 中国 | 走出城市发展瓶颈的突破点是科技创新,要让科技来引领城市建设,并让科技在城市规划、建设等方面起到支撑作用 |
| Campbell[27] | 马歇尔理论模型 | 美国 | 人力资本积累和知识外溢随着城市快速发展也加快了,城市规模越大,居民受教育的程度越高,生产企业之间的交流也越频繁,城市整体技术创新能力也就越强 |
| Carlino[28] | 聚合生产函数 | 美国 | 技术创新能力随着城市就业率和发明数的提高而提高,得出城市专利密度与就业密度之间呈正相关关系 |

续表

| 文献 | 研究方法 | 国家/地区 | 研究发现 |
| --- | --- | --- | --- |
| 鲁继通[18] | VAR 模型 | 中国京津冀 | 科技创新与京津冀城市群之间存在长期稳定的均衡关系,并且科技创新对城市发展具有较强的促进作用 |

为了进一步研究科技创新与城市发展之间的关联性,国内外学者进行了大量研究。早期,一些国外学者对发明专利数量和城市发展水平之间的关系进行了研究。大量研究指出,城市发展早期城市所拥有的发展专利数高于农村,但是此时城市地区面积占国土面积的比例却比较低。Williams[19]在对城市人均专利申请量统计时发现,人均专利数量随着城市规模的增大而变多,也就是说,人均专利数量与城市规模之间成正比关系;1966 年,Riva[20]为了对技术发明和城市发展之间相关性进行深入研究,研究对象是美国 35 个主要城市,观察1860—1910 年专利申请数量与人口数量之间的相关关系,结果发现城市发展对技术发明起到有力促进作用;在这之后,学者 Higgs[21]对美国城市发展速度与专利申请之间的互动关系展开了研究,指出在 1870—1920 年发明专利申请数量与城市发展水平之间存在相关性;Feller[22]也对城市发展与技术发明之间关系与作用展开了更为详细和明确的研究,结果显示城市的环境、制度、生活方式等为技术、发明创造提供了很多有利条件。Filler 的研究一方面巩固了前面两位研究者(Pred 和 Higgs)关于城市规模与专利发明之间的关系,另一方面指出城市提供了有利于技术创新的创新资源和创新环境。Henderson[23]扩大研究范围,选取美国、英国、法国和德国四个工业化国家作为研究技术创新与城市规模关系的研究对象,他的研究对象从美国扩大到欧洲大陆,并从各国不同的科技发展历程中验证了技术创新与城市规模之间关系,得出的结论是城市规模和发明创造之间存在正相关关系。Lan[24]指出当今属于一个科技是第一生产力的时代,城市高速发展离不开科技创新,并且科技创新对城市快速发展做出了一定贡献,是城市快速发展的动力之一。2017 年,Zhu[29]回顾世界社会发展进程,

惊奇地发现科技创新在城市的历史发展中起着非常重要的作用,每一次科技革命都会带来产业结构升级和城市转型。Song[30]发现经济发展比较快,产业结构一般就比较高级,科技创新成果转化能力就比较高,相应的这些因素能更好地推动城市发展。Wilson[26]认为人类已经进入了科技创新的重要转折点,科技创新是推动城市建设的最有力工具;Maparu[25]通过向量自回归与向量误差修正模型,得出交通基础设施与经济发展之间存在长期关系,经济发展和城市发展创造了需求,从而导致交通基础设施的投资。

在科技创新与城市发展关系研究中,部分文献仅考虑了科技创新对城市发展的单项影响,而实际上城市发展会带来内在技术进步。因此,不少学者探讨了科技创新与城市发展、城市发展质量之间的双向促进作用。仇怡[31]从定性和定量两个方面验证了城市发展可以促进技术创新,当然技术创新对全要素生产力具有明显的驱动作用,但是这两种促进作用存在不同程度的差异性。闫玉科[32]等建议广东省应该借鉴国内外城市和产业发展经验,对制度进一步加强创新,对城市发展规划进一步完善,提供体制机制保障城市发展。影响城市发展和科技创新之间关系的因素归为三点:城市吸引人口转移的能力、知识的积累和科技溢出的大小等。黄群慧[33]认为工业化与城市发展是相互影响的,目前来看,工业化速度快于城市发展速度,因此有必要通过借助科技创新升级产业结构,加快城市发展,最终使工业化与城市发展实现同步。张新光[34]提出了相伴相生的理论体系,即科技创新、工业化与城市发展三者之间是互相促进、互相依托的,科技创新带动了工业、农业的发展,而城市发展的建设则要以工业、农业为依托,只有相互促进才能实现城市发展的到来。后来这一结论也被很多研究者证实,并且他们指出城市发展也是技术进步一个非常重要且不容忽视的因素[35]。

还有一些国外学者也展开了城市发展与技术创新关系的研究。通常情况下,城市发展过程中会形成竞争性市场结构,Hospers[36]指出这种竞争性的市场结构可以提供良好的发展环境给知识积累和技术创新。同时,知识积累也提供了一定理论依据给技术创新;Bond[37]研究发现地理位置与生产企业营业额之间具有负相关关系,生产企业创造较低营业额是因为生产企业离城市和其他企业较远,获得的外部效益就较少;Rosenthal[38]进一步研究证实了人力资本积累和知识外溢随着城市快速发展快速累积,通常情况下居民受教育程度随着城市规模变大而得到提高,进而生产企业之间来往也相对比较频繁,整个城市总体科技创新能力就会越强;Carlino[28]研究了就业率和技术创新的关系,发现城市就业率越高,专利数越多,相应的科技创新能力越强。因此,城市发展引起的知识溢出和人力资本积累对技术创新起到举足轻重作用。

## 1.2.2 城市高质量发展及其水平测度研究

### 1)城市高质量发展相关研究问题回顾

#### (1)城市高质量发展内涵

纵观现有研究,国外学者对城市高质量发展的专门研究不多,国外文献强调了城市发展的公平性、可持续性、生态性等,从本质上看,其与城市高质量发展的内涵非常相似,国外在城市发展方面的研究主要集中在城市可持续发展、和谐城市、生态城市和居民生活质量等方面[39]。城市发展质量方面的相关研究,国外研究主要集中在以下方面:

a. 城市发展与经济增长的研究。

产业革命开始促使城市发展与工业化、经济发展交织在一起,西方发达资本主义学派认为由于工业化引发的技术进步和劳动需求两者共同促进规模经济发展,与此同时,二三产业的聚集也促进了城市发展[40]。

研究者钱理纳通过回归分析计算得出一个国家的城市发展与经济发展水平之间存在一定联系,工业化水平随着人均 GDP 提高而提高,城市发展水平就随之提高;人口城市化率也有着相同的增长关系,通过这些可以看出经济发展正向促进人口集聚和城市发展[39]。其他一部分研究者[41]先后研究了不同国家不同时期城市发展水平与人均经济产出之间的关系,得出这两者之间具有呈指数曲线关系的高度相关性。还有一些研究者[42]却指出,城市发展水平与人均GDP 呈非线性关系,但是与人均 GDP 的对数呈线性相关。然而,一些研究却从截面和时序分析结果得出发展中国家的城市发展和经济增长之间是负相关关系[10]。

b. 可持续城市发展相关文献研究。

以可持续发展概念的深度理解为基础,很多研究者提出了可持续城市的概念,基于很多研究者对可持续城市概念的理解可知,可持续城市的发展包括了方方面面的内容:城市的物理组成、经济、社会、环境、文化、政治制度和社会平等[1]。联合国人居中心在 1991 年实施了"可持续城市规划",主要目的一方面是促进城市建设的可持续,另一方面是补充完善可持续城市的理论研究。早期有关可持续城市的理论更多是从资源有效利用角度强调城市可持续发展[43]。Camagni[44]注重资源利用效率是实现城市可持续发展的重要因素之一。

c. 生态城市的相关文献研究。

霍华德[46]的《田园城市理论》,1971 年联合国教科文组织实施了《人类与生物健康计划》,首次提出了"生态城市"的概念,促进了生态学理论在世界层面的广泛应用。联合国教科文组织在 1984 年制定了五项原则针对城市规划,主要有:居民的生活质量、保护生态战略、保护历史文化、生态基础设施、将自然融入城市,成为生态城市规划建设的重要原则。理查德·莱斯特[45]指出,生态城市是一个人与自然和谐相处的聚居地,要注重人与自然的健康与活力、紧凑、节能等方面。Song[47]认为,生态城市是一种完全融合自然、技术和人文的理想城市发展模式,最大限度地发展生产力和创造力,尽最大努力保护居民的身心健康和生活环境,最大化有效利用物质、能源和信息,实现生态环境的良性循环。

d. 城市居民生活质量文献研究。

对居民生活质量的研究来自美国。美国学者 Andrews 及其学生[48]展开了对居民生活质量的研究,并总结归纳出了关于生活质量和社会指标两大主流研究。Gurin[49]等人认为居民生活质量范畴应更宽泛一点,应把美国民众的精神健康和幸福感囊括其中。在《丰裕社会》一书中加尔布雷斯[50]将生活质量概念第一次提出来,生活质量是指人们在舒适、便捷和精神等方面得到享受和满足。20世纪90年代后,很多研究者已经扩大了生活质量的研究范畴,把社会分配制度和社会关系网也归入其中,侧重于更为宏观的领域,如就业、社会保障、贫困等,开创了一个涵盖主客观两方面的新研究领域。

目前,国内学者都是从不同学科不同视角诠释了城市发展质量的内涵,但是还没有达成共识。一般来说,质量一词的含义非常宽泛,包含的内容也是方方面面,有些学者把产业发展、服务质量、过程质量和环境质量四个方面划入到质量一词所包含的内容里面[51]。2002年联合国人居中心给出了对城市发展质量进行量化,具体内容包括生产能力、基础设施、废品处理、健康和教育等五个方面,这五个方面被称为城市发展指数[52]。中科院可持续发展研究组从城市发展的动力表征、城市发展的公平表征和城市发展的质量表征三个方面来解释城市发展质量。城市发展的动力特征主要有4个方面(城市的发展能力、竞争能力、创新能力和可持续性);城市发展的公平表征主要有3个方面(人均财富占有的人际公平、代际公平和区际公平);城市发展的质量表征主要有4个方面(城市对于物质支配水平、生产支持水平、精神愉悦水平和文明享受水平)。国家统计局城市社会经济调查总队与中国统计学会城市统计委员会研究组对城市发展质量的内涵做了如下解释:经济发展水平质量,人的生存和生活质量的现状,社会、经济、政治领域的协调发展,在不同阶段城市发展所体现出的"公平性"。除了上述研究者的研究,还有一部分研究从城市基础实力、城市发展协调性和城市可持续发展三个维度来对它的内涵进行解释,另外一些研究者认为城市发展质量包含的内容更为广泛,主要有经济发展、基础设施建设、社会发展、居民生活、生态环境等方面,进一步优化解释了城市发展质量的内涵。

城市数目增加、规模扩大和地理区域层面的扩张是改革开放至20世纪末我国城市发展的主要表现形式,到21世纪末,提高城市发展质量、结构优化和功能立体发展却是城市发展主要的关注点。对城市高质量发展内涵,国内外还没有达成一致,在 2012 年以前的研究中,多数研究者采用"城市化质量"这一概念,只有少部分研究者采用"城市发展质量"这一概念,虽然两者之间存在区别,但还是有共同之处。本书更加注重城市高质量发展的研究,但是在做相关文献综述阐述时不得不涉及城市化发展质量的相关研究,以城市高质量发展是城市化发展质量的一个组成部分的观点为基础,展开本书的文献综述,根据对城市发展质量定义的深刻理解,从城市化发展质量中把城市高质量发展剥离出来,形成统一的视角。

上述研究从城市经济、城市发展、生活水平、生态环境、可持续发展等多方面对城市发展质量内涵进行解释,虽然不同学者分别从不同层次和不同范围解释了对城市发展质量基本内涵的认识,但是最终都没有形成一个统一的观点。城市发展质量是一个动态包容性的概念,不仅要体现城市各子系统综合发展水平,还要体现出各子系统间动态协调发展水平。

**(2)基于某个视角的城市高质量发展研究**

a.生态文明视角:张纪录[53]从生态文明的视角,并结合城市发展的内涵,构建了包括经济发展水平、城镇发展水平、民生水平和生态水平等指标的城市发展评价指标体系,运用综合评价法评价城市发展水平。生态环境视角:吴国玺[54]分析了城市发展质量、生态和环境三个子系统,结合三个子系统耦合协调发展的内涵,剖析了生态环境约束城市发展质量,并阐述了城市发展质量子系统与生态环境子系统之间的互动耦合协调效应。

b.FDI 研究:程开明[55]从理论上阐述了 FDI 和城市发展之间相互作用的机制,并对 FDI 和城市发展之间关系进行了实证检验。结果表明,FDI 与城市发展之间存在长期均衡关系。通过 FDI 不仅可以完善就业结构,还可以完善用地结构转换机制,调整升级产业结构,促进城市高速发展[58]。黄娟[56]通过因子分析法筛选出影响城市发展水平的主成分,然后基于筛选出的影响因子,构建出符合指标,计算出城市发展水平指数,结果显示 21 个城市的发展水平值存在差异。史本叶等认为 FDI 对城市发展具有双重影响,不仅有促进效应,也有阻碍效应,合理引进外资才能推进城市发展。臧新等[57]分析了 FDI 与城市发展的作用机理,结果表明,FDI 与城市发展质量存在着积极的互动关系。曾鹏等[59]认为就中国城市群而言,FDI 能够提高城市发展水平。有些研究者认为经济新常态下,以城市群为主体形态的中部地区城市发展呈现创新、协调、绿色、共享、开放发展的新趋势。

c.其他研究视角:从规划的视角,分析了传统城市群规划编制中存在的问题;从人口分布的角度,分析了城市群内部的人口集聚空间格局及演化趋势。

表 1.2　研究视角的典型文献梳理

| 文献 | 研究视角 |
|---|---|
| 张纪录[53] | 生态文明、生态环境 |
| 宛群超[16]、于莲[9] | 科技创新与城市发展 |
| 程开明[55]、臧新等[57] | FDI 与城市发展 |
| ABDEL-RAHMAN[10] | 工业化、科技创新与城市发展 |
| 王飞[60] | 科技创新与经济高质量发展 |
| 王丰龙[61] | 财政支出与科技创新 |
| 周叔莲[62] | 科技创新与经济结构优化 |

综上所述,已有一些研究者研究了科技创新、FDI 与城市发展,其视角有两两关系的研究,也有三者之间关系的研究,尚无文献对科技创新和城市发展质量的作用机理进行总结,科技创新对城市发展质量是否存在差异等均无研究。

**(3) 其他方面研究**

从不同的空间尺度视角对城市发展质量进行探讨,构建评价指标体系,测算城市发展质量水平值,对提高城市发展质量给出政策建议等。据以往研究可知,城市高质量发展的实现是一个宏观性的问题,它也是一个区域性问题,所以以后不仅要从全国层面对城市发展质量进行研究,还要从不同区域进行研究,对其内涵、影响因素和特征等相关问题进行具体研究,评价城市发展质量水平并提出对策建议等研究重点。城市实现高质量发展不仅是一个宏观性问题,而且也是一个区域性问题,因此不但要从全国层面剖析城市高质量发展的内涵、影响因素和特征,也需要研究不同区域城市高质量发展的相关问题。已有的研究结果表明,从行政区域出发,省域尺度或地级城市尺度的实证分析文章较多,比如分析我国31个省域在城市发展质量上的差异,并分析影响差异的主要因素;从经济、社会和空间三个维度评价城市发展质量,并分析了省域空间差异[63]。还有一些研究是从副省级以上城市实证分析城市发展质量[64]。此外,一些研究者实证研究城市发展质量,以我国286个地级市为研究对象,通过聚类分析比较城市发展质量的空间差异和影响因素,并提出可以改善城市差异化的对策建议[65];还有一些研究者对省(湖南、江苏[66]、安徽[67])内包含的城市进行实证研究。此外,随着研究的不断深入,近些年来研究对象也从宏观层面逐渐向微观层面拓展,不断从省域、市域向县域转变,还有一些研究者对特定区域进行了研究,如实证分析长三角地区的37个县级市,对城市发展质量与城市发展水平两者之间的关系进行了探讨;一些研究者对县域展开研究,把全国289个县域作为样本,根据驱动力做了类型划分[68],然后又把处于发达地区的一个县域做样本分析,分析城市发展质量低的原因并提出对策;对城市开发区的城市发展质量问题,提出了关于旅游业促进城市发展质量机理模型。

　　以往的很多研究除了从行政区域的角度进行研究,还有少数一部分研究者从城市群的角度展开了研究,如首都经济圈、中原城市群、武汉城市圈、京津冀、长三角和珠三角等。其中,对首都经济圈的研究,主要是研究经济圈的阶段性、特征、空间分布特征、协调性特征几个方面[69];对中原经济区城市发展质量的现状水平进行综合评价;建立基于(人口—产业—土地)的城市发展质量框架,对中原城市群城市发展质量的变化态势和空间分布进行实证研究[70]。实证分析武汉城市圈的城市发展质量,并将城市发展质量与人口发展水平和土地发展水平进行比较研究。从城市形态扩张和功能演变的视角,比较京津冀、长三角和珠三角区域城市发展的动态演变特征和动力机制等[71]。

此外,近年来,城市群作为推进我国城市发展的主要形态,越来越受到众多研究者的重视。有些是基于不同视角探讨城市群区域的城市发展问题。如低碳经济发展视角,提出城市群推进城市发展的思路与对策,分析城市群区域的城市发展质量与能源经济的关系;探讨城市群城市发展的动力机制、贡献因子[72]。

### 2)城市高质量发展水平测度

主要包括三个方面:一是城市发展质量评价指标体系研究,二是城市发展质量判定标准,三是城市发展质量评价模型研究。

#### (1)城市发展质量的评价指标体系研究

一些学者只是简单使用某个单独的统计指标来度量城市高质量发展水平,如劳动生产率,第二、三产业就业人员占比,全要素劳动生产率对经济增长的贡献份额等。即便是这些单独的指标对城市高质量发展水平的影响不能充分全面地反映出来,但仍然可以为后来学者的研究提供丰富的参考和启示。还有一些学者基于对城市高质量发展的理解,建立了不同评价指标体系,但是这些评价指标体系主要集中在经济现代化、基础设施现代化和人的现代化;经济发展质量、社会生活质量和生态环境质量[73];仅仅从经济、社会和生态三方对城市发展质量展开评价,存在一定的局限性。在前人研究基础上还有一些研究者增加了人口质量、创新能力、土地、城乡一体化和智慧化水平等,使城市发展质量指标体系更趋完善。通过以上研究者的研究完善,最终形成以经济、社会、生态环境、人口发展、城乡统筹为基础,外加基础设施[74]、居民生活[75]、城市管理评价、金融市场、教育文化、医疗卫生、信息化、就业等方面的指标体系,目前建立的城市发展质量评价指标体系更加完整,更加多元化。还有一些研究者认为城市发展质量的指标体系还要包含文化发展和制度建设两个指标,其中文化发展包含3个方面,有文化需求、文化供给和文化环境等;制度建设包括经济运行市场化水平、政府与市场的关系、非公有经济发展和对外开放四个方面[76]。

构建中国城市高质量发展测度评价体系是近几年研究的热点。任保平[77]认为高质量发展应该包括经济发展高质量、改革开放高质量、城乡建设高质量、生态环境高质量和人民生活高质量五个维度,但是他并没有给出具体可操作的评价指标体系。魏敏[78]构建一个包含 10 个维度 53 项指标的高质量发展测度体系,包括:经济结构、创新驱动、市场机制、资源配置、增长稳定、协调共享、产品质量、生态文明、基础设施和经济成果惠民等 10 个维度;师傅[94]构建了包含 3 个维度共 10 个指标的地级以上城市高质量发展测度体系,涵盖经济活动、创新效率、绿色发展、人民生活和社会和谐等 5 个维度。

上述研究都是从宏观层面对中国城市高质量发展水平进行测度,从宏观、中观、微观三个层面设计了高质量发展评价指标体系,从宏观层面来看,包含经济发展、社会进步与生态文明 3 个二级指标,中观层面包含产业升级、结构优化与区域协调 3 个二级指标,微观层面包括动力变革、质量变革与效率变革 3 个二级指标,共包括 52 个三级指标。师博[80]设计了 4 个维度共 22 个指标的测度体系,涵盖绿色发展、供给提质增效、规模化生产和产业多元融合等。

除了学术界在对高质量发展水平测度方面有所探索,一些地方政府也开始建立高质量发展测度体系。2018 年 5 月,江苏省扬中市先一步建立了高质量发展的测度指标体系,总共有六大一级指标 30 项二级指标,具体包括单位效益、科技创新、财务金融、职工权益、加分指标和"一票否决"等六大一级指标。2018 年 8 月,绍兴市上虞区率先发布有关县市级高质量发展指数,包括质量效率、创新驱动、结构优化、绿色发展、开放环境、民生指数六个方面。2018 年 8 月,武汉市统计局公布了武汉市高质量发展指数,主要包括创新驱动、绿色发展、提质增效、民生保障和风险防范五个方面,如表 1.3 所示。

表 1.3 城市发展质量评价指标体系的典型文献梳理

| 评价指标 | 国家/地区 | 典型文献 |
|---|---|---|
| 经济发展质量、社会生活质量和生态环境质量 | 长江中游城市群 | 卢丽文[81] |
| 物质文明、精神文明和生态文明体系 | 湖南 | 何文举[102] |

续表

| 评价指标 | 国家/地区 | 典型文献 |
|---|---|---|
| 经济、社会、生态环境、城乡一体化 | 重庆 | ZHANG[82] |
| 人口质量、经济质量、生活质量、环境质量、城建质量 | 江苏 | 白先春[83] |
| 人口、经济、环境、基础设施 | 中国 | 朱龙杰[84] |
| 经济功能、管理功能、养育功能、环境功能 | 中国 | 毕胜[85] |
| 社会经济环境、居住环境、基础设施和公共服务环境、生态环境 | 中国 | 李雪铭[86] |
| 经济、社会、生态环境 | 长江中游城市群 31 个地级市 | 马静[87] |
| 技术进步、用地规模、环境质量 | 中国 | 董直庆[88] |
| 生态环境、社会环境、人文环境、经济环境 | 宁夏 | 李帅[89] |
| 碳排放、资源环境 | 山东 | 雷刚[90] |
| 人力资本、高新技术、高生活质量 | 中国 | 吴文钰[91] |
| 教育、文化、卫生、信息、生态环境、基础设施、社会保障 | 中国 | 马慧强[92] |
| 经济、环境污染、资源投入、自然环境 | 中国 | 曾贤刚[93] |
| 经济发展高质量、改革开放高质量、城乡建设高质量、生态环境高质量和人民生活高质量 | 中国 | 任保平[77] |
| 经济结构、创新驱动、市场机制、资源配置、协调共享、增长稳定、基础设施、产品质量、生态文明和经济成果惠民 | 中国 | 魏敏[78] |
| 绿色发展、供给提质增效、规模化生产和产业多元融合 | 中国 | 师博[80] |

自 2001 年以来,国内研究者根据自己研究的侧重点构建了适合自己研究的城市发展质量评价指标体系,指标体系包含的内容可谓丰富多彩,但最为核心的指标体系是从经济、社会和生态环境三大方面构建的。根据建立在现有研究成果基础上的城市质量评价体系,不同研究者提出的指标体系的功能层有极大的相似性。过去,大多数主要指标都是统计年鉴的统计要素,很少有结果是基于第一手资料和信息的。研究区域主要集中在单个省市或者城市群,很少有针对 31 个城市的研究。因此,本书将在对城市发展质量理解的基础之上,确定

从经济、社会和生态环境三个维度构建城市高质量发展评价指标体系。

（2）城市发展质量的判定标准

20 世纪末，北京和上海是中国最发达城市，叶裕民[64]取两者平均值作为基准，然后与当时世界现代化城市做比较，把中国特有国情考虑进去，调整差值，评价中国城市发展质量。汪小青等[95]的研究以我国福建省东部发达城市和国际上中等发达国家（或地区）的相关阶段性标准为依据界定城市发展质量标准。

（3）城市发展质量的评价模型研究

城市发展质量的方法模型：主要有综合评价法、熵值法、生产函数法、拉格朗日方程、标准值法、杜宾模型和因子分析法（图 1.10）。

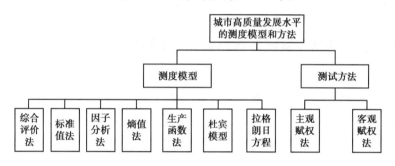

图 1.10 城市发展质量的评价模型和方法

根据以上综述看出，上述研究者在对城市发展质量进行评价时，采用的评价模型可以认为几乎是一致的，即：首先根据城市发展质量的内涵和特征，选出一组评价指标；其次，收集数据，进行标准化处理，以消除量纲影响；然后，计算权重，加权计算综合指标值；最后，分析单个指标值、综合指标值与标准值之间的差距，比较分析研究区域年度值，或者比较与其他区域差值，得出本地区城市发展质量真实水平。由于不同研究者研究区域不同，获取数据难易程度不尽相同，因此选取指标考虑的因素和着眼点差异，导致所选指标不尽相同，采取的计算方法也不尽相同。目前国内外城市发展质量评价模型尚未有一个统一模型。

（4）城市高质量发展测度方法

根据对城市发展质量的实证研究，大多数采用的研究方法是线性加权法，赋权方法包括客观赋权法(复相关系数法[96]、熵值法[97]、主成分分析法[98]、层次分析法[97]、动态因子分析法[99])和主观赋权法[100]。也有学者引入运筹学的决策论方法,采用粗糙集理论构建城市发展质量评价模型,还有一些研究者借助主成分分析法、因子分析法和层次分析法等综合评价方法建立集成评价模型[101],借助解释结构模型(ISM)对城市发展质量的诸多因素进行了详细描述,并基于各因素之间的梯阶、层级关系,对区域城市发展质量的基本要素进行了探究[102]。以突变理论、突变级数法和系统聚类分析为基础,建立有关城市发展质量分区的相关理论框架,并实证评价了省域内部地级市城市发展质量,阐述城市发展质量的空间格局[103]。

## 1.2.3　城市高质量发展影响因素及机理研究

### 1)城市高质量发展影响因素分析

西方经济学家指出城市发展是产业、预期收益和贸易等因素共同作用产生的结果。发展经济学理论指出城市的拉力与乡村的推力是在城市发展过程中共同构成城市可持续发展的动力机制。新经济地理学认为城市发展的主要驱动力有:规模经济、运输成本、要素流动和外部性等因素。综上所述,推动城市发展两大动力是政府力量和市场力量,经济因素是推动城市发展最主要的动力因子,然而其他因素也起着至关重要的作用。

表 1.4　城市高质量发展主要影响因素的典型文献梳理

| 影响因素 | 关键词 | 文献 |
| --- | --- | --- |
| 经济因素 | 经济发展水平、经济全球化、聚集经济、第三产业发展 | Xu[104]、Laumas[105] |
| 区位因素 | 地理位置 | HEADEY[106] |
| 交通与通信 | 发达交通、通信技术 | Liu[107] |
| 知识与技术 | 信息技术发展、知识资本、技术溢出效应 | Chun-Chien[108] |

续表

| 影响因素 | 关键词 | 文献 |
|---|---|---|
| 人力资本 | 受教育程度、劳动力丰富程度、创新能力 | Topal[109] |
| 制度因素 | 土地制度、社会保障制度等 | Song[110] |
| 经济因素 | 基础设施、环境 | Chen[111] |
| 信息、通信技术、环境 | 智慧城市 | BAKıCı[112,113] |
| 国外投资 | 城市发展、国外投资、经济发展 | Sheng[114] |
| 步行距离、交通使用、交通导向 | 经济发展、基础设施 | Crowley[115] |
| 能源、水、废物、交通、生态系统和社会经济发展 | 城市可持续发展、生态城市 | Cheng[116] |
| 污染物排放、经济、环境 | 生态城市、低碳城市 | Jong[117] |
| 能源、经济、二氧化碳 | 低碳城市、低碳经济、能源消耗、污染物排放 | Li[118] |
| 生活水平、生活水准、经济 | 城市生活、城市可持续发展 | Unsworth[119] |
| 技术、经济健康、社会一体化 | 绿色城市、生态城市、城市可持续发展 | Freytag[120] |
| 经济、社会、环境、政府治理 | 知识型城市 | Yigitcanlar[121] |
| 景观、生态质量、自然和居民权益 | 紧凑型城市、生态质量、景观特征、景观尺度、城市绿地 | Tian[122] |
| 栖息地、生态系统、濒危物种和水质 | 城市形态、可持续形态、可持续发展、扩张增长 | Mobaraki[123] |
| 经济、社会、环境、管理和环境服务 | 可持续城市发展指数 | Choon[124] |
| 城市轨道交通 | 创新融资、城市可持续发展 | Sharma R[125] |
| 环境保护、城市生活、交通 | 工业化、智慧城市 | Kim[126] |
| 建筑、自然环境质量、生活质量、自然灾害 | 城市居住环境质量、城市不可持续 | Vardoulakis[127] |
| 健康、医疗、交通、基础设施、政治、社会、经济、水安全、土地 | 城市生活质量指数 | Kaklauskas[128] |
| 景观规划、旅游信息系统 | 3D城市 | LLNER[129] |

续表

| 影响因素 | 关键词 | 文献 |
|---|---|---|
| 居住区空间维度、位置、城市形态 | 住房、紧凑型城市、城市更新、居住流动性 | RAT[130] |
| 健康采购政策 | 健康城市 | Lederer[131] |
| 人口密度、经济、公平分配 | 社会可持续发展、城市可持续发展 | Monfaredzadeh[132] |

### 2）城市高质量发展的调控机理研究

国内外很多学者还特别关注了技术创新与城市发展之间影响及相互作用机制。Anadon[133]借助二元经济模型,实证了技术创新是通过何种方式推动工业生产的,是如何解决农村剩余劳动力问题的。Hopkins[134]不仅对城市化和工业化间的相互作用进行了论述,还强调了怎样借助技术创新的手段将农村剩余劳动力转移到城市,得出两个结论:第一,工业化推动了城市化的进程,工业化在推动城市发展过程中产生了巨大的经济收益,进而也推动了城市生活方式的改变和发展,这吸引了大量的农村剩余劳动力向城市转移;第二,城市化的推进过程会产生资源、劳动力和技术等要素的集聚,发生集聚效应和规模效应,这反过来会对我国工业化进程进行加速并提升其质量。Glaser 和 O'sullivan[135,136]在技术创新、工业化和城市化三者间关系的基础上,进一步强调了技术和生产工艺方面的进步对城市化、工业化的作用。

关于此研究,国内既有综合方面研究也有单方面研究。a. 综合研究方面。胡序威是综合研究方面最具代表性研究者之一,他综合论述了我国城市发展研究的进展,城市发展研究中存在问题、空间格局与过程,对人口、历史基础、社会、经济、土地、生态、快速交通、巨型系统、全球化、区域化、区域创新、政治与管制等影响城市发展的各方面进行了系统全面的机理分析,详细阐述了中国城市发展机理。b. 城市发展调控机理的单项研究主要从水资源、生态环境、技术变迁、产业结构、人均消费资源等方面对城市发展质量调控机理进行分析。

水资源对城市发展质量的调控机理:鲍超、方创林[138]认为干旱缺水地区,水资源是制约城市健康快速发展的重要影响因素之一,以水资源对城市发展约束强度的综合测度模型为基础,结合系统动力学模型,设置情景预警模拟,对未来25年河西走廊水资源对城市发展的约束强度进行了详细分析。

技术变迁对城市发展质量的调控机理:刘维奇[139]等从技术变迁角度研究了城市发展,详细阐述了科技变迁对城市发展的影响机理,并对技术变迁推动城市发展的路径进行了分析。

生态环境对城市发展质量的调控机理:方创林[140]指出城市发展和生态环境两者之间是一种动态耦合关系,是一个交互耦合系统,城市发展和生态环境两者之间的关系是开放的、非线性的和非平衡的,两者相互作用,是一个自组织能力的动态涨落系统。

产业结构对城市发展质量的调控机理:尹稚[141]以黑龙江省为研究对象,揭示了产业结构、体制结构优化分别对城市发展质量的影响机制,工业化在未来很长一段时期内仍然是城市发展的制约因素。虽然工业劳动率有所下降,但工业结构已经进入了稳定调整时期,并没有动摇工业在经济增长中的主体地位。第三产业以高就业强度、高发展潜力为特征成为推动城市发展质量的新动力[142,143]。

自然资源对城市发展质量的调控机理:陈波翀、郝寿义[144]认为城市发展质量与人均资源数量之间存在明显的函数关系,生活性资源的数量表征了与之对应的城市发展质量。

表 1.5 调控机理的典型文献梳理

| 研究视角 | 研究发现 | 文献 |
| --- | --- | --- |
| 技术创新 | 技术创新是如何推动工业生产的,是如何解决农村剩余劳动力问题的 | Anadon[133] |

续表

| 研究视角 | 研究发现 | 文献 |
|---|---|---|
| 技术创新 | 不仅对城市化和工业化间的相互作用进行了论述,还强调了怎样借助技术创新的手段转移农村剩余劳动力 | Hopkins[134] |
| 技术创新 | 在技术创新、工业化和城市化三者间关系的基础上,进一步强调了技术和生产工艺方面的进步对城市化、工业化的作用 | O'sullivan 与 Glaser[135,136] |
| 历史基础、人口、社会、经济、生态、土地、快速交通、巨型系统、全球化、区域化、区域创新、政治与管制 | 进行全面系统机理分析 | 胡序威[137] |
| 水资源 | 水资源对城市发展的约束强度已成为干旱缺水地区城市健康快速发展的重要调控因子之一 | 鲍超与方创林[138] |
| 技术 | 技术变迁的推动下形成的城市发展路径 | 刘维奇[139] |
| 生态环境 | 生态环境与城市发展之间存在着客观的动态耦合关系 | 方创林[140] |
| 产业结构 | 第三产业以高就业容量和较强的发展潜力成为推动城市发展质量的新动力 | 俞滨洋[145] |
| 自然资源 | 城市发展质量与人均资源数量之间存在函数关系 | 陈波翀与郝寿义[144] |

通过以上文献梳理发现,相关文献对城市高质量发展水平测度和机理分析主要从以下视角进行解读:a. 定性分析。多数研究主要以定性分析为手段,通过实地调研、问卷调查或者是与相关理论相结合,确定影响因素,然后对影响因素之间的关系进行定性分析。b. 定量分析。通过数据收集、指标选取以及相关实证研究方法对相关影响因素和作用程度进行实证研究,找出影响因素之间的相互关系,揭示多影响因素机制。

此外,还有部分文献虽然从不同视角阐述了城市高质量发展机理,但是缺乏系统的逻辑研究框架,城市高质量发展影响因素及调控机理的研究尚未形成完整的体系,缺乏系统的逻辑框架和研究范式做指导。

## 1.2.4　文献述评

综上所述,尽管国外文献鲜有针对城市高质量发展的研究,国内也少有从科技创新视角研究城市高质量发展的研究,但是涉及科技创新和城市高质量发展的文献成果比较丰硕。一方面,这些已有研究成果为本书接下来的研究提供了良好的分析范式和理论基础,有助于认知和理解科技创新对城市高质量发展的影响;另一方面,基于前述研究问题,能够在方法、思路及策略上对解决这些问题提供有益的借鉴和启示。即便如此,现有研究仍然存在有待进一步发展和完善的地方,本书的文献综述梳理见图1.11。

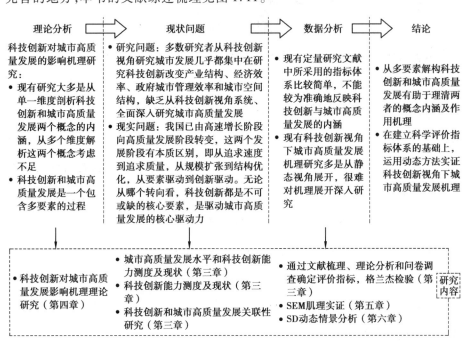

图 1.11　科技创新对城市高质量发展的影响机理相关研究梳理

①以往关于科技创新、城市高质量发展的研究相对较多的是针对某一方面的独立研究,研究二者内在关联是否存在因果关系的研究,需要进一步丰富完善。

现有研究大多数是从传统经济视角出发研究城市发展机理,比如技术进步可以提高劳动生产率、优化经济结构,促进城市发展;政策制定可以降低城市交易成本,进而推动城市发展.可以看出,多数研究者从科技创新视角研究城市发展几乎都集中在研究科技创新改变产业结构、经济效率、政府城市管理效率和城市空间结构,现有研究者将科技创新纳入城市高质量发展系统中,把科技创新作为促进城市发展的一种新型驱动力,当成城市发展系统中一个子系统,研究其作用效应和作用路径,分析科技创新对传统城市发展系统的促进作用。

②现有科技创新及城市高质量发展的研究,多从单一维度对这两个概念进行剖析,从多维视角解析概念考虑不足,但科技创新和城市高质量发展是一个包含多要素的过程。对于科技创新视角下城市高质量发展影响因素及其机制,缺乏系统、全面、深入的分析,而现有关于城市高质量发展影响因素的研究成果还比较分散,城市高质量发展受到经济、社会、生态环境、科技创新等多方面因素影响,需要意识到影响城市高质量发展的因素不是相互独立的,而是相互作用、相互联系的,任一方面的改变都有可能造成城市高质量发展演进方向和影响程度效应发生改变,因此仅用某一个或几个因素来解释说明科技创新对城市高质量发展的影响机理是不合理、不科学的。因此,从多个维度结构科技创新和城市高质量发展将有助于理清两者的内涵及作用机理。

③现有研究文献中建立的评价指标体系相对比较简单,不能较为准确地反映科技创新和城市高质量发展的内涵。除此之外,现有研究也多从静态视角展开。因此,有必要建立科学准确评价指标体系,运用动态方法研究科技创新对城市高质量发展的影响。

## 1.3　研究目的及意义

### 1.3.1　研究目的

基于上述关于背景分析和问题的提出,本书的研究目的是从科技创新视角掌握我国城市高质量发展的问题,找出背后的深层原因,解释科技创新对城市高质量发展影响机理,提出通过提升科技创新能力来推动城市高质量发展的政策建议。具体包括:

①对城市高质量发展水平和科技创新水平进行测度,分析城市高质量发展和科技创新发展的现状和存在的问题;厘清科技创新与城市高质量发展之间的内在联系。

②提出科技创新对城市高质量发展影响机理的概念模型,构建科技创新对城市高质量发展影响机理的整体理论框架,进一步讨论科技创新对城市高质量发展影响机理与传导机制,得到科技创新对城市高质量发展的影响机理与路径。构建城市高质量发展系统动力学模型,系统厘清各要素之间相互影响关系,为城市高质量发展情景分析奠定基础。

③提出科技创新视角下未来我国城市发展道路战略调整和科学、可行的通过提升科技创新能力推动城市高质量、可持续发展的对策建议。从科技创新视角对我国城市高质量发展系统进行仿真,找出城市高质量发展的变化规律、特点。另外,在研究结论的基础上,提出通过提升科技创新能力推动城市高质量发展的对策建议,为我国政府未来制定提高城市高质量发展的相应政策提供理论依据和参考。

## 1.3.2 研究意义

理论来源于实践,然后指导实践,并在不断的实践中持续改进和发展。科技创新作为城市高质量发展的先行官,强力推动区域经济增长和社会发展,对我国经济社会的全面协调可持续发展具有重要影响。因此,本书关于科技创新对城市高质量发展影响的机理与对策的研究,具有重要的理论意义与实践意义。

### 1)理论意义

本书的学术价值及理论意义主要集中体现在如下几个方面:

第一,本书可为进一步补充和完善城市高质量发展体系提供理论依据。城市高质量发展是近年来的热点话题,引起了国内外学者的高度关注,并且从各种不同的角度进行了深入的研究。尽管如此,城市高质量发展的机理和对策理论研究尚比较薄弱,原有的城市发展理论已经难以解释当代中国城市高质量发展,本书在借鉴前人研究的基础上,基于科技创新视角,结合城市高质量发展的相关理论以及实践,分析了城市高质量发展系统的构成要素、机理以及科技创新对城市高质量发展影响机理。因此,本书一方面拓宽了城市高质量发展的研究视角;另一方面有助于进一步补充和完善城市高质量发展的研究内容和体系。

第二,本书的研究有助于为城市高质量的转型升级提供理论支撑。我国城市高质量发展目前正处在转型升级的关键时期,尽管我国对城市高质量发展出台了一系列的扶持政策,但是在提高城市高质量发展的建设过程中仍然面临很多问题,解决这些问题并促进城市的高质量发展的方式之一就是提升科技创新能力。本书通过分析科技创新对城市高质量发展影响机理,以此掌握城市高质量发展的时间演化趋势,从而更好地推进城市转型升级的过程。

第三,本书从管理科学与工程的角度进行研究,按照关联—机理—对策的研究思路,采用理论研究与实证研究相结合,定性、定量和优化分析方法相结合,不仅能填补现有相关实证研究的空缺,而且在思路框架确定、指标体系构建、方法模型选择以及数据结果分析等方面对类似研究具有一定的参考和借鉴价值。

### 2)现实意义

本书的现实意义主要集中体现在以下方面:

第一,借助"纵横向"拉开档次法测度城市高质量发展水平和科技创新水平,剖析城市高质量发展和科技创新的现状及存在的问题,这些都有助于政府部门更为客观地认识、理解我国科技创新和城市高质量发展的实际水平及存在的问题,把握我国城市高质量发展的规律和特征。

第二,基于科技创新和城市高质量发展问题分析和科技创新对城市高质量发展影响机理研究,提出推进我国城市可持续高质量发展的对策建议,可以引起政府相关部门对我国城市发展质量问题的重视,为提高我国城市发展质量提供理论支撑和决策参考。本书可为推动我国城市高质量发展、促进我国社会和谐发展提供政策建议。本书以科技创新和我国城市高质量的发展水平及存在问题为基点,通过以上研究探索我国城市高质量发展的落脚点,扩展城市高质量发展的着力点,丰富城市高质量发展的建设经验,实现城市高质量发展。

第三,城市问题是我国城市可持续发展的典型问题,本书针对科技创新对大中城市高质量发展机理研究,旨在将研究结果应用到城市可持续发展、政府政策建议、社会和谐安定的大系统。推进城市高质量发展不仅关乎城市自身的质量提升和可持续发展问题,也关乎我国经济高质量发展问题,更关乎党的"十九大"报告中所提出的"两阶段目标"的实现,尤其是对第一阶段至2035年基本实现社会主义现代化、基本实现美丽中国具有现实意义。

# 1.4　研究内容

本书以 35 个大中城市为研究对象,以城市高质量发展和可持续发展为目标,涉及多种交叉学科,具有多学科交叉融合的特征。为此,本书提出了科技创新与城市高质量发展关联性、科技创新对城市高质量发展影响机理研究与对策建议等方面的研究内容,具体如下:

### 1)科技创新与城市高质量发展关联性研究

本书在文献分析和问卷调查的基础上,确定评价指标体系,运用"纵横向"拉开档次法,计算 2000—2015 年我国 35 个大中城市的科技创新水平值和城市高质量发展水平值,对科技创新水平、城市高质量发展水平的现状及存在的问题进行分析;然后借助格兰杰因果检验分析科技创新与城市高质量发展的关联性。

### 2)科技创新对城市高质量发展的影响机理

本书对科技创新对城市高质量发展的影响机理进行理论分析,分析科技创新三个维度即科技创新投入、科技创新环境及科技创新产出如何驱动城市高质量发展。以定性理论分析和定量实证分析结合为基础,揭示科技创新对城市高质量发展影响机理,并通过结构方程模型方法分析关键影响因素的作用方式和作用效果,实证科技创新对我国城市高质量发展的影响机理。基于科技创新对城市高质量发展影响机理的理论框架,借助统计数据和问卷调查数据,构建SEM 模型,并采用中国的样本数据对其进行实证检验,分析科技创新对我国城市高质量发展的关键影响因素的作用方式和作用效果,准确地分析了前面所提出的问题。同时,还借助 SD 模型动态实证了科技创新对城市高质量发展的内在影响机理。

### 3)推动我国城市高质量发展的对策建议

本书基于科技创新对我国城市高质量发展影响机理的理论框架和影响机

理实证的关键骨架,通过系统动力学模型增补优化,构建 ESET 系统的仿真模型;基于情景设定和模拟,提出以科技创新环境建设为先导,以科技创新投入为手段,以科技创新产出实现为重要环节的科技创新驱动城市高质量发展的对策建议,给政府相关政策制定部门提供思路参考和智力支持,准确解决了本书提出的问题。

# 1.5　研究方法及技术路线

## 1.5.1　研究方法

基于上述研究目的,本书以科技创新是如何影响城市高质量发展这一现实问题为出发点,结合实证研究与规范研究,强调科学依据,突出定量分析,定性分析与定量分析相结合,具体研究方法如下:

### 1)文献研究

文献研究法是研究的基本方法,文献分析法在本书中贯穿始末。本书不断地归纳、总结和创新现有大量国内外相关研究,为本书科技创新对城市高质量发展机理研究提供文献支撑和理论依据,如第 4 章的影响机理研究。具体来说,首先,在国内外文献综述的基础上,把握当前研究的前沿和动态,找到本书的逻辑起点,同时对可持续发展理论、人地系统相关理论、科技创新理论和可持续发展理论等形成清晰、全面的认识,并界定了本书的研究对象和研究范围。其次,以研究背景与目的为基础,借鉴其他学科的模型方法,结合研究对象的内涵和特征,对相关研究指标参数进行了修正。最后,对现有文献进行了回顾和总结,提出科技创新对城市高质量发展的概念模型,构建科技创新对城市高质量发展影响机理的理论分析框架,并从技术层面提出通过提高科技创新水平推动城市高质量发展的对策建议。

2）理论研究

本书结合科技创新对城市高质量发展影响机理所涉及的科技创新与城市高质量发展相关领域的经典理论，包括可持续发展理论、科技创新理论、经济增长理论、人地系统相关理论、产业集群理论、系统科学理论和社会—经济—自然复合生态理论，准确梳理其内涵体系和理论联系，并构建科技创新对城市高质量发展影响机理及对策建议的理论分析框架；从理论层面上，提出科技创新对城市高质量发展影响机理的概念模型，构建机理的理论框架。

3）对比研究

本书在对城市高质量发展水平进行评价时，采用横向对比方法，分别测算了 35 个大中城市的发展水平值，横向对比我国 35 个城市的发展差距。历史对比是城市高质量发展水平值在不同时间节点上的前后对比分析，考察发展水平值的演变规律和发展趋势，进一步分析了发展水平的长期变化情况，以增强研究的系统性和科学性。

4）实证研究

本书按照"定性分析—定量分析—定性与定量分析相结合—定性分析"的逻辑轴线推进研究。首先根据城市高质量发展系统要素理论分析，对科技创新和城市高质量发展的相关因素进行梳理，并进行定性的分析评价，给出科技创新对我国城市高质量发展影响机理的理论推导；其次，在此基础上，借助统计年鉴数据并构建 SEM 模型，对科技创新对我国城市高质量发展关键影响因素的作用方式和作用效果进行定量实证分析；再次，借助具有定性和定量分析功能的 SD 工具，构建 ESET 系统的仿真模型，并通过 SD 的情景设置和系统仿真功能进行量化分析；最后，基于定性和定量分析结论，定性提出促进我国城市高质量发展的对策建议。

本书将定性研究、定量研究和优化研究纳入到本书的研究方法中，构建本书的研究方法框架，提出机理分析的整体框架，避免单一模型无法解决的问题，通过文献研究、问卷调查和专家访谈进行因素体系构建,运用"纵横向"拉开档次法进行城市高质量发展水平和科技创新水平的测度,进行现状和问题分析;然后理论阐述科技创新对城市高质量发展的影响机理,运用结构方程(SEM)机理实证提出假设模型,找出科技创新对城市高质量发展影响的关键路径,在得出关键骨架基础上,对关键骨架进行增补优化,对城市高质量发展系统进行细节还原,建立 SD 模型。SD 是在 SEM 基础上,设置不同情景,动态模拟不同场景下科技创新对城市高质量发展的促进效果,找到一条高效、最优的发展模式,另外运用 SD 进行敏感性分析,指出科技创新三个维度的敏感因素,为提出针对性的政策建议奠定基础。本书研究方法的组合关系及逻辑如图 1.12 所示。

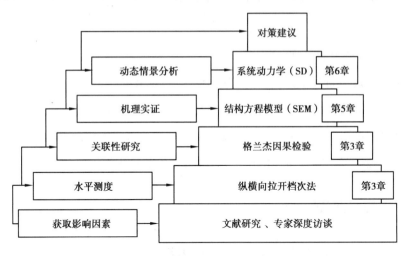

图 1.12　本书研究方法框架体系

本书通过梳理总结相关研究,为研究方法的最终确定奠定了基础,综合参考研究问题及目标,最终确定研究方法,包括定性研究和定量研究。

5)定性研究方法

定性研究方法包括文献研究、专家访谈等相关的社会科学研究方法,也是解决本书研究问题的特定方法。本书采用系统抽样调查法定性研究方法。城市高质量发展是一个系统问题,必须充分了解各方主体的利益诉求。本书以网络问卷和纸质问卷两种方式向全国发放问卷,采用这种抽样调查的方法,期望可以充分掌握城市发展的现状,实现综合、系统地识别和梳理影响因子。

6)定量分析方法

本书选择了社会科学中比较成熟的研究方法,主要是:

(1)结构方程模型(SEM)

本书选择结构方程模型解决本书的关键问题"构建机理理论模型并验证"的关键子问题,即对提出的科技创新视角下城市高质量发展机理理论模型进行实证检验。实证分析对机理及其相关假设的验证,其中涉及很多潜变量及观测变量,同时还有中介变量等,传统的计量方法很难处理多变量问题,SEM可以较好地解决多变量实证问题。SEM可以将理论分析和计量分析有效结合起来,是解释本书机理的有力工具。

(2)系统动力学(SD)

城市化高质量发展是一个复杂系统,要想实现城市化高质量发展,必须实现各因素之间的动态协调。通过SD模型,可以清晰地动态解释城市高质量发展系统内部各因素的地位和作用,找出提升城市高质量发展的关键桎梏,才可以在此基础上提出有针对性的调整,为政策建议的提出打下坚实的基础。

## 1.5.2　技术路线

本书按照"关联研究—机理研究—政策建议"的研究思路,技术路线如图1.13所示。从科技创新的全新视角,基于研究目的、研究内容,引入国内外成熟理论体系,采用文献研究、理论研究、实证研究和对比研究等研究方法手段,构建本研究的技术路线,剖析科技创新水平和我国城市高质量发展水平测度,剖析科技创新和城市高质量发展的现状及存在的问题,解释科技创新对我国城市高质量发展的基本规律和机理,并提出推动城市高质量发展的对策建议。

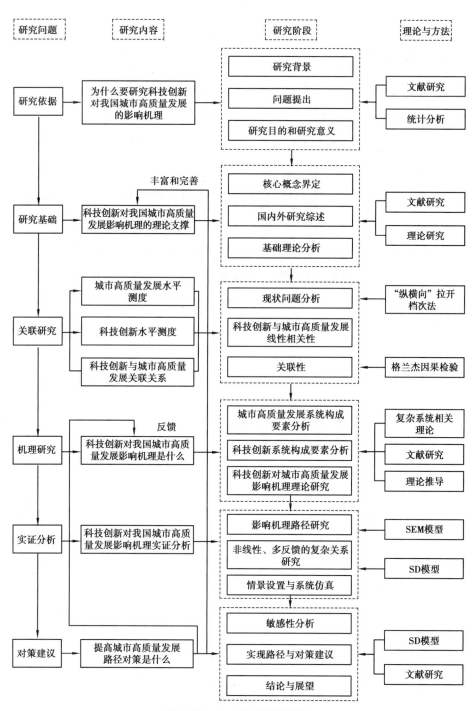

图 1.13　本书的技术路线图

# 1.6  本书框架

本书以探究科技创新对城市高质量发展影响机理为研究目标,综合运用多种研究方法,研究内容涵盖水平评价、机理和对策建议的提出。基于研究目的和研究意义,再结合以上关键研究点,确定本书框架如下:

第1章,绪论。首先,分析研究背景,提出研究问题,据此提出本书的研究目的和意义。其次,在提出的研究问题的基础上,对有关问题的相关研究进行了系统梳理,总结归纳国内外相关研究成果,指出相关研究不足和需要进一步研究和完善的地方,对本书的研究空间进行进一步的深化。最后,根据研究问题和研究目的,确定研究内容与相应的研究方法,给出本书的技术路线和论文框架。

第2章,概念界定与理论基础。本章是全文研究的基础章节,承接第一章的研究目的和研究意义,界定本书的相关概念及其内涵特征,收集、整理和分析本书的相关理论,并对其进行详细阐释,为后面各章节提供理论支撑和依据。

第3章,科技创新与城市高质量发展关联性研究。本章在构建适宜评价指标体系以及比较多种测度方法的基础上,测度城市高质量发展水平和科技创新水平,分析城市高质量发展水平和科技创新的现状及存在问题;其次,利用格兰杰因果关系检验对科技创新和城市高质量发展之间关系进行检验,研究结果发现科技创新是城市高质量发展的格兰杰原因。

第4章,科技创新对城市高质量发展影响机理的理论研究。本章通过绘制城市高质量发展构成要素相互作用机理图、科技创新系统构成要素相互作用机理图、科技创新对城市高质量发展的影响机理图,系统分析了科技创新对城市高质量发展的非线性影响,包括科技创新投入、科技创新产出、科技创新环境对经济高质量发展、社会高质量发展、生态环境高质量发展的作用机制,从理论层面探讨了科技创新对城市高质量发展的影响机理,是本书展开实证的理论基础。

第 5 章,科技创新对城市高质量发展的影响机理实证。本章基于科技创新对我国城市高质量发展的关键影响因素和机理的理论推断,收集数据构建 SEM 模型,对科技创新影响我国城市高质量发展关键影响因素的作用方式和作用效果展开实证分析,得到科技创新对城市高质量发展影响机理的关键骨架。

第 6 章,城市高质量发展的情景分析及对策建议。本章在关键骨架基础上,对高质量发展系统进行增补优化,完成机理的动态仿真和政策模拟环节。首先,在 ESET 系统影响机理的理论框架下,确定 ESET 系统的内在反馈回路,构建系统因果关系图和系统存量流量图,得到科技创新对我国城市高质量发展系统的仿真模型。其次,设定不同政策情景运行该仿真模型,情景分析相关影响因素的作用强度和敏感程度,以期通过系统动态仿真和情景分析进一步实证科技创新对我国城市高质量发展机理和政策敏感点,为后文提出推动我国城市高质量发展的对策建议提供思路和方向。最后,基于科技创新对城市高质量发展关联性、机理和政策模拟,进一步确定我国城市高质量的发展目标,提出通过提升科技创新能力推动城市高质量发展的具体对策建议,为政府政策制定部门提供理论参考和智力支持。

第 7 章,结论与展望。归纳总结全书的主要研究发现、主要贡献、研究不足和未来研究的展望。

# 2　概念界定与理论基础

　　概念总结了研究对象的本质,高度概括了相关理论知识。做研究的基本要求是充分理解相关概念,对相关概念的准确把握是整篇文章的关键所在。因此,基于上一章的研究目的和研究内容,本章基于概念界定,对城市高质量发展机理及其调控对策的必要性、可行性从理论层面作进一步证明,为后续进一步的研究奠定了理论基础。首先,界定相关核心概念及其内涵特征,对本书边界和研究范围明确界定;其次,围绕城市高质量发展及其调控对策,通过对既有相关理论的搜集、整理和分析,引入系统相关理论、人地系统相关理论、可持续发展理论、社会—经济—自然理论,并详细阐述相关核心理论;最后,对国内外有关方面目前的研究现状进行深入探讨,从而预测出未来的研究方向,同时也从另一方面证明了研究的必要性和创新性。

## 2.1　核心概念界定

### 2.1.1　科技创新

1)科技创新的内涵

科技创新是科学创新和技术创新的组合,科学创新和技术创新是相互区别又相互联系的,两者之间不是相互独立的,而是相互交织、彼此渗透的。

**(1)创新概念**

创新是一种事物和观念组成的创造性活动,这种事物和观念是人类经过复杂的思维过程创造出的世界上还不存在的事物和观念。总的来说,创新是一个有计划的、有目的的行为,是对旧有事物和观念的改变和改进,创新以直接或者间接的方式推动经济发展、社会进步。当今,随着经济的变化和社会的发展,创新的重要性显而易见。

根据熊彼特[14]的《经济发展理论》的观点,创新类型可以分为5类,即新的产品、新的工艺、新的供应源、新的市场、新的创新主体组织方式。Freeman 和 Soete[146]根据熊彼特理论进行创新分类,根据原始技术中新技术的差异程度,创新分为增量性创新和根本性创新,根本性创新可以改变经济和社会,而要实现根本性的经济和社会收益,则需要不断地创新和长期改进。

创新的任务是通过创新参与者的发明和创造,将具有革新性的事物和观念应用到经济社会相关领域,通过这一创新,促进经济、社会的长期快速增长。很长一段时间内,对于经济、社会发展而言,创新是非常重要的,创新是经济发展的源泉,创新是社会进步的动力。

创新活动需要以真实的远景和科学思想观为依托。作为有规律的实践活动,创新主体要不满足于现状,要有扎实的专业知识,依靠敏锐的观察力、丰富的想象力和深入的观察力推动经济社会进步。创新不仅是简单工作的重复,更是对于世界突破性的发展,造成根本性的变革。只有不断地进行创新,才能实现促进经济社会的不断向前发展,实现我国社会主义的伟大理想。

**(2)科学创新的内涵**

《中国大百科全书》中对科学的定义为:"科学是以范畴、定理和定律等形式对现实世界各种现象的本质和运行规律的一种反映,最终形成完整的知识体系。"《辞海》将科学分为自然、社会和思维三大科学种类。迄今为止,全球学术界还没有对"科学"形成一个统一的定义。从定义来看,对科学的定义具有广义和狭义之分,在国内更倾向于广义的定义。

科学创新是对自然、社会和人的自然规律和本质的新发现和新认识,是应用于改造自然、社会和人的活动。科学创新包括自然科学创新和人文社会创新两类。自然科学创新就是把自然科学的新发现纳入到物质生产过程中,提高社会生产水平,创造社会财富,实现自然的改造和人的发展。自然科学创新是将科学理论应用到机器上,提高生产率,极大地丰富物质财富的一种现象。通过自然科学的创新,人类可以增强对自然认识的广度和深度,加深对自然各种规律的认识和理解,找出新的改造对象,这样才能更好、更有意识地运用自然界的客观规律改造自然,为人类创造出更多适合需要的物质生活资料和生产资料。人文社会科学创新,是指运用人文社会科学的新思想、新观念,提高人的素质,促进社会和谐,促进人的全面发展和社会进步。

**(3) 技术创新的内涵**

熊彼特[14]在《经济发展理论》中第一次提及并使用了技术创新这个概念。他指出,所谓的技术创新,就是开拓新产品、改良已有产品、发现新材料、开启新的生产模式、发现新的市场等。但是,这些发明创造必须投入市场,参与经济活动,并从中获取超额利润,从而实现市场价值,这样才可以被叫做技术创新。技术创新一般包含技术和经济的含义。

我国大多数研究者比较认同熊彼特关于技术创新理论的认识,同时也对技术创新理论做出了进一步的理解。官建成[147]认为技术创新是指企业家们为了赚取更多的超额利润,引入科技要素重新整理市场规模,建立起比没有科技要素之前效率、产量更高的生产经营模式,然后开发出新产品,进而获得新的市场。简言之,技术创新就是通过引进科技要素对企业发展模式进行改变,改变市场前景、改变经济收益等活动的过程。

技术创新意味着创新参与者通过应用创新的信息和知识来利用新技术和新过程开发新的生产方法、开发新产品或提高产品质量或改善服务,技术成果占据市场,实现市场价值。今天,科技是第一生产力,知识创新的基础和前提是通过科学研究揭示自然和人类社会客观事物的现象、自然和规律,以及前所未有的新知识。知识创新意味着人们比较、判断、分析和综合在科学发现中大量信息,进行由表及里、由浅入深的改造和升华,对客观事物变化的性质和规律予以揭示。

**(4)科技创新的内涵**

习近平总书记反复强调:"抓住了创新,就等于抓住了牵动经济社会全局发展的'牛鼻子'。"2016年,习近平在全国科技创新大会上对科技创新提出了"顶天、立地、惠民"三个要求,分别是面向科技前沿,面向经济主战场,面向国家重大需求。其中,"顶天"是面向世界科技前沿,致力于未来发展;"立地"是面向国家重大需求,实现关键核心技术安全、自主、可控;"惠民"是面向经济主战场,驱动经济高质量发展,为人民创造福祉。

科技创新主要包括技术创新、知识创新和管理创新。科学发现不仅仅是知识创新的重要组成部分,也是知识创新的物质基础。科技创新是技术创新理论发展到成熟阶段的产物。国内学者中具有代表性的研究学者之一是王东武[148],基于国内学者对科技创新概念的理解,他认为科技创新是科学和技术的综合体,科技创新是两者的共同创新。其中,科学创新是指实验、理论等方面的研究创新,而技术创新是指将试验开发、技术产出、成果转化到商业领域,将两者紧密结合起来就是科技创新的全过程。也就是说,科技创新以科学知识为基础,依托技术创新,是两者的综合体。

普遍认为,一般情况下,科技创新和技术创新的概念从一般意义上理解具有相似含义,这种观点具有适用意义,但从本质上讲,科技创新和技术创新之间仍然存在差异。从定义来看,科技创新是科学创新和技术创新的综合体;从定义范围看,技术创新被包含于科技创新;从创新主体来看,技术创新的主体是企业,但科技创新的主体不单一,大学、政府、研究院所、科研机构、相关联的其他企业、市场和金融机构等,都有可能成为技术创新主体;从科技创新的系统特征出发,科技创新是一个政府为主导,企业为主体,市场、科研机构和竞争机构等其他组织共同参与的一个创新过程。科学创新和技术创新存在辩证关系。

第一,科学创新是技术创新的基础。每一项科学发现和理论进步,都为机器的发明和生产方法的改进创造了重要条件。比如,在力学发展的基础上,制造了纺织机和蒸汽机,科学创新的发展促进了技术的创新和改造。

第二,技术创新为科学创新提供动因和中介作用。科学创新的最终目的是为生产服务,技术创新是连接科学创新和生产之间的桥梁。没有技术创新,科学创新就没有科研价值。此外,技术创新也为科学创新提供了物质手段。

第三,科学创新和技术创新紧密相连,密不可分。科学技术是集成的,科学发现与技术发明、应用、生产活动相联系。因此,科学与技术的关系是辩证关系。技术在很大程度上依赖于科学状况,科学更依赖于技术的状况和需要。科学是一种方法论,是回答"是什么""为什么"的方法论,是人类积累的知识体系,这种知识体系关乎自然、社会和思维,是研究自然现象及其规律的一种方法;技术是为了达成某一目的,依据科学原理的实践经验,利用各种技术、工艺和工具等。科技包含科学和技术两个方面,科学和技术是相互补充、相互促成的,科学为技术提供理论基础,技术是科学理论的实践应用。创新、科学创新、技术创新和科技创新的内涵界定见表 2.1。

表 2.1　创新、科学创新、技术创新和科技创新的内涵界定

| 类别 | 内涵 |
| --- | --- |
| 创新 | 创新是一个有计划、有目的的行为,是对旧有事物和观念的改变和改进,创新以直接或者间接的方式推动经济发展、社会进步。 |
| 科学创新 | 科学创新是对自然、社会和人的自然规律和本质的新发现和新认识,是应用于改造自然、社会和人的活动。科学创新包括自然科学创新和人文社会创新两类。 |
| 技术创新 | 技术创新意味着创新参与者通过应用创新的信息和知识来利用新技术和新过程开发新的生产方法、开发新产品或提高产品质量或改善服务,技术成果占据市场,实现市场价值。 |
| 科技创新 | 从定义来看,科技创新包含科学创新和技术创新。科学创新是技术创新的基础;技术创新为科学创新提供动因和中介作用;科学创新和技术创新紧密相连,密不可分。 |

基于此,科技创新的核心词是创新,技术只是创新的方向而已。创新是基于现有知识和事物,改进旧事物创造出新事物或者直接创造出新事物,并从中获得一定效益的行为。而科技创新是原创新的科学研究和技术开发的综合,开发新产品,提高产品质量,提供新服务的过程[22]。本书中的科技创新,是指侧重于科研探索和技术创新。这些创新可以通过某种机制改善和修正城市发展过程中的系统性问题,减弱城市政府向发展转变过程中的系统性耗散。

**(5)我国科技创新的历史轨迹**

梳理我国创新体系的发展进程,得出我国科技创新主要经历了两大阶段:一是以政府为主导的跟随式和利用式创新,二是以市场为主导的参与式和自主式创新,见图2.1。从图中可以清楚看到我国科技创新的发展轨迹,现阶段的中国正处于为实现创新型国家而奋斗的关键时期,坚持科技创新引领实现高质量发展的核心是突破科技创新核心要素,要求以体制机制改革为切入点,解决关键创新环节的改革阻力,释放制度红利;构建以政府为主导、市场为导向、企业和科研机构为主体、科学家和人才为主体的创新生态环境体系;建设科技创新新高地,抓住高质量创新发展机遇,增强自主创新能力,激发全社会创造活力,真正实现创新驱动高质量发展。

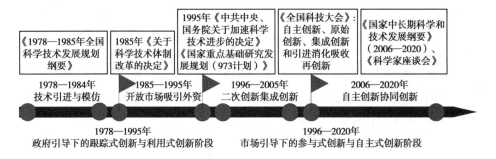

图2.1 我国科技创新历史发展轨迹示意图

综上所述,本书中科技创新的核心是创新,科技是创新的方向,是科研探索和技术创新的总和,构建以中央与地方合作、横向政府合作,以及多主体公司合营这三种模式有机结合起来的创新模式,激发科技创新驱动城市高质量发展。

### 2)当代科技创新的特征

科技创新是时代发展的必然趋势,把握世界范围内科技创新的新趋势、新特征,对于我国以后科技创新的选择具有重要意义。

#### (1)科技创新主体越来越多元化

当代,科技创新主体越来越复杂,呈多元化趋势,随着科技创新的作用越来越突出,科技创新的主体有个体形态和团体形态两种形式,例如企业、高校、政府等,意味着科技创新主体越来越复杂化。

第一,科技创新的主体是企业。企业想要在竞争激烈的市场中生存,就需不断进行科技创新,避免被淘汰,还要积极利用科技创新创造出更大利益。当下,企业被认为是将理论转化为实际生产力和成果的重要机构。一旦离开企业,就很难转化科技创新成果。时至今日,愈来愈多的企业设立了自己的研发机构,但是一个科技创新活动的成功,需要多方参与,不只有企业,真正涉及科技创新的主体还有科研院所、高校甚至政府机构,不同主体以各种方式参与到企业的科技创新活动中。

第二,科技创新的主要阵地是高校和科研机构。高校被认为是一个国家知识和高素质人才的聚集地,承担着引领科技进步的重要作用。高校和科研院所具有浓厚的学术氛围和先进的实验设备,是从事科技创新活动的良好平台,有助于进行科技创新活动。高校和科研院所的多数项目都是经过团队的共同努力完成的,各参与主体相互讨论、相互学习,产生创新想法,在科技创新过程中分工明确,提高了科技创新的效率和成功率。

第三,科技创新的主体是政府。今天,衡量一个国家的综合实力的一个重要指标是科技创新能力,不创新就会落后,因此世界各国都鼓励创新,参与到科技创新中。某些科技创新费时、费力(财力、人力),这时就需要政府这只有形的手,运用调控手段来支持科技创新活动的继续进行。因此,政府在一定程度上解决了科技创新所需的人和财的问题,也为社会进行科技创新提供了动力。

### （2）科技创新的生命周期大大缩短

今天的社会是一个知识大爆炸的社会,急速增长的科学知识加速了科技创新的发展,现在科技创新的时间明显缩短,从研发到投入使用的时间也极速缩短,与之前相比,重大科技变革的频率也有了飞速的进步;另外,技术更新换代较快,技术的生命周期大大缩短。

第一,从科学理论知识到技术创新时间所耗费的时间越来越短。从科学转化为技术,把技术投入到生产所耗费的周期逐渐缩短。21世纪,随着研究的不断深入和研究范围的不断扩大,必然缩短陈旧知识的更新周期,再加上知识量的急剧增加,增加的新的科学知识通过实践经验转化为技术成果。由此,科技创新的周期快速缩短,速度突飞猛进。

第二,从科技发明成果投入到生产产品的转化时间越来越短。只有把科技创新应用到实践中,在最短时间内创造出更多价值才能显现出科技创新作为第一生产力的作用,因此不论是一个国家还是一个企业,都要主动积极地把科技创新成果投入到实际应用中,提高国家或者企业的竞争力和生产力。当下,发达国家的科技创新转化率已达一半以上,只有从研究成果转化和应用入手,才能高效地缩短转化周期,实现科技创新成果转化为生产力。

第三,科技产品的更新换代时间愈来愈短。人们在起初用有线电话时,一旦安装了有线电话,一般几十年不会更换电话。近年来,随着科技的高速发展,无线电话成为生活必需品,今天的智能手机更新频率相当高,在半年左右就会有新的产品出现,这意味着技术生命周期的缩短。手机作为科技创新产品,方便了人们之间的沟通,改变了传统生活方式,体现出了科技创新对生活的影响。

### （3）现代科技创新可以解决很多社会问题

科技创新在能源方面的作用突出。国家安全的重要组成部分之一是能源安全,当前石油是我国的主要能源。但是我国石油多依赖进口,这对于国家安全来说是一个非常棘手的问题,因此需要借助科技创新不断开发核能,寻找可替代的新能源。在医学方面。2015年屠呦呦发现了青蒿素,获得了诺贝尔奖,青蒿素可以有效降低疟疾患者的死亡率,为人类做出了非常重要的贡献。在新兴产业领域,人工智能把人从复杂繁重的机器操作中解放出来,带来了更加高效的生产,解放出来的人可以创造更多的社会财富。

**(4)科技创新是驱动我国大中城市高质量发展的核心驱动力**

第一,科技创新是推动高质量发展、建设现代化强国的战略支撑。一个国家的强弱不仅关乎经济总量,而且取决于技术水平和经济结构。例如,在世界经济总产出排名上,在1840年鸦片战争前后中国排第一,但还是被帝国主义列强欺负、打压。虽然发达国家的经济总量没有我国大,但他们的工艺技术水平很高,可以生产坚船利炮。所以,就需借助科技创新解决"大而不强"的问题,推动高质量发展,建设现代化强国。

第二,高质量发展需以改革供给侧结构为主线。科技创新被认为是改革供给侧结构的关键,供给侧改革就是要调整供给结构,寻求实现经济高质量发展的新路径。科技创新是提高社会生产力水平和改革供给侧结构的关键。

**(5)科技创新是大中城市经济增长的主要动力**

在资本主义时代,资本和劳动力的投入是提高社会经济发展水平的主要源泉,同时以机器为代表的科技进步和技术创新成果也对提高经济社会水平起到了至关重要的作用。在21世纪,科技的迅速发展促使科技创新的快速涌现,并将其应用到生产实践中,极大地促进了经济发展。

首先,科学技术显著改变生产力要素。劳动工具方面,第一、二次技术革命,把我们带进了蒸汽机时代和电力时代,以计算机为代表的高新技术产业的第三次技术革命,为人们进行生产提供了更方便高效的工具;在劳动对象方面,人们探究对象的范围随着科学技术的发展变得更加广阔,从以前可以直接从自然界获得的材料转变为自然界不存在的、从实验室中通过科学研究创造出来的材料;劳动者素质方面,学习科学知识可以提高劳动者素质,开发劳动者智力和创造力,提高劳动者认识和改造客观世界的能力,劳动者正由体力型向知识型、科技型转变。

其次,高新技术产业迅速崛起,成为新的经济增长点。当下,各种资源向高新技术产业集中,从而形成新的经济发展中心,成为引领现代经济发展的重要产业。例如美国的硅谷,众所周知,美国的教育发达,为科技创新提供新技术和高水平研发人才。此外,美国健全的法制为科技创新提供了法律保障。在这样优越的背景下,硅谷依靠本地高校,依靠科技创新形成和发展了很多高科技公司,成为全世界高科技的聚集地,也成了全球经济迅速发展的地区之一。

最后,科技创新促进了经济结构的转型升级。科技是先进生产力的代表,越来越多的人认识到科技创新的巨大作用,把科技创新成果投入到农业和工业生产中,提高了工农业的生产效率,以最少的劳动力生产出更多的产品,产生更多的剩余劳动力。把这些剩余劳动力投入到第三产业中,加快第三产业的发展。人们对第三产业的要求随着生活质量和认识的增长逐渐提高,推动了科技创新的发展。新产品、新技术的出现迅速向全社会扩展,社会中产品结构、产业结构和企业结构被改变,相应地,人们的需求结构也发生了变化。

综上所述,科技创新是以科研探索、技术创新、科学创新等为根本驱动力,加快转变经济发展方式、优化经济结构、转换经济增长动力、大幅提升经济绩效和资源利用效率、改善环境质量、提高人们的生活质量,破解当前经济社会环境中突出矛盾和问题的关键,为实现经济社会环境协调发展、城乡区域协调发展做出贡献,促进城市高质量发展。

本书借鉴已有研究和上述论述,将科技创新过程概括为三个方面:科技创新投入、科技创新产出和科技创新环境。第一,科技创新投入是科技创新活动中投入的资本、人力、知识、信息和技术等资源要素,是能够保证顺利开展科技创新活动的物质基础,是创新活动的前期准备和积累,是创新城市建设的前提和基础,是科技创新驱动经济社会高质量发展的起点,其主要指资金、人才、技术等科技创新资源的整合和投入,一个城市或者地区的竞争优势与自身具有的创新资源密切相关。第二,科技创新产出是科技创新的核心,主要是指科技创新成果的转化,指为提高生产力水平,实验、开发、应用、推广科学研究和技术开发所产生的具有实用价值的科技成果,直至形成新产品、新材料、新工艺,发展新产业等。第三,科技创新环境是科技创新系统有效运转的基本保障,主要包括实现创新的软环境(市场、法律、文化等)和硬环境(基础设施、机械设备、网络等),是保持、促进科技创新活动的重要保障。只有科技创新主体与外部环境有效、良性的活动才能促进科技创新要素、资源的流动,为实现科技创新主体目标和城市高质量发展提供基本保障。当代科技创新的特征见表2.2。

表 2.2　当代科技创新的特征

| 名称 | 特征 |
| --- | --- |
| 科技创新 | 主体越来越多元化:企业、高校、政府等 |
| | 生命周期大大缩短 |
| | 现代科技创新可以解决很多社会问题 |
| | 科技创新是驱动我国高质量发展的核心驱动力 |
| | 科技创新是经济增长的主要驱动力 |

## 2.1.2　城市高质量发展

### 1)城市内涵

城市是人类最伟大的发明。人们为了生活聚集在城市,也将为了更好的生活聚集下去。从词源学的本义来看,"城"指防御敌人入侵的高墙;"市"指集市、市场的含义,是人们进行交易的场所。如何对城市进行划分?划分标准是什么?不同国家采用的划分标准是不一样的,一些国家的划分标准使用单一指标,而一些国家则采用多项指标进行划分,即使是不同国家采用同一指标,但是选择的划分标准还是不一样的,比如从人口规模的角度划分城市,一些国家认为人口规模超过200万的聚落称为城市,但是有一些国家则认为人口必须超过300万的聚落才能称为城市[149]。我国对城市划分标准主要是依据我国在1989年颁布的《中华人民共和国城市规划法》中的规定,指出城市是指国家按行政建制设立的直辖市、市和镇。在中国，城市只是一个行政区的概念，在这个行政区内，有城市地区，也有乡村地区。在国际上只要人口规模达到一定程度，就可以称之为城市，然而我国城镇人口数量远远超过了国际上定义的城市人口数量，因此本书认为城镇与城市是属于同一概念，在本书中不做区分，本书中采用城市这一说法。

Mills 和 Fischel[150]构建米歇尔—汉密尔顿城市形成模型，如图 2.2 所示。产业集群被认为是城市得以发展的主要动力之一，企业为了追求规模经济，会选择在某一确定的区位大规模量产，这样就会导致聚集的企业数量越来越多，集中在工厂周边，导致人口大量聚集，从而产生各种不同的需求。为了满足这种不同需求，就会出现很多不同的经济主体聚集，此种循环过程使得城市发展不断推进。

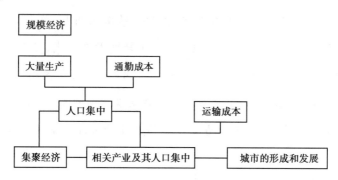

图 2.2　米尔斯—汉密尔顿城市形成模型[150]

### 2）高质量发展内涵

党的"十九大"报告指出我国当前社会已经由高速增长阶段向高质量发展阶段转变，高速增长和高质量发展是我国经济社会发展的两个阶段[151]。高速增长侧重的是数量和规模的快速扩张，质量因素被淡化。习近平强调："进入新时代，我国经济已由高速增长阶段向高质量发展阶段，推动高质量发展，是保持经济持续健康发展的必然要求，是适应我国社会主要矛盾变化和全面建成小康社会、全面建设社会主义现代化国家的必然要求，是遵循经济规律发展的必然要求"。[152]高质量发展是能够很好地满足人民日益增长的美好生活需要的发展。

更高质量、更有效率、更加公平、更可持续的发展是高质量发展的基本特点。当前的一些主流观点认为"高质量发展,就是可以满足人们日益增长的美好生活需要的发展,是体现新发展理念的发展,是创新成为引领城市发展的第一动力、协调是内生特点、绿色则成为普遍形态、开放成为必由之路、共享成为根本目的的发展"。高质量发展不只关注经济领域,而且是对政治、文化、生态、社会等各个领域的全覆盖。另外,"人民日益增长的美好生活需要"说明对生活的需要是日益增长的,会随着经济社会发展不断变化,会在已经满足有些需求以后又提出了更高的需求,就是始终不能达到一个完全满足的状态,因此,追求高质量发展是一个持续性的过程,是永无止境的,也要持续不断地丰富高质量发展的内涵[77]。

高质量发展的主要内容是变革经济质量、效率和动力,而要实现这三种变革还是要依赖科技创新。其中,质量变革要求转变发展方式、优化经济结构,效率变革和动力变革是要求全要素生产率的显著提高,将发展动力从要素驱动(资源和低成本劳动力)向创新驱动转变。要实现这三种变革,必须依赖科技创新,将互联网、大数据、人工智能等新技术与实体经济深度融合,推动我国产业走向全球价值链的中高端。

高质量发展是增长速度和发展质量之间更充分、更均衡的发展,是动态平衡供给和需求之间的关系。转变经济增长方式是实现高质量发展的关键,将经济增长方式从"从粗放式增长"向"集约式增长"转变。过去70年,我国传统城市发展成功解决了"快不快"的问题,但在当前发展背景下,我国城市发展更关注高质量发展,根本的问题在于解决城市发展质量"高不高"、城乡居民"满不满意"等关键问题上,走一条低资源消耗、低环境污染、低碳排放、高综合效应的集约型发展道路[153]。

### 3)城市高质量发展内涵

城市作为经济社会发展的主要载体,城市承载着人类生活改善、经济发展、社会进步、环境优化等诸多功能。城市高质量发展直接影响到整个国家高质量发展，城市高质量发展是支撑我国高质量发展的支柱，直接关系到人民日益增长的美好生活的实现。推动城市高质量发展是对我国经济高质量发展的一种支撑，是当前和今后很长一段时间我国城市发展的根本方针[154]。

高质量的城市建设需要运用现代科学技术和绿色建筑节能技术，推进紧凑型、精明型、绿色型和智慧型城市建设，提高建设水平、标准、智能化、共享化和运行效率。

高质量的经济发展需要大力培育新动能，加强科技创新，促进升级传统产业，大力降低实体经济成本，降低制度性交易成本。

高质量的区域协调要求实现基本公共服务均等化，基础设施通达程度比较均衡，人民生活水平大体相当。公共服务均等化要求为居民提供养老和医疗服务的基本公共服务均等化。简而言之，就是要建立完善、便捷的养老、医疗服务设施以及具有现代化特色的教育培训设施、高效低耗能的科技创新设施，健全的社会保障设施等其他公共服务设施。基础设施要求进城人口要与城市基础设施相统一，农村基础设施也要与现代化相适应，城乡基础设施要向一体化、智能化和自动化方向发展，不断提升基础设施高效运行和互联互通水平。

高质量的民生。要精准解决人民群众关心的问题，着力解决中小学生课余负担重、"择校热""大班额"等突出问题，解决好幼儿保育和幼儿教育服务问题。要注重解决结构性就业矛盾，解决性别歧视和身份歧视问题，要求不断增加就业机会。加快推进改革全国基本养老保险制度。继续解决"看病难、看病贵"问题，鼓励养老、就医领域社会资金进入。解决网络虚假信息诈骗和倒卖个人信息等突出问题。

高质量的生态文明建设。要求对生产生活空间、生态环境进行优化，为宜居宜业宜游建设低碳、生态城市，高效有效治理城市污染，实现城市碧水蓝天白云，城市人居环境质量得到全面提升。

高质量城市管理要求采用更加科学、有序和高效的管理手段，全面提升城市管理信息化、智慧化,通过有效的城市管理,逐步缓解和根除城市交通拥堵、环境污染等城市病。

无论如何,城市高质量发展的核心是为了满足人们日益增长的经济、文化、社会、生态等方面的需求,包括人与人、人与自然、人与社会等社会经济环境的全过程。城市高质量发展是经济、社会、生态等的有机融合发展。城市高质量发展是一个复杂、动态、多维系统,是产业、人口、社会、空间、生态发展变迁和综合转化的过程。

城市高质量发展主要关注一个城市发展当前发展的全局状态,即一个城市当前经济、生活、社会、环境、城市发展程度等方面的真实情况,它是动态发展中一个包容性概念[155]。城市高质量发展评价不仅可以反映城市发展的质量和效率,而且可以从横向和纵向两个角度比较不同城市和同一城市不同阶段的发展质量,找出城市发展中存在的问题,为城市健康可持续发展提供决策依据。

从内涵上讲,城市高质量发展与城市化发展质量存在一定差异,城市化发展质量的视角更为宏观,范围比城市高质量发展范围也要广泛得多。城市高质量发展被认为是城市化发展质量的组成部分。在城市发展初期,城市化发展质量评价发挥着重要作用,而在城市发展的成熟阶段,城市高质量发展评价更具有指导作用。由于城市发展的阶段性特征,"硬件"不足是城市发展初期存在的主要问题,城市基础设施建设跟不上人口增长和产业集聚;随着城市发展,到了中后期,城市发展进入了成熟阶段,基础设施日趋完善,社会服务也日趋现代化,如何满足人们日益增长的精神需求是这个阶段城市发展的焦点。可见,在城市发展初期阶段,主要从宏观角度考察城市发展,这时城市化发展质量才是城市发展的焦点和侧重点,而在成熟阶段,城市高质量发展评价则起到指导作用。

任宏、刘华兵[156]指出"原始"+"现代"的发展理念,其中"原始"不仅包含纯净、优美、舒适的自然环境,还包含能够和谐共生的人文环境、生活方式、地理地貌、建筑形态、民风民俗等,尤其是具有原始形态的生态环境和历史文化,它们是人类生存与发展的基础。"现代"是所有现代元素的综合体,包括"硬件"和"软件"两个方面,其中"硬件"包括一些智能产品,现代化的设备和材料,现代化的道路等;"软件"是指一切现代技术、服务及其理念,其中也包括先进的城市建设理念,例如智慧、绿色、低碳等。"原始"+"现代"理念就是将最先进的科技融入最自然、最纯净的自然环境中,让城市居民享受到人类文明创造的便利,享受到美丽纯净的自然环境给人的舒适和惬意。在这里,"原始"与"现代"达到相依相存的完美结合与最佳平衡,促进城市高质量、可持续发展。

综上所述,本书采用城市高质量发展是指城市建设、区域协调、民生水平、生态文明、经济发展和城市管理等方面的高质量发展,如图2.3所示。

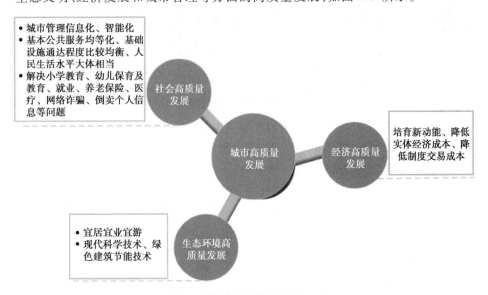

图 2.3　城市高质量发展的内涵

### 4)实现城市高质量发展的路径

可以通过创造高效增长型城市、低碳城市、生态城市、集约节约型城市、创造型城市、智慧城市和宜居城市建设,来推动城市向高质量发展。归根结底,推动城市高质量发展的路径还是要采取三个途径:一是高效城市发展路径,建设高效增长型城市,促进经济高质量发展;二是创新、智慧和宜居城市发展路径,建设创新型城市、智慧型城市和宜居城市,促进社会高质量发展;三是低碳、生态、环保、节约型的城市发展路径,建设低碳城市、生态文明城市、环境友好城市、节水节地节能节材的资源节约型城市,促进生态环境的高质量发展。最终通过经济、社会和生态环境的高质量发展来实现城市高质量发展。城市高质量发展路径见图2.4。

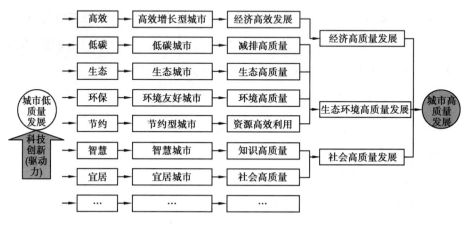

图 2.4　城市高质量发展路径图

城市高质量发展是一项复杂的系统工程,是一个从量变到质变的过程,科技、经济、社会和环境等子系统是该系统的核心要素。科技、经济、社会和环境之间存在着一种相互依存、相互影响、相互促进的复杂关系。科技、经济、社会和环境之间协调发展是实现城市高质量可持续发展的前提。科技经济社会生态环境各系统相关关系如图2.5所示。

城市的高质量、可持续发展很大程度上依赖于经济、社会、科技与资源环境的耦合协调发展。在发展中,要重视并积极实践经济、社会、科技与资源环境的全面协调发展。因此,我们要摒弃过去高投入、高消耗、高排放的发展模式,选择一种经济、社会、科技与资源环境的可持续协调发展模式,营造出经济高度发达、社会安定和谐、科技实力雄厚、资源被高效利用和环境友好的城市高质量可持续的未来。

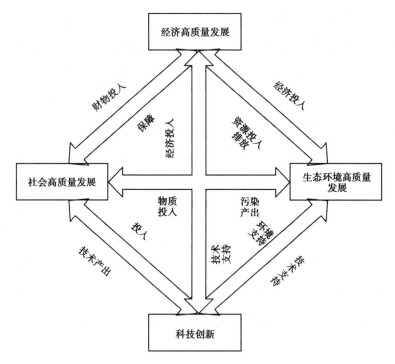

图2.5　科技经济社会生态环境各系统相关关系

## 2.1.3　科技创新对城市高质量发展的影响

科技创新不仅是一种技术的创新,也是相当于一种观念,这种观念在指导人类发展时秉承科技创新的理念,即量与质的协调,人与人、人与自然之间的协调,高质量的发展及可持续发展的评价准则。

本书认为科技创新对城市高质量的影响是指依靠科学技术进步,实现产业发展模式的优化,经济绩效和资源利用效率的大幅提升,人们生活质量从传统温饱向现代人全面转变,在生态环境保护的同时实现其经济效益的城市发展过程,是高级城市发展的一种形式。科技驱动型城市高质量具有智能集约、生态高效、起点高、跃升快、潜力强等特点,高科技、高新区是其核心内容。

当前,科技创新进入了前所未有的密集活跃期,大数据、5G、云计算、区块链和人工智能等新兴技术迭代加速。最近的华为"芯片事件""太空计划""嫦娥五号"牵动我们每一个中国人的心,也再一次对我们敲响了要科技自立的警钟。科技为我国实现全面小康社会目标,成为科技强国等方面具有至关重要的作用。华为"芯片事件"说明基础研究可以代表一个国家的综合实力,世界正在发生着新一轮的科技革命和产业革命,世界的经济格局正在发生变化。高带宽、高质量、高体验、高智能的 5G 技术正慢慢地改变着社会各个方面,把 5G 技术应用到医疗、生产生活和资源利用上,助力实现人们对美好生活的向往。太空计划可以助力我国经济复苏。至 2050 年,我国有可能成为全球最大的经济体。据统计,我国现有可利用燃料在 2052—2060 年将用尽,因此建立能源基础是目前我国最迫切的任务。基于此,我国一方面对南极等地区的矿产资源进行投资开发,另一方面对其他可利用的未开发领域进行投资,如外太空。据科学家预测,月球表面存在大量的可利用资源,在未来,月球将成为人类能源资源的巨大供应基地,这不仅能促进经济高质量可持续发展,也对人类可持续发展起到非常重要作用。

本书探讨科技创新对城市发展的影响,因此强调科技创新与城市高质量发展联系的理论逻辑。①将城市高质量发展置于科技创新视角之下具有紧迫性和必然性。一方面,工业文明所带来的危机迫使城市高质量发展以科技创新的理念为进一步发展、高质量发展、可持续发展提供指导;另一方面,科技创新作为新型发展形态必然要登上人类历史舞台,且人类城市发展进程还没有结束,未来城市发展质量必然是要在科技创新的视角下推进。②城市高质量发展与科技创新建设相互影响。科技创新要求改变传统城市发展的思维和模式,会对城市发展进程和城市发展质量产生重要影响;城市建设作为科技创新建设的积极实践,将不断丰富和完善科技创新理论。据以上分析可知,科技创新视角下城市高质量涉及经济、科技、社会、环境等方方面面,是一个复杂开放的大系统,如图 2.6 所示。

总之,由于当前伴随着城市高质量发展所出现的各种危机,人类需要将城市高质量发展置于科技创新视角之下,秉承科技创新的发展理念。具体而言,

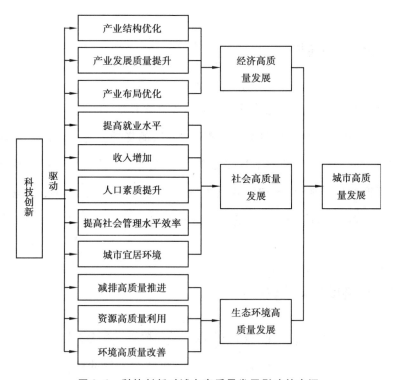

**图2.6 科技创新对城市高质量发展影响的内涵**

一是以科技创新的价值判断标准衡量和评价城市高质量发展。在以往的发展过程中往往认为城市数量越多、规模越大,则城市发展水平就越高,而科技创新要求抛弃传统价值判断标准,以"质"与"量"的同步提升、城市发展中各种关系的协调以及可持续发展为城市高质量发展水平的判断依据。二是科技创新要始终贯穿城市高质量发展质量进程中的方方面面。城市发展过程极其复杂,涉及因素众多,但是不局限于经济、社会、环境、科技等不同方面的变化过程,科技创新对城市高质量发展的影响是科技创新理念在每个过程实践的综合体现。三是城市发展质量要因地制宜,科技创新对城市高质量发展影响的具体实践要与特定的发展基础相适应。不同国家、不同地区经济社会背景不同,城市发展进程各有差异,在用科技创新理念指导城市高质量发展时需要考虑地区之间人口发展状况、社会经济背景、资源禀赋和自然环境状况的差异,不能简单地同一对待。

## 2.2　理论基础

对城市高质量发展系统的研究不仅需要自然科学、工程技术科学以及大量的实践经验,还需要现代经济思想、理论和方法的指导。对城市高质量发展系统的研究同样需要一定的理论基础支撑,分析城市高质量发展系统的基础理论主要包括产业集群理论、可持续发展理论、系统论、科技创新理论、人地系统相关理论和城市发展阶段理论等,这些理论从不同层次和角度对本书的研究工作做了一个支撑。

### 2.2.1　可持续发展理论

1972 年在斯德哥尔摩举行的联合国人类环境研讨会上首次提出了"可持续发展"(Sustainable Development)的概念[1]。可持续发展的概念于 1987 年在世界环境及发展委员会发表的布伦特兰报告书中予以给出。所谓可持续发展,不仅要满足当代人的需要,而且不损害子孙后代满足其需要的能力。它们是一个紧密联系、密不可分的系统,不仅要实现经济发展,还要不能以牺牲自然资源和环境为代价,确保我们的子孙后代能够永续发展、安居乐业。可持续发展与环境保护之间既密切联系,但是不能把两者等同,环境保护作为可持续发展的重要方面,可持续发展的核心为"发展",但前提是严格控制人口、提高人口素质,保护环境和资源的可持续利用,进而使经济和社会可持续发展。

### 2.2.2　系统科学理论

系统论(System)是 L. Von. Bertalanffy 创立的一门学科[157],系统论的基本思想是从优化系统的角度看待问题,把想要研究和处理的对象看成是一个完整的系统,对这个完整系统的结构和功能进行分析,系统、要素和环境三者之间的相互关系和变化规律进行分析。从系统论的观点来看,自然系统和社会系统都被认为是一个开放系统。一个开放的系统必须与外界进行物质、能量、信息的不断交换,才能维持系统的平衡或保证系统从低级到高级的有序发展,否则系统可能退化并最终走向消亡。系统论整体思想是把研究和处理的对象当成一个完整系统,自然系统、社会系统作为一个完整系统自然是要遵循系统演化规律。所以,从可持续发展角度看,开放性和动态性是自然系统、社会系统演化的前提条件,在开放系统及其子系统之间的动态过程中必须把系统看成一个完整的系统。因此,系统论把社会发展和自然系统的演化视为一个相互依靠、互为环境不可分割的统一体,"可持续"在这两个系统中处于核心地位。否则会对自然系统和社会系统的动态发展造成约束,使系统退化,这也是把可持续定义为人类生存质量、自然环境和人文环境全面优化的原因。也就是说,真正意义上的可持续发展是社会与自然的协调、动态发展,是衡量高质量发展水平的唯一标准。

## 2.2.3 产业集群理论

产业集群理论是最早出现在英国的一种经济现象,是从事相同或类似经济的产业主体在某一特定区域中一起生产的经济活动。1776 年的《国富论》,亚当·斯密[158]研究产业集群,他指出形成产业集群现象的主要原因是市场分工,就是不同分工的企业或者个人为了完成某一特定的目标聚集在一起进行联合生产。产业集群理论被美国著名管理学家 Michael 在《国家竞争优势》一书中提出,认为产业集群是一系列相互关联的企业、相关产业、原材料供应商、专业机构和协会在一个特定区域内的集合特定区域形成产业集群,通过产业集群形成有效的市场竞争;通过专业化生产要素的优化建设,集聚洼地形成区域集聚效应、规模效应、外部效应和区域竞争力。

## 2.2.4 经济增长理论

20 世纪 80 年代中期以来,以 Romer[159]和 Lucas[160]为代表,出现了经济增长理论的研究高潮。大量经济学家普遍认为经济增长作为经济体系的一种内部力量,而不是先前认为的外部力量,特别指出是一种内生性的技术变化产物。他们通过大量研究指出实现经济快速持续增长是技术进步在起决定作用,重新对经济增长的源泉做了阐述,这就是所谓的新经济增长理论。新经济增长理论后来又被称为内生经济增长理论,它的核心是收益递增,对技术进步可以促进经济增长进行了肯定,还从理论层面对技术进步的实现机制进行了分析。

当今处于信息时代,过去生产要素也发生了变化,科技成为生产要素的第三大要素,被认为是能推动经济持续快速增长的一个重要动力,是经济运行中的一个内生变量。投资和技术进步形成了一种良性互动的关系,投资促进技术进步,技术进步又反哺投资,提高投资收益。当下,对世界各国来说,技术进步已经成了其推动经济增长的驱动力。内生经济增长理论的研究重点在于技术创新,认为技术创新一旦出现就应该被采纳和应用[161]。

## 2.2.5 科技创新理论

1776 年,亚当·斯密发表了一篇《国民财富的性质和原因的研究》的研究报告,讨论了分工的重要性、提高劳动生产率原因以及如何提高劳动生产率的问题。在《资本论》中,马克思对生产力和生产关系之间的辩证关系进行了详细阐述,从历史唯物主义的角度分析了技术对资本主义社会的影响,指出"资产阶级要生存,就必须使生产工具不断革命",这进一步解释了技术在经济发展中的巨大作用。

美国哈佛大学的熊彼特在马克思的启发下,首次提出"创新"概念。1912年,熊彼特在《经济发展理论》一书中提出"经济发展是一个以创新为核心的演进过程",首次提出了用"创新理论"解释经济发展的观点。他认为,只有创新的经济才能得到发展,否则就是静态的经济,要实现经济的持续发展就需不断地将创新元素引入经济体系。

Cooke[162]详细阐述了区域创新体系的概念,认为区域创新体系主要是由地理相关的生产企业、研究机构和高等教育机构组成的支持和产生创新的区域组织体系。CHUNG S 等[163]认为区域创新系统是"由相互作用的子系统组成的基本社会系统,组织内部和子系统之间的相互作用产生知识流,促进区域创新系统的演化";DOLOREUX D 等[164]研究主要从两个方面解释区域创新系统:一是创新活力,包括企业、高校与科研机构等"知识组织"的密切关系,形成了一个支撑性的"知识基础设施";二是区域作为一个整体,可以促进和支持这些关系是通过某种治理安排来实现的。

## 2.2.6 人地关系理论

人地关系讲求的是人类活动与地理环境之间的一种复杂关系。简单地讲,"人"是一切与人相关的经济社会活动的总称,"地"是指地理环境,是地理环境交织、结合自然要素和人文要素而形成的[165]。人地关系理论中讲到的人地关系的矛盾主要是从空间上讲的人与自然环境要素需求与空间占有的矛盾。1990 年,人地关系研究在理论、方法、实践应用等方面取得了重大的进展,新型人地关系理论不断涌现,并逐渐形成一个理论体系。方创林[166]等研究者深入分析和系统研究区域人地系统的协调共生、耦合优化理论,主要理论观点可归结为五个方面:①人地系统优化目标结构是由人口 P、资源 R、生态 E、环境 E、经济 E、社会 S 六大要素组成的 PREEES 系统,六大要素相互作用、协调共生而形成发展系统($D_P D_R D_E D_E D_E D_S$ 系统)。因此,把传统的 PRED 系统改名为 $D_P D_R D_E D_E D_E D_S$ 系统,相应的人地系统优化调控的对象结构如图 2.7 所示。②按照人地系统的概念,人地系统中一端"地"是 PREEES 系统中的资源 R、生态 E、环境 E 的全部内容,另一端的"人"就是 PREEES 系统中的人口 P、经济 E、社会 S 的全部内容。对于城市的高质量可持续发展来说,必须是由人口 P、资源 R、生态 E、环境 E、经济 E、社会 S 六大要素相互作用、相互协调组成的 PREEES 系统和这六大要素共同发展而形成的 $D_P D_R D_E D_E D_E D_S$ 系统,这两大系统的高度耦合就称为 $P_D R_D E_D E_D E_D S_D$ 系统,如图 2.8 所示。③人地系统优化调控的出发

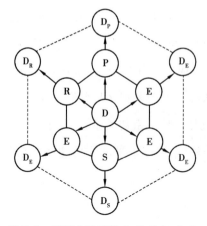

**图 2.7   区域人地系统 $D_P D_R D_E D_E D_E D_S$ 系统结构框图**[168]

点是以人为本,最重要的是人的意识建设,其主要目标是和谐发展至上,经济社会发展的重点也是和谐发展,保护资源与生态环境的主要目的不是要人类回归"原始"自然,而是为了更好地发展经济社会。④区域人地系统协调、优化和调控,不只要动态协调和优化人地系统各要素之间和各要素内部的空间,也要对区域之间人地系统的空间进行优化和协调,从而实现区域之间真正的协调发展和空间共生,同时可以实现产业组织协调和空间组织协调,对盲目的区域竞争和区域冲突进行消除。⑤人地关系系统作为远离平衡态的开放系统,该系统形成耗散结构的过程是通过不断地向系统输入低熵能量物质和信息,产生负熵流来维持[167]。

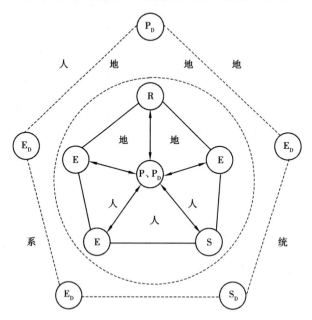

**图 2.8   区域人地系统 $P_D R_D E_D E_D E_D S_D$ 系统优化调控的对象结构框图**[169]

## 2.2.7　社会—经济—自然复合生态理论

20 世纪 80 年代初,马世骏[170]等研究者提出了社会—经济—自然复合生态系统理论,指出社会、经济和自然三个子系统都有各自的结构、功能及发展规律,是三个不同性质的系统,但是各个系统在维持自身生存和发展时都要受到其他系统结构和功能的制约。这类复杂的问题不能简单地看成是单个系统的问题,如社会问题、经济问题或自然生态问题,而是多个系统相结合造成的复杂问题,被叫做社会—经济—自然复合生态经济问题。人在这种复杂系统中既被认为是积极因素,又被认为是破坏因素,具有非常复杂的社会属性和自然属性。一方面,人具有不同于其他动物特有的文明和智慧,是社会经济活动的主人,这些促使大自然为人类服务,相应的不断提高物质文化生活水平,并得到积极的反馈;另一方面,人类是大自然的成员之一,人类所进行的一切宏观活动,都要遵循自然生态系统的运行规律,也必然会受到自然环境的调节和约束。长久以来,人与自然之间存在的基本冲突是复杂自然生态系统中最基本的特征之一。该理论还明确指出,城市是一类人工生态系统,主要以人类的技术和社会行为为主导,以生态代谢过程为经络,以自然生命支持系统为支撑,是一个"社会—经济—自然复合生态系统"(图 2.9)。

## 2.2.8　新公共管理理论

公共管理研究的基本内容:如何以公共利益、公共价值为导向,通过公共组织和公共政策管理公共事务、给人们提供公共产品和公共服务,调节人们社会收入、协调社会发展、提高国家治理水平,对国家治理体系和治理能力产生促进作用。据此可知,公共管理的主要研究目标是寻求一种途径和方法,可以弘扬和维护公共利益、协调人与自然的合作、追求人的全面发展和社会效益最大化,最终设计和运行一个有效的国家治理体系[171]。公共治理是整合开放的公共管

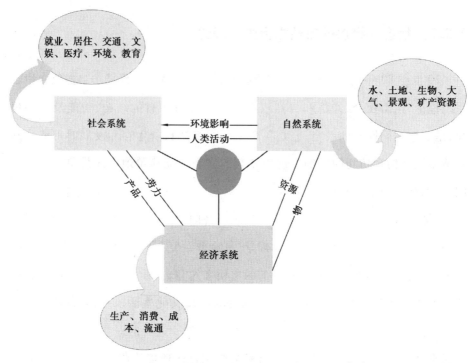

就业、居住、交通、文娱、医疗、环境、教育

水、土地、生物、大气、景观、矿产资源

社会系统

自然系统

环境影响
人类活动

产品　劳力

资源　废物

经济系统

生产、消费、成本、流通

图 2.9　社会—经济—自然复合生态系统示意图[170]

理和公众参与的公共治理模式,具有三个典型特征:治理主体多元化、治理依据多样化、治理方式多样化。其中,治理主体多元化意味着除了传统的国家政府外,还有行业协会、自治团体等公共组织,各治理主体跟它展开交流合作,共同管理公共事务;治理依据多元化意味着除国家立法外,还包括公共组织内部及组织之间的规则或协议;治理方式多元化是指构建积极协商解决的沟通模式,在治理过程中注重成本分析,治理方式以自治为主要方式。

　　20 世纪 80 年代,西方发达国家掀起了一场以"重塑政府""再造公共部门"为主的大规模改革运动,被称为新公共管理运动。新公共管理的基础理论主要是公共选择理论和交易成本理论,主要要求政府不仅要注重投入,更要注重结果,从而构建一种以市场或市民为导向的治理创新,通过企业改革重塑公共部门,解决公共问题,希望可以更多地借助经济学研究,遵循现代经济学的"理性人"假设,坚持经济理性主义,改革创新公共管理部门的机构设置和公共服务供给模式,最终实现政府规模减小、政府活动空间缩小、服务供给模式创新,实施绩效管理制度,并运用成本效益分析等方法,使公共管理实现最小的成本、最高的效率。随着公共管理理论的发展,公共管理理论逐渐从发达国家延伸到世界大多数国家,并成为主流管理趋势。

综上所述,新公共管理理论关注过去依靠政府管理和市场调节的不足,着重强调政府、企业、团队和个人的共同努力,逐渐把这一理念作为世界各国共同追求的价值取向。新公共管理理论强调在管理公共事务中,政府酌情将部分公共权力移交给非政府机构和个人,公共管理者和管理组织及时对公民的要求做出回应,并不断地与社会各组织进行合作管理。这就要求充分发挥市场在资源配置中的决定性作用,也要充分发挥政府自身职能的作用,充分发挥社会为公共管理提供可持续发展的力量。最后,可以形成政府、市场和社会共同治理的局面。

## 2.2.9　相关理论的综合运用

根据产业集群理论、经济增长理论、可持续发展理论、科技创新理论、系统科学理论、人地关系理论、社会—经济—自然复合生态理论和新公共管理理论的科学含义和研究范围,本节将阐述上述理论基础与城市高质量发展的关联,以及上述理论在本书中的具体应用,如图2.10所示。

### 1)可持续发展理论

可持续发展理论是城市高质量发展研究中最基本的理论之一,对城市高质量发展的研究具有重要的指导意义。依据对可持续发展理论内涵的理解,在人口、经济、社会、资源与环境相互协调,合理开发自然资源和能源,经济得到持续高效的发展,社会发展不断进步,生态环境得到良性循环的基础上,提高城市高质量发展水平,最终实现城市高质量的可持续发展的战略目标,从而推进城市高质量发展。城市高质量发展所研究和关注的问题是如何实现系统人口、经

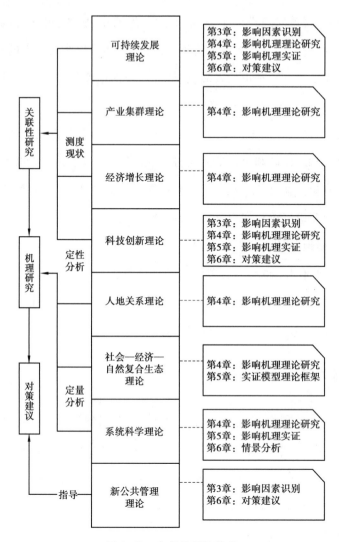

**图 2.10  本书的理论基础**

济、社会、资源、能源及生态环境等要素的全面协调和可持续发展,这是测度科技创新和城市高质量发展水平和剖析科技创新对城市高质量发展影响机理应遵循的最根本准则。本书借鉴可持续发展理论的思想,指导本书第 3 章科技创新与城市高质量发展关联性研究、第 4 章科技创新对城市高质量发展影响机理的理论研究以及第 6 章对策建议等章节。

### 2）系统科学理论

由于城市发展系统本身就是一个复杂系统,其内部资源环境和社会经济各要素之间存在着错综复杂的关联关系,因此必须坚持系统论的相关观点展开研究。城市高质量发展系统本就是一个动态、复杂的系统,由经济、社会和生态环境,再外加一个科技创新子系统组成,各子系统之间存在着千丝万缕的联系,相互作用密不可分。根据系统论的耗散结构理论,系统最终将趋向稳定有序的状态,这一理论和观点对分析研究科技创新对城市高质量发展影响机理提供了重要的理论基础和支撑。故借鉴系统科学理论的思想,指导本书第4章科技创新对城市高质量发展影响机理的理论研究、第5章科技创新对城市高质量发展的影响机理实证以及第6章城市高质量发展的情景分析及对策建议。

### 3）产业集群理论

产业集群是相关产业的企业聚集在一起形成的一种竞争模式,这种模式促成了城市的发展,即产业集群为城市发展提供良好的条件,产业集群为城市发展优化空间结构,产业集群发展提升城市竞争力。科技创新促进产业集群的发展,科技创新提升产业集群的技术水平和产业结构,科技创新有利于产业集群的扩张。三者之间的辩证关系贯穿全书。故借鉴产业集群理论的思想,指导本书第4章科技创新对城市高质量发展影响机理的理论研究。

### 4）经济增长理论

经济增长理论强调从经济学角度研究城市高质量发展的机理,城市高质量发展中经济高质量发展与经济学中的研究问题是相似的,具有相同特征,故借鉴经济增长理论的思想,指导本书第4章科技创新对城市高质量发展影响机理的理论研究。

### 5）科技创新理论

科技创新理论是研究科技创新视角下城市高质量发展理论基础。科技创新是解决城市高质量建设中出现的问题的最有力工具。这一理论和观点对分析研究科技创新对城市高质量发展影响机理提供了重要的理论基础和支撑。故借鉴科技创新理论的思想,指导本书第 3 章、第 4 章以及第 6 章等章节。

### 6)人地关系理论

人地关系协调理论是研究科技创新对城市高质量发展影响机理的理论基础。①人地系统中人地和谐理论为分析城市高质量发展要素提供了理论依据,根据这一理论,分析城市高质量发展应从经济、人口、社会、资源、生态、环境六大要素进行,研究对象结构由相互联系、相互作用、相互协调的人地关系系统六要素构成。②研究城市高质量发展必须坚持"以人为本"原则,充分重视人的意识建设及人的生活质量、环境建设,确定高质量的可持续发展为研究目标,在空间环境约束下追求城市发展中的经济、社会发展的效益最大化。③按照人地关系理论,城市高质量发展的研究对象可概括为三大系统:经济系统、社会系统和环境系统,城市空间发展的质量体系随着城市发展不断萎缩,经济社会体系不断扩大。为了实现城市可持续发展,必须使这三大系统之间的相互作用关系不仅满足今天发展的需要,未来发展的需要也可以是可持续的。因此,这一理论也成为科技创新对城市高质量发展影响机理的基础理论。故借鉴人地关系理论的思想,指导本书第 4 章科技创新对城市高质量发展影响机理的理论研究。

### 7)社会—经济—自然复合生态系统理论

社会—经济—自然复合生态系统理论是用来研究系统内部组成要素及其各组成要素之间相互作用关系的基本理论,其对城市高质量发展研究的指导意义为:①城市高质量发展的研究对象是以城市社会—经济—自然复合生态系统为基础,在此基础上构建一个更加复合的生态系统,这个复合生态系统中的子系统、子系统之间的联系以及自组织演化都具有复杂规律性,所以,本书需要采取复杂系统的思维方式和研究方法进行研究。②城市高质量发展系统是经济、社会、资源、人口和生态环境各子系统或者各因素相互依存、相互依赖、相互共存的一个共生系统,城市高质量发展系统中的各要素之间都具有特定的作用、联系和发展规律,同时各子系统的发展又受到其他子系统的影响和制约,系统内部各要素之间存在着复杂的非线性相互作用关系,各子系统之间亦如此。研究城市高质量发展就需考虑系统中各要素之间相互作用的复杂关系,还有各子系统之间的复杂关系。③城市高质量发展中的子系统构建了"社会—经济—生态环境"复合生态系统,在其内部要素相互作用机理的影响下,具有自我调控功能,可以实现自我组织演化,协调各系统间的相互作用关系。为了提高城市高质量发展,应充分发挥城市高质量发展子系统间的自我调控功能,协调城市发展子系统间的社会、经济与生态环境间的关系,以及各子系统分要素间的联动关系,实现城市高质量发展系统的协调发展。故借鉴社会—经济—自然复合生态系统理论的思想,指导本书第4章科技创新对城市高质量发展影响机理的理论研究以及第5章科技创新对城市高质量发展的影响机理实证。

**8)新公共管理理论**

新公共管理理论重新定位了政府的角色,该理论的核心价值理念是"以人为本"和"以效益"为核心,政策制定方面的变化是当今政治生活领域最重要的变化之一,政府是重要的参与者,不再是控制地位的掌舵者。从新公共服务的角度来看,更多的利益集团直接参与政策的制定和实施,政府管理者应该认识到,公共项目和公共资源不属于他们自己,作为项目负责人,不能从企业家的角度考虑问题,政府管理者是公共资源的管家,将越来越多地扮演调节、协调甚至裁决的角色。故借鉴新公共管理理论的思想,指导本书第6章。

因此,在构建以科技创新对城市高质量发展影响机理的研究中,政府要以上述理论为指导思想,转变传统的发展观念,树立以人为本、服务型政府、效率第一的思想,努力实现科技创新对城市高质量发展影响机理的应有作用。

## 2.3　本章小结

本章首先对核心概念进行了界定,包括对创新、技术创新、科技创新、城市、城市质量发展和科技创新视角下城市高质量等相关概念进行了严谨科学的界定,并明确了本书的研究范围和边界。其次,对既有相关理论,包括产业集群理论、可持续发展理论、系统相关理论、科技创新理论、人地关系理论、社会—经济—自然复合生态相关理论和公共管理理论进行梳理、整合和分析。同时,结合本书的研究目的与主要研究内容,分别阐述了本书中采用上述理论的必要性和适用性。最后,根据研究需要和理论特点,以理论创新为目的,对本书的主要研究内容和上述理论之间的关系进行了全面系统的分析。同时,借助逻辑框架分析,构建了本书的理论分析框架,并给出了这 8 种理论在本书中的具体应用。本章的研究结论为本书在后续章节准确评价科技创新对城市高质量发展影响机理提供了理论基础和依据。

# 3  科技创新与城市高质量发展关联性研究

对城市高质量发展水平和科技创新水平的综合测度,既是分析科技创新和城市高质量发展的现状及存在的问题,也是探究科技创新对城市高质量发展影响机理的基础。为此,本章基于第 2 章对科技创新、城市高质量发展和科技创新对城市高质量发展影响的内涵,建立适宜的评价指标体系,通过城市高质量发展水平的测度,分析了城市高质量发展的现状和存在的问题;通过对科技创新能力的测度,分析了城市科技创新能力的现状和存在的问题;通过格兰杰检验分析科技创新和城市高质量发展之间的关联性。本章是第 4 章影响机理理论分析的前提。

## 3.1  城市高质量发展水平测度

### 3.1.1  指标体系构建

#### 1)评价指标选取及影响因子选取逻辑方法

评价指标体系的建立是一个系统过程,一般可以通过定量分析法和定性分析法两种方式实现,从通俗意义上可以说成专家咨询法与测度数据法。在构建城市高质量发展的评价指标体系时,应力求定性与定量相结合,关于城市高质量发展水平进行测度或者衡量的指标参数众说纷纭,尚未统一。再加上各个研究者的角度不同,构建的指标也不同。因此,本书建立影响城市高质量发展水平的评价指标体系,评价指标体系影响因子的选取步骤和方法如图3.1所示。

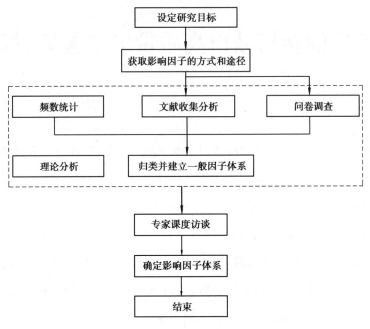

图 3.1　影响因子指标筛选逻辑分析

①设定研究目的,建立城市高质量发展影响因子体系的主要目的是建立影响城市高质量发展的主控因素,目的是系统分析其影响机理,提出针对城市高质量发展的对策建议;②确定影响因子的获取方式和获取途径,本书在理论分析、频度统计和专家深度访谈等多种方式相结合的基础上,筛选本书的影响因子;专家补充和修正,针对专家提出的建议,对遗漏的影响因子进行补充,对研究目标关联较低的影响因子进行修正,最终目的是保证所筛选的影响因子的科学全面合理性;③归类提取主要影响因子,通过影响因子的关联性,归类影响因子,构建初始结构。

2）影响因子的初次提取

a.基于文献成果的影响因子识别。影响因子的一般识别,1.2节的文献综述旨在剖析"城市高质量发展"研究的薄弱环节和存在的不足,本小节的目的是通过对"城市高质量发展"相关文献的研究,提取影响我国城市高质量发展的相关因素。基于 2.2 节的理论基础,再结合国外城市高质量发展的研究现状,首先基于理论层面对影响因素进行分析和整合,然后基于国内外的研究现状更全面了解城市高质量发展影响因素,为后文城市高质量发展影响因子间作用机理分析提供基础。

已经有一些学者对我国城市高质量发展影响因子进行了相关研究,但是由于不同研究者有不同的研究领域,得出的影响因子自然存在较大差异。本书首先通过文献分析方法对影响我国城市高质量发展的相关指标体系进行辨析,并将其研究的影响因子呈现出来。在中国知网、万方等数据库中以"城市发展质量"为主题进行检索,结果有 140 多篇相关文献,鉴于本书的科学性和有效性,并融合我国城市发展特征,选择时间为 2002 年以后且引用频率超过 5 次以上的文献,最终结果约为 40 多篇。对这 40 余篇文章进行分析研究,最后得出城市高质量发展的主要指标和影响因子,按照被引用量对筛选后的文献继续排序,提取被引用量排名前 36 的代表性文献,对这些代表性文献构建的评价指标体系进行分析,见表 3.1。

表 3.1　本书提取的城市高质量发展水平评价代表性文献

| 作者 | 发表时间 | 文献名称 | 文献中指标体系包含维度及指标数量 |
|---|---|---|---|
| 谭鑫[172] | 2016 年 | 城市发展质量测度及其影响因素分析 | 人口发展(6)、经济发展(7)、城市建设(5)、社会发展(8)、居民生活(6)、城市环境(8) |
| 王丽君[173] | 2017 年 | 天津市城市高质量时空格局演变及驱动分析 | 经济高效度(6)、民生幸福度(8)\城乡统筹度(4)、环境友好度(6) |
| 唐隽捷[174] | 2019 年 | 民族地区人口城市发展质量综合评价及系统耦合分析 | 人口发展(4)、人口质量(5)、公共服务质量(3)、生活质量(6)、人居环境(4) |

续表

| 作者 | 发表时间 | 文献名称 | 文献中指标体系包含维度及指标数量 |
|---|---|---|---|
| 蓝庆新[175] | 2017 年 | 中国城市高质量评价指标体系建立及评价方法——基于 2003—2014 年 31 个省 | 经济发展质量(3)、社会发展质量(12)、生态发展质量(6)、经济社会效率(3)、生态环境效率(3)、同步协调(3)、城乡统筹(4) |
| 肖振宇[176] | 2017 年 | 城市高质量新型度评价研究—基于城市群的视角 | 经济结构(3)、经济实力(3)、医疗卫生(3)、精神文化(2)、生活质量(3)、社会保障水平(2)、建设设施发展水平(3)、建设质量(3)、环境质量(3)、城乡差异(3)、环境保护质量(11) |
| 杨刚新与张守文[177] | 2016 年 | 安徽省县域城市发展质量的时空演变 | 社会人口城市发展(5)、经济发展城市发展(4)、用地设施城市发展(5)景观环境城市发展(4) |
| 孙旭与吴忠[178] | 2015 年 | 特大城市高质量综合评价及其空间差异研究——以上海市为例 | 生活发展(7)、公共服务(8)、经济发展(8)、生态环境(8) |
| 李静[179] | 2014 年 | 三江平原垦区城市发展质量测度研究 | 社会发展(5)、产业结构(6)、生活水平(6)、基础设施(5)、生态环境(6) |
| 郭叶波[180] | 2013 年 | 城市发展质量的本质内涵与评价指标体系 | 城市发展质量(16)、城市发展推进效率(16)、城乡协调发展程度(14) |
| 靖学青[181] | 2016 年 | 中国城市发展质量的空间差异性及其经济协调性——基于 30 个省会城市的实证研究 | 城市基础建设水平(6)、社会发展水平(5)、居民生活水平(4)、生态环境治理水平(6) |
| 曾文[182] | 2014 年 | 江苏省县域城市生活质量的空间格局及其经济学解析 | 城市自身的发展质量(6)、城市发展的推进效率(7)、城乡协调的程度(5) |

续表

| 作者 | 发表时间 | 文献名称 | 文献中指标体系包含维度及指标数量 |
|---|---|---|---|
| 马林靖[183] | 2014年 | 城市发展质量及其测评：以发展观为主导的演进历程 | 城市发展质量(6)、城市发展推进效率(8)、城乡协调程度(5) |
| 李涛[184] | 2014年 | 重庆市"土地、人口、产业"城镇化质量的时空分异及耦合协调性 | 人口集聚(8)、经济发展(6)、社会进步(4)、环境改善(5)、基础设施(6) |

注：表格内容是作者梳理多个文献总结得到。

指标体系和影响因子初次提取。影响城市高质量发展的影响因素较多，提取影响因素时弄清它们之间的层次关系意义重大。每个研究者的研究视角不同，导致从结构和数量上都比较混乱，还未能形成统一标准。本书为了对评价指标和影响因素能够更好地进行分析，采取合并和拆分原则提取影响因子，即对那些字面意思和标签相近的影响因子进行适当合并，对过于笼统的因子进行拆分。如："生态环境""生态保护""环境治理"等在本书统称为"生态环境"；而"经济发展""经济水平""经济规模"等，本质上都是经济产业持续发展的结果，可以划分为"经济城市发展"范畴；可以拆分含义过于笼统的因子，生产效率可以拆分为"单位 GDP 能耗""人均固定资产效率"等；把不符合中国城市发展特殊情况的因子予以剔除，如"逆城市发展"因子等。对相关影响因子经过上述方法处理后，研究者最终统计并提取选出的影响因子见表 C1。

一般来说，提高一个城市高质量发展意味着这个城市的综合实力也得到了提高，但是事实上不得不说城市高质量发展与城市综合实力还是存在区别的，不能等同。城市综合实力和城市高质量发展水平是一个静态指标，是从规模和总量上衡量一个城市的社会经济发展的综合实力。以往文献中很多研究者建立的评价指标有地区生产总值、实际利用外资总额、社会消费零售总额、客运总量等有关综合性指标[185]，这是值得商榷的。综合上述理论分析和以往文献分析可知,这些指标比较适合对城市综合实力进行测度,却不适宜用它们来测度城市高质量发展水平。为了更进一步对此进行解释,不妨举例解释如下:将两个规模相当的城市合并,假设不做其他任何改变,一个城市综合实力加倍增长并不代表着这个城市实现了高质量发展。据此可知,实际意义来说,城市综合实力、规模和发展质量三者之间不存在必然对应关系。假若一个城市盲目扩张,丝毫不顾及效率,这恰恰可能就是造成不能实现城市高质量发展的原因之一。在城市发展中只有注重小而精或者大而强,强调高效率发展,才是实现城市高质量发展前提条件。

所选择的指标可以反映城市高质量发展的某个侧面,紧扣城市高质量发展的内涵。不应选择与城市高质量发展没有直接关系,或者没有稳定对应关系的指标。例如,有些研究者选择增长率作为测量指标是不合适的。原因是增长率波动主要是一些宏观因素造成的,如投资、消费和出口等,而与城市高质量发展没有直接稳定的对应关系。所选择指标体系必须能够将城市高质量发展全部内涵反映出来,形成一个完整体系,不能有所遗漏。从构成要素看,要包括经济高质量发展、社会高质量发展、生态环境高质量发展三个维度的指标。

经过统计各影响因素出现的次数,按统计次数多少从大到小的顺序进行排序,结果见表 3.2。

表 3.2　城市高质量发展水平影响因素频次统计与分类

| 经济 | 社会 | | 生态环境 |
|---|---|---|---|
| 因子(次数) | 因子(次数) | 因子(次数) | 因子(次数) |
| 城市财政支出(20) | 城市人均可支配收入(14) | 每百户彩色电视机数(9) | 能源消耗量(9) |
| 城市固定资产投资(15) | 人均公共绿地面积(10) | 每百户计算机数(13) | 城市生活垃圾无害化处理率(11) |
| 单位固定资产投资实现GDP(13) | 人均住宅面积(5) | 每万人拥有公共交通车辆(12) | 单位GDP能耗(11) |
| 单位建成面积实现GDP(12) | 教育经费投入(8) | 城市用水普及率(10) | 污水处理厂集中处理率(7) |

续表

| 经济 | 社会 | | 生态环境 |
|---|---|---|---|
| 单位建成面积吸纳城市人口数(8) | 在校本科生数(9) | 第三产业从业人员比重(16) | 人均城市道路面积(6) |
| 资本利用率(9) | 每百人图书报刊数(14) | FDI(8) | 每百户移动电话数(10) |
| 第三产业占GDP比重(18) | 文化体育娱乐支出(8) | 工业固体废弃物综合利用率(9) | |

　　从各因素的统计频次可以看出,上述因素是影响城市高质量发展的影响因素。基于文献研究的影响因素汇总见表3.3。

表3.3　基于文献研究的城市高质量发展水平影响因素汇总

| 因素 | 因素 |
|---|---|
| 城市财政支出 | 城市人均可支配收入 |
| 城市固定资产投资 | 人均公共绿地面积 |
| 单位固定资产投资实现GDP | 人均住宅面积 |
| 单位建成面积实现GDP | 教育经费投入 |
| 单位建成面积吸纳城市人口数 | 在校本科生数 |
| 资本利用率 | 每百人图书报刊数 |
| 第三产业占GDP比重 | 工业固体废弃物综合利用率 |
| 每百户彩色电视机数 | 能源消耗量 |
| 每百户计算机数 | 城市生活垃圾无害化处理率 |
| 每万人拥有公共交通车辆 | 单位GDP能耗 |
| 城市用水普及率 | 污水处理厂集中处理率 |
| 第三产业从业人员比重 | 人均城市道路面积 |
| FDI | 每百户移动电话数 |
| 文化体育娱乐支出 | |

　　b.基于调研结果的影响因素识别。以往研究只基于统计年鉴所列条目进

行指标选择,本书考虑指标选取所应遵循的全面性、科学性和动态性原则,以城市高质量发展为最终目标,并从经济、社会和生态环境三个方面对影响城市高质量发展影响因素进行全方位的梳理剖析。以下是基于上述文献研究确定影响因素的基础上,对城市高质量发展的影响因素作进一步补充。补充结果如表3.4所示。具体问卷内容见附表1.1。

表3.4 基于调研结果城市高质量发展水平影响因素汇总

| 因素 | 因素 |
| --- | --- |
| 自助网络平台缴费医疗费满意度 | 政务服务办理 |
| 获取网络教育资源的满意度 | 政务管理公开 |
| 公共服务WIFI服务满意度 | 公共安全管理 |
| 居民对生态环境满意度评价 | 信用环境建设 |
| 科技创新产出市场化程度 | 网上预约挂号及电子病历普及度 |
| 创新创业政策支持情况 | 自助网络平台缴费医疗费 |
| 教育需求 | 网约车信息服务 |
| 医疗需求 | 实时交通信息的准确性 |
| 交通需求 | 便捷支付 |
| 社保及就业需求 | 街道、社区自助服务开通情况 |
| 文化娱乐需求 | 异地办理社保服务 |
| 就业信息推送服务 | 图书馆及影院预约和信息查询服务 |
| 在线办理社保 | 学习资源的丰富性 |
| 一站式办理服务 | 社区信息服务水平 |
| 市民热线 | 生活数字化程度 |
| 服务渠道多元化 | |

c.基于访谈结果的影响因素识别。专家补充和修正,另一种说法是深度访谈。它是科学合理制定评价指标体系和影响因素的重要途径之一。本书以历史文献研究为基础,结合访谈结果,最终邀请国内部分该领域知名专家学者就城市高质量发展影响因素进行深入探讨,初步对各个相关因素之间复杂相关关

系进行梳理,以期更加全面系统地捕捉到城市高质量发展的关键因素。专家访谈对象均在研究城市发展方面拥有多年工作实践经验,并对我国城市可持续高质量发展问题有深刻认识和独到见解。本书首先召开一场与本书题目相关的专题研讨会,本次讨论与座谈会依托重庆大学城市可持续发展中心任宏教授(研究专长:可持续建设)主持的"城市发展可持续发展工程管理"会议进行的,参会专家主要有王林教授(研究专长:城市经济、社会矛盾与群体事件)、叶堃晖教授(研究专长:城市建设与城市发展)、洪竞科教授(研究专长:城市复杂系统分析与建模、城市资源管理与政策研究、城市社会资本与更新、技术创新与环境影响)、周滔教授(研究专长:城市与村庄更新、城市经济、城市住房等)等。访谈主要内容有:一是目前我国城市可持续高质量发展的现状及存在问题;二是识别出城市高质量发展关键影响因素;三是通过城市高质量发展。会议地点为重庆大学,时间约为40分钟。

整理归纳专家访谈的结果,专家更强调城市可持续高质量发展;生态环境高质量发展;科技创新给居民生活带来的福利便利;通过科技创新改变传统经济发展方式等问题是我国城市高质量发展的关键影响因素。同时提出通过科技创新实现城乡统筹是我国城市高质量发展的最终目标。研究者根据参会专家学者提出的建议,对已构建的评价指标进行补充、修正和完善。通过上述做法可以加强分析指标体系,使得最终建立的评价指标体系能够反映决策者的真实意愿和需求。在评价指标体系中加入全要素生产率指标,因为我国经济已经步入从"要素驱动""投资驱动"到"创新驱动"的转变,国家的经济增长应逐步由全要素生产率取代要素投入来阐述,本书中计算全要素生产率的方法主要是采用王艺明[186]所采用的计算方法。

### 3)影响因子有效性分析及确定

本书根据可操作性原则、系统性原则、可持续性原则和代表性原则等,再加上确定评价指标体系的确定方法,在初选方法、文献查阅法、理论分析法、频数统计法和专家咨询法等多种方法综合运用的基础上,初步确定了影响因子,对

初步确定的影响因子有效性进行分析,如下所示:

**(1)影响因子体系的有效性分析**

在前面理论分析的基础上选取影响因子,这些因子是否可以用来评价城市高质量发展水平值,还需进一步确定其有效性。据此,研究者邀请有关专家召开了第2次专题研讨会,参会专家与第1次相同,会议中经过反复讨论,多次论证本书筛选出的评价指标体系,多次对本书构建的指标体系和影响因子进行了修正,最后专家对有关城市高质量发展的指标体系和影响因子有效性得到了一致认可,确认了影响因子的有效性。

**(2)评价指标体系和影响因子的最终确定**

基于文献研究成果的影响因子确定,根据前面所述方法进行一系列筛选和专家确认。最终得到本书有关城市高质量发展的指标体系和影响因子(表3.5),为更好地分析城市高质量发展机理奠定了科学基础。

综上,根据所建立的城市高质量发展水平评价初选指标清单,结合构建评价指标体系的核心原则,通过对评价指标构建目的与要求的理论分析,以及对指标体系的内容开展专家咨询,本书基于总结文献研究、问卷调研和专家访谈等环节,最终确立了城市高质量发展的评价指标体系,见表3.5所示。

表3.5　城市高质量发展水平评价指标体系

| 目标层 | 系统层 | 准则层 | 指标层 | 指标说明 | 指标属性 |
|---|---|---|---|---|---|
| 城市高质量发展水平/CSFZ | 经济高质量发展子系统/JJFZ | 经济发展水平 | 城市财政支出（亿元） | 城市财政支出总额 | 正向 |
| | | | 人均GDP（万元/人） | 对个体经济实力的一种衡量,不仅可以反映经济发展水平,又能反映人民生活状况的综合指标 | 正向 |
| | | | 人均财政收入（万元/人） | 是反映经济增长的一个重要指标之一,可以反映在一定时期人均财力情况 | 正向 |

续表

| 目标层 | 系统层 | 准则层 | 指标层 | 指标说明 | 指标属性 |
|---|---|---|---|---|---|
| 城市高质量发展水平/CSFZ | 经济高质量发展子系统/JJFZ | 经济发展效率 | 单位建成面积实现GDP(万元/m²) | 反映了城市单位面积上经济活动的效率和土地利用的密集程度 | 正向 |
| | | | 单位建成面积吸纳城市人口数(万人/m²) | 城市人口数与建成区面积之比 | 正向 |
| | | | 单位GDP主要资源消耗量(m³/万元) | 这里的主要资源包括钢材、原煤、汽油、柴油、机油、水泥等,此指标主要是衡量每创造一万元GDP消耗的资源量 | 逆向 |
| | | | 全要素生产率 | 在各类生产要素的投入水平既定的情况下,所能达到的额外生产效率 | 正向 |
| | | 经济结构 | 第三产业增加值占GDP比重(%) | 用来表明一个地区的产业和经济活力,是一个衡量产业结构的指标 | 正向 |
| | | | 第三产业从业人员比重(%) | | 正向 |
| | | 对外开放度 | 外商直接投资额/GDP(%) | 外商直接投资额 | 正向 |
| | 社会高质量发展子系统/SHFZ | 居民生活水准 | 社会保障与就业支出占财政支出比重(%) | 体现政府对社会保障与就业的投入程度 | 正向 |
| | | | 城市单位就业人员平均工资(元) | 体现居民整体的工资水平 | 正向 |
| | | | 医疗与卫生支出占财政支出的比重(%) | 衡量城市居民生活保障的一个指标,此指标可以体现政府对医疗与卫生的投入程度 | 正向 |
| | | | 人均住房使用面积(m²/人) | 衡量居民生活质量的指标 | 正向 |

续表

| 目标层 | 系统层 | 准则层 | 指标层 | 指标说明 | 指标属性 |
|---|---|---|---|---|---|
| 城市高质量发展水平/CSFZ | 社会高质量发展子系统/SHFZ | 社会保障与就业 | 城市登记失业率(%) | 可以衡量劳动力的就业状况,也可以反映经济运行状况 | 逆向 |
| | | | 第三产业就业水平(%) | 体现就业结构的指标 | 正向 |
| | | | 自助网络平台缴费医疗满意度 | | 正向 |
| | | 教育文化 | 文化体育与传媒支出占财政支出的比重(%) | 着重体现政府对文化事业的投入程度 | 正向 |
| | | | 人均教育经费投入(万元/人) | | 正向 |
| | | | 获得网络教育资源满意度 | | 正向 |
| | | 基础设施水平 | 人均城市道路面积(m²/人) | 主要用来体现交通的发达程度 | 正向 |
| | | | 人均固定资产投资(万元) | 体现对社会基础设施的投资情况 | 正向 |
| | | | 每百户移动电话数(台/百户) | | 正向 |
| | | 信息化水平 | 每百户计算机数(台/百户) | 计算机数与城市人口数之比 | 正向 |
| | | | 公共场所 WIFI 满意度 | | 正向 |
| | 生态环境高质量发展子系统/SYHJ | 生态资源 | 建成区绿化覆盖率(%) | 衡量森林资源丰富程度的指标 | 正向 |
| | | | 每万人绿地面积(公顷/万人) | | 正向 |
| | | | 居民对生态环境满意度评价 | | 正向 |

续表

| 目标层 | 系统层 | 准则层 | 指标层 | 指标说明 | 指标属性 |
|---|---|---|---|---|---|
| 城市高质量发展水平/CSFZ | 生态环境高质量发展子系统/SYHJ | 环境治理 | 城市生活垃圾无害化处理率(%) | 生活垃圾无害化处理量/生活垃圾排放量 | 正向 |
| | | | 空气质量达到二级以上天数占全年比例(天) | | 正向 |
| | | | 环境污染治理投资与国内生产总值之比(%) | 环境污染治理投资/国内生产总值 | 正向 |

注:1. 同一指标同一年份的数据在不同年份不一致时,以最近年份年鉴上的数据为准。

资料来源:根据相关文献整理自绘

本测评以以往研究者的相关研究、城市高质量发展的内涵特点及评价的基本原则为基础,选定城市高质量发展评价的指标体系,既充分考虑获取数据的方便性,又结合主观问卷调查收集第一手数据,采用主客观相结合的开放多元的方法进行测评。

城市高质量发展水平的影响因子取决于城市高质量发展的内涵和本质特征。因此,一方面,经济、社会和生态环境高质量发展等发展程度和协调程度与城市高质量发展密切相关;另一方面,影响城市高质量发展水平的影响因子又能体现和反映它的综合质量水平。这些影响因子之间不是相互割裂的,而是相互联系、相互作用,共同构成了一个有机整体。具体而言,城市高质量发展水平的影响因子包括:经济高质量发展、社会高质量发展和生态环境高质量发展。

评价指标体系分为经济高质量发展、社会高质量发展、生态环境高质量发展3个子系统,31个指标。其中,经济高质量发展系统具体包括:经济发展水平、经济发展效率、经济结构、对外开放度等4个二级指标,表征了各自对经济城市发展高质量发展的解释;社会高质量发展具体包括:居民生活水准、人口就业、居民教育水平、生活设施水平、信息化水平等5个二级指标;生态环境质量包括环境保护、资源有效利用2个二级指标。

### (3) 信度和效度检验

为了证明所建指标的科学性,本书采用 SPSS 25.0 软件进行了信度和效度检验,详细过程详见 5.3.1。本书采用 *Cronbach's Alaph* 信度系数作为检验数据的可信度。经济高质量发展水平、社会高质量发展水平和生态环境高质量发展水平的 *Cronbach's Alaph* 值分别为 0.931、0.988 和 0.927,说明各指标信度非常良好。

借助 SPSS 25.0 软件得出 KMO 值为 0.806(大于 0.7),显著性概率 Sig 为 0.000(小于 0.05),说明指标间相关性较高,前 3 个成分的特征值分别为 11.931、1.611、1.524,三者均大于 1,并且成分的累计方差和贡献率为 92.113,大于 85%,这说明城市高质量发展水平可以通过这些指标体系进行解释,说明与城市高质量发展水平指标体系划分是一致的,指标体系效度比较高。综上所述,所建城市高质量发展水平指标的信度效度非常良好。

## 3.1.2 测度方法和指标权重确定

本小节首要目的是从城市高质量发展的内涵出发,建立一套科学的评价指标体系,合理评估我国城市高质量发展水平。本书试图从经济高质量发展、社会高质量发展和生态高质量发展等 3 个层面对我国城市高质量发展水平实施评定。首先是构建城市高质量发展水平系统的评价指标;其次评价三个系统的运行结果,分析城市高质量发展现状及存在的问题。具体思路见图 3.2。

### 1)"纵横向"拉开档次法

目前,学术界关于评价城市发展水平研究多数都是基于某个区域界面数据的静态评价,采用的方法主要就是主观赋权法和客观赋权法。主观赋权法[187](如德尔菲法、层次分析法等)确定指标权重主要是根据专家的知识和经验,这类方法的缺点是显而易见的,主观性较强,容易受个人因素的影响;客观赋权法(如因子分析法、熵值法等)确定权重是利用指标数据间的内在联系确定的,客观赋权法的优点是能够克服主观赋权法存在的缺陷,但在不同时期各项指标变化程度并不完全一致。因此,客观赋权法的评价结果很难进行跨期比较,由面

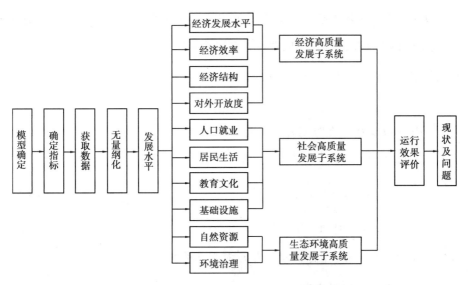

图 3.2 城市高质量发展水平评价过程示意图

板数据组成的动态评价问题不适合采用此类方法进行评价。故本书采用"纵横向"拉开档次法。

"纵横向"拉开档次法[188]是一种比较适用于"三维"面板数据,基于观测数据挖掘的综合评价方法,不受主观因素影响。在现实生活中,随着时间的推进,人们积累了大量的数据,因此人们拥有具有时间序列特征的平面数据表列,把这种数据表列比喻成一个"数据匣",叫作时序立体数据表,并记为 $\{x_{ij}(t_k)\}$。例如,对于 $n$ 个省市 $S_1, S_2, \cdots, S_n$,确定 $m$ 个评价指标 $x_1, x_2, \cdots, x_m$,且按时间顺序 $t_1, t_2, \cdots, t_N$ 获得原始数据 $\{x_{ij}(t_k)\}$,就构成一个时序立体数据表(见表 3.6)。

表 3.6 时序立体数据表

| 系统 | $t_1$ | | | | $t_2$ | | | | $\cdots$ | $t_N$ | | | |
|---|---|---|---|---|---|---|---|---|---|---|---|---|---|
| | $X_1$ | $X_2$ | $\cdots$ | $X_m$ | $X_1$ | $X_2$ | $\cdots$ | $X_m$ | $\cdots$ | $X_1$ | $X_2$ | $\cdots$ | $X_m$ |
| $S_1$ | $X_{11}(t_1)$ | $X_{12}(t_1)$ | $\cdots$ | $X_{1m}(t_1)$ | $X_{11}(t_2)$ | $X_{12}(t_2)$ | $\cdots$ | $X_{1m}(t_2)$ | $\cdots$ | $X_{11}(t_N)$ | $X_{12}(t_N)$ | $\cdots$ | $X_{1m}(t_N)$ |
| $S_2$ | $X_{21}(t_1)$ | $X_{22}(t_1)$ | $\cdots$ | $X_{2m}(t_1)$ | $X_{21}(t_2)$ | $X_{22}(t_2)$ | $\cdots$ | $X_{2m}(t_2)$ | $\cdots$ | $X_{21}(t_N)$ | $X_{22}(t_N)$ | $\cdots$ | $X_{2m}(t_N)$ |
| $\vdots$ | $\vdots$ | $\vdots$ | $\vdots$ | $\vdots$ | $\vdots$ | $\vdots$ | $\vdots$ | $\vdots$ | $\vdots$ | $\vdots$ | $\vdots$ | $\vdots$ | $\vdots$ |
| $S_n$ | $X_{n1}(t_1)$ | $X_{n2}(t_1)$ | $\cdots$ | $X_{nm}(t_1)$ | $X_{n1}(t_2)$ | $X_{n2}(t_2)$ | $\cdots$ | $X_{nm}(t_2)$ | $\cdots$ | $X_{n1}(t_N)$ | $X_{n2}(t_N)$ | $\cdots$ | $X_{nm}(t_N)$ |

假如一个研究数据是采用表 3.6 的时序立体数据表研究了一个综合评价问题,这被称为动态综合评价问题。一般可表示为:

$$y_i(t_k) = f((w_1(t_k)), (w_2(t_k)), \cdots, (w_m(t_k)), (w_{i2}(t_k)), \cdots, (w_{im}(t_k))), k = 1, 2, \cdots, N$$

$$(3.1)$$

式中,$y_i(t_k)$ 为 $S_i$ 在时刻 $t_k$ 处的综合评价值。

对于时刻 $t_k(k=1,2,\cdots,N)$,取综合评价函数为:

$$y_i(t_k) = \sum_{k=1}^{N} \sum_{i=1}^{n} w_j x_{ij}(t_k), k = 1, 2, \cdots, N; i = 1, 2, \cdots, n \qquad (3.2)$$

$x_{ij}(t_k)$ 表示在 $t_k$ 时间上第 $i$ 个评价对象的第 $j$ 个指标值,$w_j$ 表示第 $j$ 个指标的权重,$y_i(t_k)$ 表示第 $i$ 个评价对象在 $t_k$ 时间上的综合得分值。

### 2)数据来源与权重确定

#### (1)数据来源

①客观数据统计。本书所研究的 35 个大中城市,数据来源于 2001—2016 年《中国城市统计年鉴》《中国统计年鉴》《中国科技统计年鉴》《中国高新技术产业统计年鉴》《中国区域统计年鉴》《中国工业经济统计年鉴》《中国知识产权综合发展状况评价报告》《新中国五十年统计资料汇编》和《中国区域经济统计年鉴》以及各省市统计公报等;部分数据来自各城市科技厅或科技委员会官网。本书中所需的大多数据可以通过上述年鉴或者公报获得,只有个别数据缺失,可以通过移动平均法予以估计,最终得出城市高质量发展水平指标体系中 2000—2015 年的所有指标数据。

②主观数据统计。本书所构建的指标体系含有大量的主观性指标,该部分的数据采用问卷调查的方法收集。本论文的数据收集采用了两种方式。第一种方式现场回收。在重庆大学发放问卷 300 份,在重庆大学各位老师和同学的大力帮助下,收回问卷 296 份,去掉数据缺失及答案趋同的问卷,有效问卷为 275 份。第二种方式是通过问卷星网站发放问卷 300 份,调查对象有政府部门、行业、企业、科研院所、城市市民等,收回问卷 280 份,有效问卷 213 份。通过这

两种方式,共获得有效问卷 509 份。

本书选择的数据主要来自 2000—2015 年的数据,并且选择 2000 年、2005年、2010 年和 2015 年 4 个时间点分析城市高质量发展水平的演变,主要原因是这 4 个年份处于我国"五年计划"的收官之年,城市高质量发展水平值具有一定的典型性和代表性。

**(2) 指标权重确定**

指标数据标准化。为了消除指标间量纲和数量级存在的巨大差异,本书在分析数据之前,首先对数据进行标准化处理[189]。数据标准化处理的方法有多种,以往研究中最常用的研究方法主要有极值正规法、标准差法和小数点标准化等。

在分析各个方法优缺点的基础上,本书采用极值正规法,将原始数据标准化到区间[0,1]当中,计算公式为:

$$y_i = \frac{x_i - \min(x_i)}{\max(x_i) - \min(x_i)} \tag{3.3}$$

$$y_i = \frac{\max(x_i) - x_i}{\max(x_i) - \min(x_i)} \tag{3.4}$$

其中,$\max(x_i)$、$\min(x_i)$ 分别为第 $i$ 个指标所在矩阵列的最大值和最小值,$x_i$ 为指标样本数据的实测值,$y_i$ 为该项指标的评价值。

指标权重的确定。确定评价指标的权重 $w_j(j = 1, 2, \cdots, m)$,确定权重的原则是:在时序立体数据表的基础上,尽可能反映被评价对象之间的差异,即令 $y_i(t_k)$ 的总离差平方和 $e^2 = \sum_{k=1}^{N} \sum_{i=1}^{n} (y_i(t_k) - \bar{y})^2$ 取得最大值。因为对原始数据的标准化处理,有 $\bar{y} = \frac{1}{N} \sum_{k=1}^{N} \left( \frac{1}{n} \sum_{i=1}^{n} \sum_{j=1}^{m} w_j x_{ij}(t_k) \right) = 0$,因此就会有

$$
\begin{aligned}
e^2 &= \sum_{k=1}^{N} \sum_{i=1}^{n} (y_i(t_k) - \bar{y})^2 - \sum_{k=1}^{N} \sum_{i=1}^{n} (y_i(t_k))^2 \\
&= \sum_{k=1}^{N} [\boldsymbol{W}^T \boldsymbol{H} \boldsymbol{W}] = \boldsymbol{W}^T \sum_{k=1}^{N} \boldsymbol{H}_k \\
&= \boldsymbol{W}^T \boldsymbol{H} \boldsymbol{W}
\end{aligned} \tag{3.5}
$$

式中，$\boldsymbol{W} = (w_1, w_2, \cdots, w_m)^T$，$\boldsymbol{H} = \sum_{k=1}^{T} \boldsymbol{H}_k$ 是一个 $m \times m$ 的对称矩阵，而 $\boldsymbol{H}_k = \sum_{k=1}^{N} X_k^T X_k (k = 1, 2, \cdots, T)$ 且

$$\boldsymbol{X}_k = \begin{pmatrix} x_{11}(t_k) & \cdots & x_{1m}(t_k) \\ \vdots & & \vdots \\ x_{n1} & \cdots & a_{mn} \end{pmatrix} \tag{3.6}$$

很显然，如果不加限制 $\boldsymbol{W}$，$e^2$ 可取任意大的值。如果设定 $\boldsymbol{W}^T\boldsymbol{W} = 1$，则权重系数就是矩阵 $\boldsymbol{H}$ 的最大特征值所对应的特征向量 $\boldsymbol{W}$，此时 $e^2$ 取得最大值，即通过"纵横向"拉开档次法确定的权重系数就是前面所确定的特征向量，具有以下特点：

a. 原理简单且有明确的直观意义及几何意义；

b. 从"横向"看，得出在时刻 $t_k(k = 1, 2, \cdots, N)$ 处各系统之间的差异，又从"纵向"上看，得出各系统总的分布情况；

c. 无论是"截面数据"，还是"时序立体数据"，经过综合评价得出的结果都是具有可比性的，并且得出的结果不具有丝毫主观色彩；

d. 直观来看，权重系数 $w_j$ 不含 $t$，但是 $w_j$ 与 $t$ 确实存在隐式关系，基于这种关系使得时序立体数据具有可比性，且没有丝毫的主观色彩；

e. 计算量大大减少，具有可操作性。

本书选取我国 35 个大中城市作为研究对象，从经济、社会和生态三个方面收取了 31 个评价指标。在这 31 个指标中，除了单位 GDP 主要资源消耗量，失业率指标外，其他指标都属于越大越优型。首先根据公式（3.3）、公式（3.4）对各指标值进行无量纲化处理，可得评价指标标准化值。其次，将无量纲的极大型数据 $\{x_{ij}(t_k)\}$ 分别代入相应的 $\boldsymbol{H}_k = A_k^T A_k (k = 2000, 2005, 2010, 2015)$ 中，并计算 $\boldsymbol{H}_k$ 的最大特征值及其所对应特征向量，因为 $\boldsymbol{H}_k$ 是一个对称矩阵，所以本书只列出了上三角部分的数据。

求出的最大特征值及其所对应的特征向量分别为：

$$H_{2000} = \begin{bmatrix}
4.68 & 5.23 & 1.07 & 0.95 & 0.54 & 4.03 & 0.05 & 2.06 & 5.21 & 0.09 & 6.54 & 4.68 & 4.52 & 3.25 & 4.26 & 5.22 & 5.78 & 1.56 & 2.38 & 3.52 & 3.47 & 2.38 & 2.78 & 2.98 & 1.25 & 1.28 & 2.85 & 2.21 & 1.58 & 1.87 & 3.21 \\
 & 4.68 & 1.58 & 3.98 & 1.86 & 1.45 & 2.55 & 3.85 & 1.68 & 3.87 & 2.28 & 3.28 & 3.25 & 1.99 & 1.05 & 4.72 & 3.14 & 2.14 & 2.74 & 1.98 & 2.07 & 1.56 & 0.07 & 0.98 & 1.48 & 1.57 & 3.57 & 4.57 & 0.98 & 0.58 & 3.78 \\
 & & 4.68 & 5.87 & 2.36 & 3.56 & 3.78 & 3.21 & 2.08 & 1.02 & 5.24 & 3.98 & 3.12 & 1.25 & 2.36 & 4.68 & 3.58 & 1.24 & 3.12 & 6.24 & 3.69 & 3.68 & 2.69 & 3.24 & 3.12 & 4.18 & 5.21 & 3.78 & 3.09 & 2.81 & 1.98 \\
 & & & 4.68 & 2.31 & 1.56 & 5.21 & 2.78 & 2.89 & 2.20 & 4.58 & 3.25 & 2.05 & 1.34 & 2.04 & 4.20 & 2.65 & 1.56 & 3.78 & 5.24 & 2.56 & 3.21 & 4.05 & 2.85 & 3.54 & 3.68 & 3.65 & 2.36 & 5.07 & 4.63 & 2.98 \\
 & & & & 4.68 & 0.07 & 5.87 & 3.57 & 2.07 & 6.32 & 4.32 & 2.07 & 6.32 & 2.64 & 4.18 & 3.78 & 2.24 & 1.89 & 1.98 & 4.21 & 5.24 & 2.12 & 0.85 & 2.31 & 2.58 & 3.45 & 1.56 & 2.69 & 1.24 & 2.25 & 1.58 \\
 & & & & & 4.68 & 0.87 & 2.98 & 3.98 & 5.21 & 3.87 & 2.09 & 4.21 & 3.68 & 4.07 & 3.35 & 2.04 & 2.68 & 1.24 & 4.23 & 5.03 & 2.36 & 1.26 & 1.57 & 2.18 & 2.58 & 0.58 & 3.25 & 2.89 & 2.68 & 2.09 \\
 & & & & & & 4.68 & 2.07 & 4.28 & 2.68 & 3.02 & 3.78 & 4.56 & 3.87 & 3.28 & 3.26 & 1.23 & 2.45 & 1.58 & 4.36 & 3.45 & 1.42 & 1.58 & 3.69 & 1.28 & 3.78 & 4.12 & 0.81 & 3.25 & 5.21 & 2.35 \\
 & & & & & & & 4.68 & 3.98 & 3.21 & 2.07 & 5.36 & 3.20 & 2.67 & 3.56 & 2.15 & 1.27 & 0.09 & 2.45 & 3.65 & 2.56 & 1.36 & 3.69 & 4.35 & 2.45 & 2.62 & 4.21 & 1.87 & 0.98 & 3.78 & 1.78 \\
 & & & & & & & & 4.68 & 1.98 & 2.36 & 3.81 & 3.56 & 2.03 & 3.15 & 2.78 & 1.29 & 0.04 & 3.65 & 3.45 & 4.21 & 1.78 & 1.87 & 2.78 & 3.45 & 2.48 & 3.25 & 2.45 & 2.87 & 1.25 & 1.69 \\
 & & & & & & & & & 4.68 & 1.36 & 2.08 & 2.12 & 2.32 & 1.28 & 2.69 & 1.18 & 1.25 & 3.07 & 3.55 & 2.89 & 1.29 & 3.07 & 1.87 & 0.54 & 2.08 & 3.69 & & & & \\
 & & & & & & & & & & 4.68 & 1.07 & 2.58 & 2.08 & 1.47 & 2.18 & 1.10 & 1.65 & 1.05 & 2.24 & 2.45 & 0.69 & 3.25 & 3.12 & 2.08 & 1.78 & 3.09 & 1.59 & 0.09 & 3.01 & 0.78 \\
 & & & & & & & & & & & 4.68 & 3.67 & 2.31 & 1.39 & 2.65 & 0.65 & 1.87 & 1.06 & 2.36 & 2.85 & 5.36 & 3.19 & 2.45 & 2.58 & 1.98 & 2.45 & 0.06 & 3.25 & 2.98 & 0.58 \\
 & & & & & & & & & & & & 4.68 & 1.25 & 1.87 & 2.45 & 5.36 & 1.58 & 1.25 & 2.87 & 3.65 & 2.45 & 1.78 & 2.78 & 2.37 & 4.26 & 0.89 & 1.09 & 1.25 & 5.03 & 2.29 \\
 & & & & & & & & & & & & & 4.68 & 1.28 & 3.68 & 2.21 & 1.98 & 2.36 & 2.12 & 1.56 & 3.87 & 1.56 & 2.12 & 2.98 & 4.03 & 2.68 & 2.78 & 2.12 & 3.45 & 2.15 \\
 & & & & & & & & & & & & & & 4.68 & 1.27 & 1.56 & 1.58 & 2.47 & 1.06 & 1.85 & 2.45 & 2.68 & 2.04 & 1.87 & 3.19 & 1.89 & 2.68 & 1.47 & 4.21 & 2.98 \\
 & & & & & & & & & & & & & & & 4.68 & 1.78 & 1.79 & 4.26 & 1.24 & 2.36 & 2.68 & 3.24 & 1.23 & 1.59 & 3.58 & 2.48 & 4.49 & 4.26 & 3.65 & 4.36 \\
 & & & & & & & & & & & & & & & & 4.68 & 1.23 & 5.34 & 0.05 & 4.26 & 1.58 & 2.57 & 0.08 & 4.28 & 2.56 & 3.12 & 1.47 & 0.09 & 2.45 & 3.56 \\
 & & & & & & & & & & & & & & & & & 4.68 & 5.12 & 0.09 & 0.08 & 4.36 & 1.56 & 0.26 & 5.98 & 2.45 & 3.87 & 1.07 & 4.16 & 2.85 & 3.87 \\
 & & & & & & & & & & & & & & & & & & 4.68 & 0.24 & 0.68 & 4.16 & 1.89 & 0.45 & 4.36 & 2.89 & 1.54 & 2.54 & 0.54 & 3.36 & 5.36 \\
 & & & & & & & & & & & & & & & & & & & 4.68 & 0.54 & 3.68 & 1.54 & 0.87 & 6.35 & 1.09 & 1.68 & 2.09 & 3.09 & 3.01 & 2.27 \\
 & & & & & & & & & & & & & & & & & & & & 4.68 & 0.54 & 0.25 & 0.59 & 5.39 & 1.59 & 1.05 & 3.67 & 1.26 & 1.25 & 3.69 \\
 & & & & & & & & & & & & & & & & & & & & & 4.68 & 0.68 & 0.24 & 4.58 & 3.54 & 0.09 & 2.87 & 3.45 & 1.58 & 3.65 \\
 & & & & & & & & & & & & & & & & & & & & & & 4.68 & 1.27 & 2.87 & 2.58 & 0.07 & 2.65 & 2.89 & 1.79 & 2.89 \\
 & & & & & & & & & & & & & & & & & & & & & & & 4.68 & 3.12 & 3.56 & 0.57 & 2.85 & 2.69 & 1.56 & 2.68 \\
 & & & & & & & & & & & & & & & & & & & & & & & & 4.68 & 4.12 & 0.83 & 1.98 & 2.09 & 1.78 & 1.58 \\
 & & & & & & & & & & & & & & & & & & & & & & & & & 4.68 & 1.25 & 4.58 & 2.08 & 1.98 & 0.09 \\
 & & & & & & & & & & & & & & & & & & & & & & & & & & 4.68 & 1.78 & 5.36 & 2.69 & 2.10 \\
 & & & & & & & & & & & & & & & & & & & & & & & & & & & 4.68 & 0.54 & 0.89 & 0.87 \\
 & & & & & & & & & & & & & & & & & & & & & & & & & & & & 4.68 & 3.45 & 3.56 \\
 & & & & & & & & & & & & & & & & & & & & & & & & & & & & & 4.68 & 4.69 \\
 & & & & & & & & & & & & & & & & & & & & & & & & & & & & & & 4.68
\end{bmatrix}$$

$\lambda_{max}(2000) = 15.78$

$\omega(2000) = (0.25, 0.16, 0.02, 0.28, 0.01, 0.12, 0.18, 0.01, 0.21, 0.08, 0.01,$
$0.18, 0.02, 0.20, 0.18, 0.15, 0.28, 0.19, 0.14, 0.22, 0.25, 0.26, 0.18, 0.17, 0.23,$
$0.15, 0.06, 0.04, 0.05, 0.15, 0.08)^T$

依此类推,可以计算出 2005 年,2010 年,2015 年的 $\lambda_{max}$ 和 $\omega$,分别为:

$\lambda_{max}(2005) = 17.96, \omega(2005) = (0.13, 0.14, 0.06, 0.23, 0.02, 0.13, 0.21,$
$0.04, 0.18, 0.06, 0.02, 0.15, 0.04, 0.22, 0.20, 0.13, 0.18, 0.25, 0.24, 0.16, 0.15,$
$0.16, 0.24, 0.19, 0.13, 0.21, 0.11, 0.05, 0.06, 0.16, 0.12)^T$

$\lambda_{max}(2010) = 20.29, \omega(2010) = (0.17, 0.13, 0.03, 0.21, 0.02, 0.17, 0.20,$
$0.01, 0.13, 0.02, 0.18, 0.10, 0.16, 0.22, 0.22, 0.16, 0.18, 0.13, 0.20, 0.16, 0.19,$
$0.16, 0.14, 0.18, 0.28, 0.11, 0.08, 0.05, 0.06, 0.16, 0.09)^T$

$\lambda_{max}(2015) = 22.17, \omega(2015) = (0.19, 0.11, 0.06, 0.23, 0.01, 0.23, 0.21,$
$0.04, 0.18, 0.06, 0.12, 0.15, 0.12, 0.20, 0.28, 0.13, 0.18, 0.09, 0.24, 0.16, 0.15,$
$0.16, 0.16, 0.12, 0.20, 0.11, 0.08, 0.05, 0.05, 0.11, 0.12)^T$

把矩阵 $H_{2000}$,$H_{2005}$,$H_{2010}$ 和 $H_{2015}$ 加起来,得到矩阵 $H$,依据此矩阵得出最大特征值及其所对应的特征向量,$\lambda_{max} = 138.56$,$\omega = (0.23,0.09,0.08,0.21,0.04,$ $0.21,0.18,0.06,0.20,0.08,0.16,0.17,0.14,0.21,0.26,0.16,0.14,0.11,0.20,$ $0.19,0.17,0.16,0.18,0.14,0.22,0.14,0.09,0.06,0.04,0.13,0.15)^{\mathrm{T}}$

将无量纲化了的 $\{x_{ij}(t_k)\}$ 和 $\omega_j = (0.23,0.09,0.08,0.21,0.04,0.21,0.18,$ $0.06,0.20,0.08,0.16,0.17,0.14,0.21,0.26,0.16,0.14,0.11,0.20,0.19,0.17,$ $0.16,0.18,0.14,0.22,0.14,0.09,0.06,0.04,0.13,0.15)^{\mathrm{T}}$ 代入式

$$y_i(t_k) = \sum_{j=1}^{4} w_j x_{ij}(t_k), i = 1,2,3,4; t_k = 2000,2005,2010,2015$$

中,即可计算出我国 35 个大中城市的城市高质量发展水平值,见表 3.7。

## 3.1.3 城市高质量发展的现状

### 1)城市高质量发展水平的时间变化分析

根据"熵权法"法,根据评价指标体系,对数据进行计算和汇总,拟合成标准化数据后,2000—2015 年我国城市高质量发展水平综合情况更加直观,便于比较分析。城市高质量评价指标体系经检验可以用以衡量其综合状况,结果见图 3.3。总体上来说,我国城市高质量发展水平在样本期间内呈缓慢上升趋势,与各单项指标变化趋势基本一致。此外,从时间维度来看,研究结果能够反映城市高质量发展的变化趋势,但城市发展各要素指标对城市高质量发展水平的影响还是不能准确看出,需要在后面章节通过结构方程模型分析城市高质量发展水平和具体影响因子。

从综合评分结果来看,根据测评年度数据和变化趋势(图 3.3),从总体上可以看出,我国城市高质量发展水平在样本期间内呈现出缓慢的上升趋势,很显然,这足够说明城市高质量发展水平逐渐趋好。另外,从发展时间角度看,呈现出三个不同的发展阶段。

第一阶段为 2004 年以前,缓慢增长是这一阶段城市高质量发展水平呈现

出的变化特征,虽然增长速度不是特别快,增长曲线较平缓,但仍保持了良好的发展势头。现阶段高质量发展增长缓慢的主要原因是:城市增长缓慢,虽然有政策和制度刺激带来的利好局面,特别是基础设施建设方面的政策支持,但以往改革中积累的许多问题并没有得到彻底解决,在经济、人口和生态环境等方面未能紧密配合,从而造成增长速度较缓慢。

第二阶段为 2005—2007 年,城市高质量发展速度加快,显示这一阶段是城市高质量发展水平提升的重要时期,这一阶段经济、社会和生态环境等方面都进入一个良性循环时期,对于经济社会发展而言,这一阶段是提档升级时期,是城市高质量发展水平提升的主要原因。

第三阶段为 2008 年至今,增长速度有所放缓,这说明经济社会环境等多方面进入调整期,城市高质量可持续发展已经不能通过快速增长得到支撑,这阶段正逐步进入结构和增长方式调整阶段。

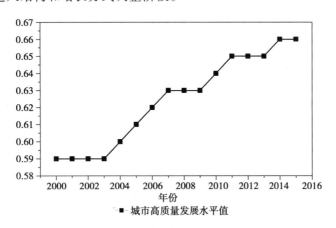

图 3.3　2000—2015 年城市高质量发展水平值综合走势

## 2)城市高质量发展的空间描述

对于城市高质量发展评价,仅仅从时间维度进行评价是不够的,还需要从截面上进行横向比较。运用前述方法和指标体系对 35 个大中城市高质量质量展开综合测度,根据评价得分结果情况及分布特征将城市高质量发展水平值划分为五个层次:低质量（<0. 53）、中低质量（0. 53 ~ 0. 58）、中等质量（0. 58 ~

0.63)、中高质量(0.63~0.68)、高质量(≥0.68)。

表 3.7　35 个大中城市城市高质量发展水平综合评分值一览表

| 城市名称 | 年份 | | | | |
|---|---|---|---|---|---|
| | 2000 年 | 2005 年 | 2010 年 | 2015 年 | 2018 年 |
| 北京 | .63 | .67 | .72 | .72 | .73 |
| 天津 | .58 | .63 | .68 | .72 | .72 |
| 石家庄 | .53 | .53 | .63 | .63 | .64 |
| 太原 | .53 | .53 | .63 | .63 | .64 |
| 呼和浩特 | .58 | .58 | .58 | .61 | .61 |
| 沈阳 | .53 | .58 | .62 | .62 | .63 |
| 大连 | .53 | .56 | .66 | .66 | .67 |
| 长春 | .58 | .58 | .63 | .63 | .63 |
| 哈尔滨 | .53 | .58 | .63 | .65 | .65 |
| 上海 | .63 | .68 | .73 | .73 | .75 |
| 南京 | .58 | .63 | .63 | .64 | .64 |
| 杭州 | .58 | .64 | .64 | .65 | .65 |
| 宁波 | .58 | .58 | .58 | .59 | .62 |
| 合肥 | .53 | .53 | .58 | .65 | .67 |
| 福州 | .52 | .51 | .56 | .65 | .66 |
| 厦门 | .58 | .58 | .58 | .62 | .67 |
| 南昌 | .58 | .53 | .58 | .62 | .64 |
| 济南 | .53 | .58 | .60 | .62 | .65 |
| 青岛 | .52 | .57 | .60 | .62 | .63 |
| 郑州 | .53 | .58 | .63 | .68 | .68 |
| 武汉 | .58 | .58 | .63 | .63 | .64 |
| 长沙 | .53 | .53 | .63 | .64 | .65 |
| 广州 | .58 | .58 | .65 | .68 | .72 |
| 深圳 | .63 | .68 | .73 | .74 | .76 |
| 南宁 | .53 | .53 | .54 | .55 | .56 |

| 城市名称 | 年份 | | | | |
|---|---|---|---|---|---|
| | 2000 年 | 2005 年 | 2010 年 | 2015 年 | 2018 年 |
| 海口 | .53 | .53 | .53 | .58 | .60 |
| 重庆 | .53 | .53 | .58 | .62 | .63 |
| 成都 | .53 | .53 | .63 | .62 | .63 |
| 贵阳 | .53 | .53 | .53 | .53 | .53 |
| 昆明 | .53 | .53 | .53 | .53 | .54 |
| 西安 | .53 | .53 | .58 | .53 | .54 |
| 兰州 | .53 | .53 | .58 | .53 | .58 |
| 西宁 | .53 | .53 | .53 | .58 | .58 |
| 银川 | .53 | .53 | .53 | .58 | .53 |
| 乌鲁木齐 | .54 | .54 | .54 | .63 | .63 |

整体上来看,2018 年各城市高质量发展水平呈上升趋势,但是城市高质量发展水平在不同城市存在差异。就城市高质量发展水平而言,深圳、上海、北京、广州城市高质量的发展水平均值在 0.68 分以上,表现最好,位于高发展水平行列;相反,银川、贵阳的发展水平值均分在 0.53 以下,表现最差,位于低质量发展水平行列。从发展速度来说,北京、天津、济南、成都和重庆是发展水平提高最快的 5 个城市,而乌鲁木齐、银川、西宁、昆明和合肥 5 个城市是发展水平提高最慢的。基于上述城市高质量发展水平的不均衡,存在的差异,考虑地理区位,北京、上海是中国政治、经济中心,具有很多其他地方没有的优势;重庆、成都是西南地区的科技和贸易枢纽中心;济南、天津占据重要的港口。以上高质量发展水平较高的城市,一个共同特点是它们都具有明显的地理和政策优势,在整个研究期内各维度城市发展相对均衡,能保持较快城市发展水平,也具有较高城市发展质量。同这些地方相比较,银川、贵阳、乌鲁木齐、西宁等城市的经济基础较薄弱,地理位置较为偏远,产业发展同样受到限制,在研究样本区间

内除了经济发展水平有所提升外,其余各维度或多或少都存在不均衡,发展不足。

2015年,16个东部城市中除石家庄、大连、海口3个城市未能进入高等发展质量水平行列,剩余8个城市的城市发展质量都挤入了高等发展质量水平行列当中,中部地区有8个,除太原外,其余城市处于中高等质量发展水平。然而,西部地区的城市之间发展水平存在较大差异,其中有3个城市(呼和浩特、重庆、成都)属于中高等质量发展水平的行列,2个城市(西宁、银川)为中低等质量发展水平,其余城市均为中等质量发展水平。总体来说,我国各地区城市高质量发展水平存在明显差距,空间分异特征非常明显,呈现出"抱团""组团"式的分布格局。

2005—2015年,我国35个城市高质量发展水平的趋势效应特征较为明显,东部地区发展水平较高、中部地区次之、西部地区最差,呈现"东高西低"的趋势,具有明显的趋势效应变化。我国35个大中城市高质量发展水平在东西方向差距较大。存在这些差异的主要原因是各个区域之间存在自然资源禀赋、地区发展政策不同。因此,可以说在很大程度上上述区域间的空间差异是由自然资源禀赋和区域发展政策决定的。

因此,各地区应挖掘自身优势,因地制宜、因地施策。具体而言,发展水平较高的东部地区处于改革开放前沿阵地,具有地位优势和政策优势,外向型发展模式可以吸纳大量劳动力,有助于劳动密集型为主企业的快速发展,以"产业结构高级化"为主,以"城乡户籍制度改革"为突破口,以"建设智慧城市"为特色,逐步形成比较优势明显、空间关联性强的城市圈。中部地区承接东西、贯通南北,具有交通需求和干线汇集独特优势,同时中部地区享有丰富矿产资源,粮食生产丰富,这些为城市高质量发展打下坚实基础,城市高质量发展的重点在于借助科学手段引导外迁人口回流,进一步壮大现有城市群,提高中部地区城市的辐射带动作用。

相较于东部地区和中部地区,西部地区的自然资源比较匮乏,内在动力不足,对西部地区来说,制度外力是实现城市高质量发展的主要动力。所以,应抓住当前政策机遇,因地制宜地调整措施,利用劳动力和资金成本的比较优势,发展特色农业、旅游业、劳动密集型轻工业、服务业等能够承载资源和环境的产业,努力缩小与中东部地区的差距。

### 3.1.4　城市高质量发展存在的问题

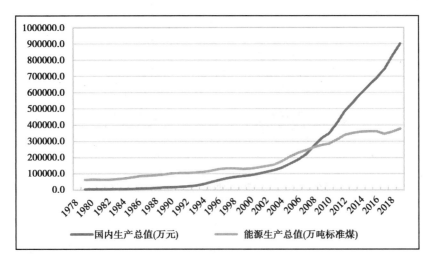

**图3.4　国内生产总值与能源消耗量变动情况**

**数据来源:《中国统计年鉴》**

1)城市高质量发展系统内部协调性差

我国有960万 km² 的国土面积,可用土地却有限,称得上良田的农耕用地更是少之又少,同样,其他资源的人均拥有量也是非常有限,严重的资源约束限制了城市发展(图3.5所示)。根据图3.4可以很明显地看出我国 GDP 快速增长,但这快速增长的背后却是以能源的过度消耗和环境破坏为代价的,2008年以后虽然随着经济增长能源消耗量有所减少,但我国经济的高速增长还是没能彻底摆脱以牺牲资源环境为代价的发展模式,我们必须改变先发展经济,然后才能有更多的物质解决发展经济过程中出现的社会、环境等问题的观念。社会不和谐发展,环境保护不到位,政治文明不跟进,将会制约经济发展,因为即便经济发展再快,所得的效益无法补救生态环境的恶化,也不能有效缓解社会矛盾。另外,由于我国工业化起步较晚、发展资金限制等原因,我国科技水平较低,限制了城市发展过程中的资源节约和环境保护的能力,造成资源供需矛盾和环境恶化。科技水平低也限制了经济发展,科技水平的提高可以促进高新技术发展,进而可以优化产业结构,还可以从总体上提升生产效率,促进经济长期稳定发展。

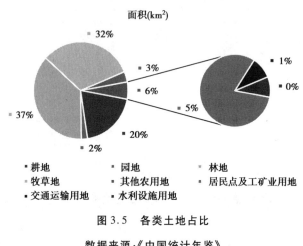

图 3.5　各类土地占比

数据来源:《中国统计年鉴》

用城市高质量发展水平和科技创新水平的计算方法,计算出城市高质量发展系统各子系统的发展水平值,如图 3.6 所示。从图 3.6 可以看出,在 2005—2018 年,科技创新子系统、经济高质量发展子系统、社会高质量发展系统和生态环境高质量发展子系统内部的协调性出现波动起伏的发展态势,表明系统内部出现了不协调发展态势,其中科技创新子系统内部的协调度波动起伏最为明显,说明科技创新投入、科技创新环境和科技创新产出之间的协调性比较差,社会高质量发展子系统从 2014 年之后内部的协调性开始平稳上升,经济高质量发展子系统内部的协调性缓慢上升,说明经济高质量发展子系统内部的协调性逐渐趋好。城市高质量发展各个子系统发展协调性差,需要进一步进行优化分析,想要城市实现真正的高质量发展,需各个子系统之间协调耦合,共同促进城市高质量发展。

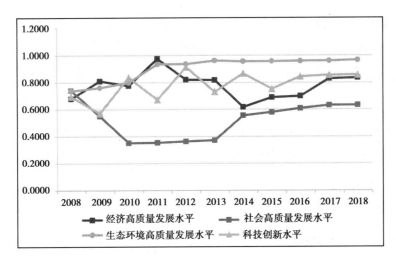

图 3.6　城市高质量发展系统各子系统发展水平

### 2）支撑城市高质量发展的产业发展乏力

近年来,虽然我国逐步加大对城市基础设施和公共基础配套的投入,但仍然不完备;农村基础设施建设标准较低,文化娱乐场所较缺乏,一些学校设施老旧等,这些情况充分说明目前服务功能偏弱,很难能满足日益聚集的城市人口需要。目前产业规划层次低,产业结构不合理,产业集聚程度不高、规模较小、经济效益较低。在这样的大背景下,目前存在特色产业不鲜明、缺乏就业岗位,找工作困难的现象。

①城市发展不平衡。目前,按照特定标准划分的大城市存在承担功能过多,产业高度集聚,这造成城市规模的快速扩张,人口集聚,房价偏高、环境污染、交通拥堵等城市问题凸显。而相对于大城市的一些小城市,却出现基础设施和公共服务发展滞后,产业支撑不足,就业岗位不足,经济社会发展后劲不足等问题。

②城市发展空间失衡。在过去城市发展过程中,大量的政策、物质和资本资源等大多都积聚在大城市,但是中小城市和小城市的发展却受到多方面制约,城市发展水平在空间上极不平衡。例如京津冀、长三角、珠三角三大城市群,聚集了 18% 的人口,在 2.8% 的国土面积上创造出了 36% 的国内生产总值,而分布在广大国土空间的其他中小城市却发展不足。

③城市基础设施建设不断完善,但综合承载能力较弱。2019 年 3 月份,我国对城市基础设施的资金投入已经超过了 17 亿元。近几年来,我国基础设施建设得到了史无前例的加快。基础设施水平在 2005—2018 年不断提升和完善,如图 3.7 所示。特别是新型基础设施建设,投资数额达到千亿元,推进人工智能、工业互联网、物联网建设和 5G 商用。我国城市面貌虽然发生了很大变化,但从省市角度看,有些省市水资源总量在全国占比较小,人均占有水资源量远远低于全国平均水平,这说明其严重缺水。城市绿化方面还有很大潜力,有些地方环境卫生比较差,很难进行全面有效的治理。在我国一些城市房价相对其他城市较高,住房安排不是很合理,低收入者的住房条件比较差,进城务工人员在购房方面不能与城市居民享受同等的待遇,务工人员只能租住在条件比较差的廉租房。因此,非常有必要加大人居环境、基础设施建设力度。

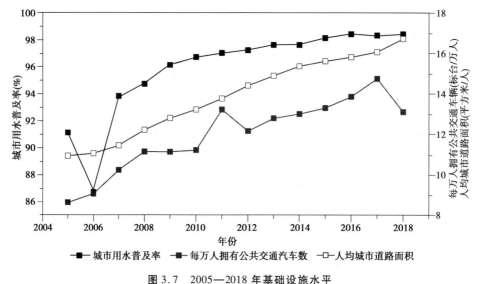

图 3.7　2005—2018 年基础设施水平

数据来源:《中国统计年鉴》

④过度依赖土地和投资驱动。过去城市发展过程中,过度依赖土地和投资驱动的城市发展方式出现了偏差,引发大量社会矛盾。1998—2018 年,我国城市人口从 1998 年的 41 608 万人增长至 2018 年的 83 137 万人,增长了 99%,年

均增长率近 9.07% ；而同期城市建成区面积从 1998 年的 21 379.56 km² 增加到 2018 年的 58 455.66 km²，增加了 173.42% ，年均增长 15.76% ；城市建设用地从 1998 年的 20 507.55 km² 增加到 56 075.96 km²，增加了 98.74% ，年均增长 173.44% ，大大快于城市人口增长速度。另外，我国城市发展过程中土地和投资驱动问题由于我国"土地财政"等体制问题进一步被加剧。

⑤城市管理服务水平不高，城市问题日益突出。旧有的城市发展模式，重经济发展和城市建设，导致城市空间无序扩张、人口过度集中、交通拥堵、频发公共安全事件，城市污水和垃圾处理能力不足，大气、水、土壤等环境污染加剧，城市管理运行效率低，公共服务供给能力不足，外来人口集聚区人居环境差。这种轻环境保护，轻管理服务的城市发展方式将会使城市问题越来越严重。

# 3.2 科技创新水平测度

## 3.2.1 指标体系构建

### 1）影响因子的初次提取

①基于文献成果的影响因子识别。已经有一些学者对科技创新水平的评价指标和影响因素进行相关研究，但是由于每个研究者不同研究领域，得出的评价指标和影响因素自然而言就存在较大差异。本书首先通过文献分析方法对影响科技创新水平的相关指标体系进行辨析，并将其研究的影响因子呈现出来。在中国知网、万方等数据库中以"城市科技创新"为主题进行检索，结果有 270 多篇相关文献，鉴于本书以科学性和有效性为目标，最终选择时间为 2002 年以后且引用频率超过 5 次以上的文献，最终结果约为 50 多篇。基于对这 50 余篇文章进行分析研究，最后得出测度科技创新水平的主要指标和影响因子，按照被引用量对筛选后的文献继续排序，提取被引用量排名前 22 的代表性文献，对这些代表性文献构建的评价指标体系进行分析，见表 3.8，科技创新评价

指标体系初选清单见表 C2。

　　围绕第 2 章中关于科技创新的基本特征及其影响因素,构建评价科技创新水平的指标体系理论框架,依据 3.1 节中提到的选择评价指标体系的原则,对已有相关文献进行借鉴和改进,设计评价科技创新水平的评价指标体系。

表 3.8　本书提取的科技创新水平评价代表性文献

| 作者 | 发表时间 | 文献名称 | 文献中指标体系包含维度及指标数量 |
|---|---|---|---|
| 倪鹏飞[190] | 2011 | 城市创新系统的关键因素及其影响机制——基于全球 436 个城市数据的结构化方程模型 | 创新主体(3)、资源禀赋(4)、市场环境(2)、内部平台(3)、公共制度(4) |
| 林佳丽[191] | 2008 | 广东省各市科技创新有效性评价——基于 DEA 超效率模型的分析 | 投入指标(6)、产出指标(3) |
| 童纪新[192] | 2011 | 基于灰色关联分析的区域科技创新效率评价研究——以江苏省为例 | 科技投入指标(6)、科技产出指标(4) |
| 周柯[193] | 2013 | 科技创新与区域经济转型耦合发展研究 | 环境支持系统(4)、主体支持系统(3)、资金支持系统(4)、科技成果转化服务体系(3) |
| 张永凯[194] | 2017 | 上海与深圳科技创新能力差异会议及创新模式比较分析 | 支撑能力(2)、投入能力(2)、产出能力(4) |
| 胡晓辉[195] | 2011 | 科技创新城市的功能内涵、评价体系及判定标准 | 科技产业化集中化系数(4)、企业的基本活动(4)、城市科技创新中心性指数(2)、城市科技创新职能指数(2)、科技产品对外服务率(4)、城市优势功能(1)、城市科技创新功能强度值(3)、科技进步贡献率(3) |
| 罗煜[196] | 2017 | 郑洛新城市科技创新能力评价——兼论郑洛新国家自主创新示范区建设 | 知识创新能力(4)、企业创新能力(5)、政府创新能力(3)、创新主体间联系(2)、创新环境优化能力(3) |

续表

| 作者 | 发表时间 | 文献名称 | 文献中指标体系包含维度及指标数量 |
|---|---|---|---|
| 李文明[197] | 2007 | 城市科技创新系统构建过程中的政府对策研究 | 市场环境、社会文化、消费群体、政府管理部门、社会人才体系、社会中介机构、科研机构、高等院校 |
| 郭凯[198] | 2014 | 基于灰色系统理论与模糊数学的洛阳创新型城市评价研究 | 创新基础环境、企业创新能力、政府创新支持、创新产出情况 |
| 杨艳萍[199] | 2007 | 区域科技创新能力的主成分分析与评价——中原城市群科技创新能力的综合评价 | 科技进步基础(4)、科技投入(5)、科技产出(5)、科技促进社会发展(4) |
| 孙钰[200] | 2008 | 我国城市科技创新能力的实证研究 | 基础支撑(8)、经济投入(3)、科技支持(4)、教育储备(3) |
| 张金邦[201] | 2012 | 科技创新型城市创新能力评价研究 | 科技创新人才资源(3)、科技创新环境(3)、科技创新投入(4)、科技创新产出(4) |
| 张鸿[202] | 2016 | 城市科技创新效率实证分析——基于27个城市的面板数据 | 科技创新研发阶段(5)、成果转化阶段(7) |
| 许楠[203] | 2011 | 基于SFA与DEA模型的创新型城市科技创新效率实证研究 | 科技创新投入(5)、科技创新产出(4) |
| 贺霞[204] | 2010 | 城市科技创新能力组合评价和贡献度分析 | 科技进步环境(7)、科技活动投入(6)、科技活动产出(5)、高新技术产业化(8)、科技促进经济社会发展(8) |
| 褚德海[205] | 2012 | 大型城市科技创新能力的竞优评析方法——以大连市为例 | 科技创新潜力(8)、科技活动投入(8)、科技活动产出(9)、科技促进社会经济(7) |

经过统计各影响因素出现的次数,按统计次数数量多少从大到小的顺序及逆行排序,结果见表3.9。

表3.9　科技创新水平影响因素频次统计与分类

| 科技创新投入<br>因子(次数) | 科技创新产出因子<br>（次数） | | 科技创新环境因子<br>（次数） |
|---|---|---|---|
| 研发人员投入(18) | 高被引论文数(9) | 技术市场成交合同数(7) | 高等学校毕业生数与适龄人口比重(10) |
| 研发机构数量(17) | 专利申请受理数(10) | 高新技术主营业务收入(6) | 每万人拥有公共图书馆量(8) |
| R&D 人员全时当量(10) | 专利授权数(12) | 高技术产业产值(9) | 财政性教育经费占全社会研发经费比重(10) |
| R&D 经费投入强度(14) | 科技活动课题数(7) | 技术市场成交额(8) | |

从各因素的统计频次上可以看出,上述因素是影响科技创新水平的重要影响因素。基于文献研究的影响因素汇总见表 3.10。

表 3.10　基于文献研究的科技创新水平影响因素汇总

| 因素 | 因素 |
|---|---|
| 研发人员投入 | 技术市场成交额 |
| 研发机构数量 | 高技术产业产值 |
| R&D 经费投入强度 | 技术市场成交合同数 |
| 高被引论文数 | 高新技术主营业务收入 |
| 专利申请受理数 | 产学研合作专利数 |
| 专利授权数 | 高等学校毕业生数与适龄人口比重 |
| 科技活动课题数 | 每万人拥有公共图书馆量 |
| 财政性教育经费占全社会研发经费比重 | |

②基于访谈结果的影响因素分析。此处邀请专家与构建城市高质量发展水平评价指标时邀请专家是一致的,在这里不再做详细介绍。专家指出,制度环境和科创治理因素也是影响科技创新水平的重要因素。

首先,从一定程度上讲,制度环境的优劣会影响科技创新水平,在某些方面科技创新能力的竞争可以归结为是制度环境的竞争,制度环境的差异影响着全国各地区科技创新水平的高低。基于此,本书采用增值税在地方财政收入中的比重作为财税体制改革代理指标、用地方财政科技支出占地方财政支出比重作为财政支持力度代理指标、用技术市场成交额作为市场化程度代理指标。

其次,由于治理概念的不断演化,新公共管理的核心内容也发生了变化和延伸,将科技创新领域的政府科技管理转向科技治理,近年来科技创新治理体系和治理能力是实施创新型国家战略的重要内容。科技创新治理体系包括很多方面,如科研组织模式创新、资源配置机制创新、科技创新人才发展、创新型经济发展、创新网络化发展和科技创新投入等。本书中由于数据的可获得性和准确性,对科技创新治理指标暂不考虑,是本书作者未来进行深入研究的一个方向。

③基于调研结果的影响因素分析。除了基于统计年鉴的指标选择,对科技创新的影响因素进行进一步补充,加入投入资金的合理配置、创新创业政策支持情况等指标,具体问卷内容见表 C3。

### 2)影响因子有效性分析及确定

本书根据可操作性原则、系统性原则、可持续性原则和代表性原则等,再加上确定评价指标体系的确定方法,在初选方法、文献查阅法、理论分析法、频数统计法和专家咨询法等多种方法综合运用的基础上,初步确定了影响因子,对初步确定的影响因子有效性进行分析,如下所示:

### (1)影响因子体系的有效性分析

在前面理论分析的基础上选取影响因子,这些因子是否可以用来进行评价城市高质量发展水平值,还需进一步确定其有效性。据此研究者邀请有关专家召开了第2次专题研讨会,参会专家与第1次相同,会议中经过反复讨论,多次论证本书筛选出的评价指标体系,多次对本书构建的指标体系和影响因子进行了修正,结合当代科技创新特点,加入双一流高校数量、产学研合作数量、产学研合作专利数等指标,最后专家对有关科技创新的指标体系和影响因子有效性得到了一致认可,确认了影响因子的有效性。

**（2）评价指标体系和影响因子的最终确定**

基于文献研究成果的影响因子确定。根据前面所述方法进行一系列筛选和专家确认。最终得到本书有关城市高质量发展的指标体系和影响因子，为更好地分析城市高质量发展机理奠定了科学基础。

综上，根据所建立的科技创新水平评价初选指标清单，结合构建评价指标体系的核心原则，通过对评价指标构建目的与要求的理论分析，以及对指标体系的内容开展专家咨询，本书基于总结文献研究、问卷调研和专家访谈等环节，最终确立了科技创新的评价指标体系，见表 3.11。

表 3.11　科技创新水平的测度指标

| 潜变量名称 | 选择层面 | 具体指标 |
|---|---|---|
| 科技创新能力 /KJCX | 科技创新投入水平/TRNL | 研发人员投入（人） |
| | | R&D 人员全时当量（万人年） |
| | | 研发机构数量（个） |
| | | R&D 经费投入强度（%） |
| | | 高新技术企业家数（家） |
| | | 民营科技型企业家（家） |
| | | 投入资金的合理配置 |
| | 科技创新产出水平/CCNL | 高被引论文数（篇） |
| | | 专利申请受理数（件） |
| | | 专利授权数（件） |
| | | 科技活动课题数（项） |
| | | 技术市场成交额（万元） |
| | | 高技术产业产值（万元） |
| | | 技术市场成交合同数（项） |
| | | 高技术产业主营业务收入 GDP |
| | | 每百家企业商标拥有量指数 |
| | | 研发经费的费效比（%） |
| | | 产学研合作专利数（件） |

续表

| 潜变量名称 | 选择层面 | 具体指标 |
|---|---|---|
| 科技创新能力 /KJCX | 科技创新环境/CXHJ | 高等学校毕业生数与适龄人口比重(人) |
| | | 市场化程度 |
| | | 每万人拥有公共图书馆量(个) |
| | | 财政性教育经费占全社会研发经费比重(%) |
| | | 创新创业政策支持情况 |
| | | 双一流高校数量(所) |
| | | 产学研合作企业数(家) |
| | | 增值税在地方财政收入中的比重 |
| | | 地方财政科技支出占地方财政支出比重 |

③信度和效度检验。本书采用 SPSS 25.025.0 软件进行了信度和效度检验,详细过程详见 5.3.1。本书采用 *Cronbach's Alaph* 信度系数作为检验数据的可信度。科技创新投入水平、科技创新产出水平和科技创新环境的 *Cronbach's Alaph* 值分别为 0.941、0.879 和 0.966,说明各指标信度非常良好。

借助 SPSS 25.025.0 软件得出 KMO 值为 0.798(大于 0.7),显著性概率 Sig 为 0.000(小于 0.05),这充分说明指标间相关性较高,前三个成分的特征值分别为 9.931、1.991、1.224,都大于 1,并且成分的累计方差和贡献率达到了 87.113,大于 85%,这结果说明与科技创新指标体系的划分是一致的,科技创新能力可以通过这些确定指标体系进行解释,该指标体系效度比较高。综上所述,所建科技创新指标的信度效度非常良好。

## 3.2.2　测度方法和指标权重确定

测度科技创新水平的测度方法依然采用 3.1 节中的测度城市高质量发展水平的"纵横向"拉开档次法。在上述基础上,本书中科技创新水平的数据从《中国科技统计年鉴》《中国财政年鉴》《中国工业经济统计年鉴》《中国城市统计年鉴》《中国统计年鉴》《中国知识产权综合发展状况评价报告》《新中国五十年统计资料汇编》《中国区域科技创新能力检测报告》和《中国区域经济统计年鉴》中得到,极少数在某些年份缺失的情况下,本书采用插值法。最终得到我国35 个大中城市科技创新水平综合指标值,见表 3.12。

表 3.12　我国 35 个大中城市 2018 年科技创新水平综合指标值

| 城市名称 | 综合值 | 排序 |
|---|---|---|
| 北京 | .863 | 2 |
| 天津 | .758 | 9 |
| 石家庄 | .602 | 25 |
| 太原 | .619 | 23 |
| 呼和浩特 | .464 | 33 |
| 沈阳 | .685 | 15 |
| 大连 | .717 | 12 |
| 长春 | .498 | 27 |
| 哈尔滨 | .457 | 34 |
| 上海 | .859 | 3 |
| 南京 | .734 | 10 |
| 杭州 | .808 | 4 |
| 宁波 | .798 | 5 |
| 合肥 | .683 | 16 |
| 福州 | .649 | 19 |
| 厦门 | .762 | 8 |
| 南昌 | .621 | 22 |
| 济南 | .677 | 17 |
| 青岛 | .726 | 11 |
| 郑州 | .661 | 18 |
| 武汉 | .704 | 13 |
| 长沙 | .698 | 14 |

| 城市名称 | 综合值 | 排序 |
|---|---|---|
| 广州 | .782 | 6 |
| 深圳 | .908 | 1 |
| 南宁 | .454 | 35 |
| 海口 | .635 | 21 |
| 重庆 | .618 | 24 |
| 成都 | .778 | 7 |
| 贵阳 | .498 | 27 |
| 昆明 | .494 | 29 |
| 西安 | .639 | 20 |
| 兰州 | .466 | 32 |
| 西宁 | .474 | 31 |
| 银川 | .494 | 29 |
| 乌鲁木齐 | .401 | 26 |
| 平均值 | .651 | |

## 3.2.3 科技创新发展的现状

从各城市科技创新水平评价值可以看出,目前各城市科技创新水平不均衡,除深圳、北京、上海、杭州、宁波、广州等几个科技创新水平较高的城市外,其他城市尤其是西部城市科技创新水平普遍处于较低水平。在 35 个城市中,有 22 个城市科技创新水平低于全国平均水平,且绝大部分城市处于中西部地区。虽然本书选取的研究样本城市都是各省的省会城市或国家计划单列市,但是每个城市都存在薄弱环节。如上海和天津,虽然在科技创新投入和科技创新环境的发展水平比较靠前,但由于科技创新产出较低,直接影响了这两者的科技创新水平。2018 年,35 个大中城市科技创新水平评价值排名前 5 的城市是深圳、北京、上海、杭州和宁波。排名后 5 位的城市是西宁、兰州、呼和浩特、哈尔滨和南宁。

东部城市科技创新水平明显高于中西部城市。2018 年,35 个城市科技创新水平排名前 10 位的城市全部都是东部城市,这些城市占东部城市总数的 62.5%。东部城市总共有 16 个,除了石家庄和海口两个城市外,剩余 14 个城市科技创新水平位于前 20 名。科技创新水平排在后 10 位的城市全部是中西部城市。其中有 2 个中部城市,8 个西部城市分别在各地区城市总数中的比例是 25% 和 72.7%。而且从区域科技创新水平来看,东部科技创新水平平均值为 0.492,中西部平均得分分别为 0.347 和 0.295。显然,东部城市优于中西部城市。

总的来说,整体上科技创新发展趋势较为平稳,不同城市的科技创新水平不尽相同,在城市高质量发展水平较高的城市,科技创新水平呈稳步上升趋势,而城市高质量发展水平偏低地区的科技创新水平呈下降趋势。

## 3.2.4 科技创新发展存在的问题

目前,我国科技创新发展水平还存在一些问题,具体表现在:从科技创新主体上看,科技创新主体数量不多;从科技创新平台上看,科技创新平台不足;从科技创新人才上看,科技创新人才不多;从科技创新环境上看,科技创新环境需要优化;从科技创新投入上看,投入不够。坚持借助科技创新驱动经济高质量发展,努力突破科技创新企业、人才、平台、环境、投入、成果五大瓶颈约束。

### 1)科技投入的时空特征

#### (1)科研机构的分布特征

据国家统计局统计,2005 年全国科研机构 3 901 家,2018 年科研机构数量却减少为 3 306 家,年均下降 0.79%,总体呈下降趋势。具体而言,2005 年到 2018 年的机构数量变化趋势可划分为以下两个波动阶段(2005—2013 年,2013—2017 年)。其中,2000—2008 年科研机构数量从 5 064 降至 3 727 个,年均下降 3.72%;2009—2018 年科研机构数量年均降幅为 0.56%,2003 年时研究期峰值为 3 543 个,后波动降至 2018 年谷底(图 3.8)。显然,随着科研机构的改革,科研机构数量也发生了变化,也就是说我国科研机构数量的变化,实质上是科研机构改革的直接反映(图 3.8)。

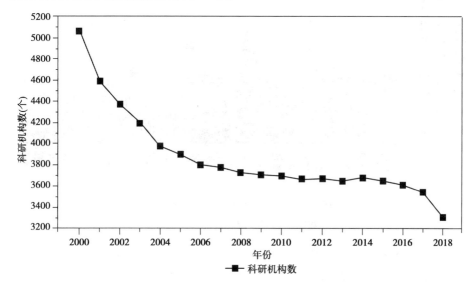

图 3.8　2000—2018 年科研机构的变动情况

数据来源:《中国科技统计年鉴》

从区域划分的角度看(图 3.9)。对我国区域的划分参照王盟迪等[206]研究中的划分标准,将我国所有省域划分为 6 个区域:东北、华北、华东、中南、西南及西北。其中,东北区,包括辽宁、吉林、黑龙江;华北区,包括北京、天津、河北、山西、内蒙古;华东区,包括浙江、上海、江苏、安徽、福建、江西、山东;中南区,包括湖北、河南、湖南、广东、广西、海南;西南区,包括重庆、四川、贵州、云南、西藏;西北区,包括陕西、甘肃、青海、宁夏、新疆。在六大区域中,华东区科研机构数量最多,达 650 个,占全国总数的 23.89%;中南区位于第 2 位,占比 22.50%;华北区科研机构数量位于第三位,占比 15%;东北区科研机构数量位于第四位,占比 14.23%;西南区和西北区分别位于第 5、6 位,占比分别为 13.31%、11.29%。综上所述,科研机构数量在区域分布上存在明显的差异。

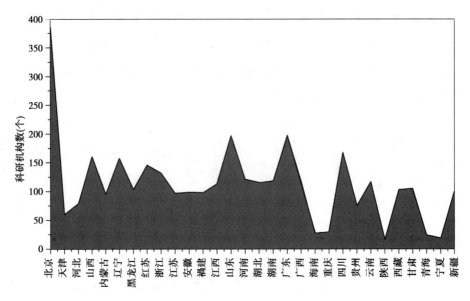

**图 3.9　2018 年中国区域科研机构数**

**数据来源:《中国科技统计年鉴》**

**(2)R&D 人员投入的时空特征**

从图 3.10 可以看出,2005—2018 年,科研院所从事科技活动的科技人员呈上升趋势,2000 年科研机构从事科技人员为 60.42 万人,2018 年为 77.55 万人,较 2000 年增加 171 300 人,年均增幅 1.5%;然而,从 R&D 人员看,分为两个波动上升的阶段(2000—2008 年,2008—2017 年),其中,2000—2008 年 R&D 人员数量从 41.36 万人增至 48.81 万人,年均增幅 0.8%;2009—2018 年 R&D 人员数量年均增幅为 0.74%,此阶段 R&D 人员数量先出现骤减现象,2008 年时研究期峰值为 48.81 万人,后波动增至 2018 年 46.43 万人。然而,R&D 人员占其从业人员的比重变动趋势跟 R&D 人员的变动趋势大致相似。

从科技人员的绝对值来看(图 3.11),华东区、中南区 R&D 人数远远超过东北、华北、西南和西北 4 个区;2018 年华东区 R&D 人数达 261.10 万人,排名第 1 位;中南地区排名第 2 位,华北地区排名第 3 位,东北、西南与西北区分别位于第 4、5、6 位。总的来说,无论是从绝对量,还是从不同区域 R&D 人员数量来看,都存在一定的差异性,并且东部沿海地区(华东区和中南区)略高于西北区与西南区。出现上述现象的原因主要为:华东和中南区部分省市,如江、浙、沪、粤等,具有天然优越的地理位置,再加上经济发展水平较高,对吸引科技人员的流入非常有利。

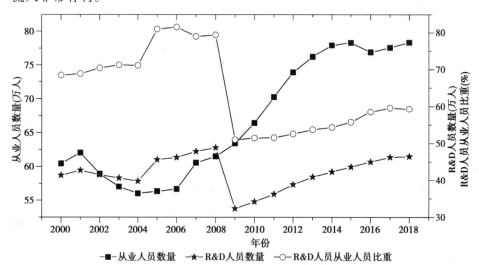

图 3.10　2000—2018 年科研机构从业人员数、R&D 人员数及

R&D 人员数与科研机构从业人员数比重的变动情况

数据来源:《中国科技统计年鉴》

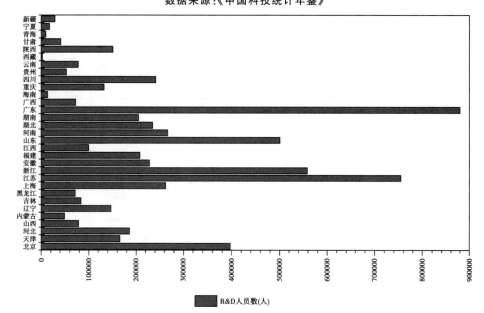

图 3.11　2018 年中国区域 R&D 人员数量

数据来源:《中国科技统计年鉴》

**（3）R&D 经费投入**

科技经费投入被认为是保障科研机构得以有效运作的一种经济保障。总体上在 2003—2018 年 R&D 经费投入呈稳定上升趋势，R&D 经费投入由 2003 年的 1 539.4 亿元增加至 2018 年的 17 606.1 亿元，年均增幅达 19.18%。由图 3.12 可知，政府和非政府资金投入都呈增长趋势，但是两者之间的差异还是比较明显。具体来说，2003 年政府资金投入 460.6 亿元，2018 年增加至 3 978.6 亿元，年均增幅高达 15.74%；2003 年非政府资金投入 1 079 亿元，2018 年增至 15 699.3 亿元，年均增幅高达 20.38%。近年来，科技研发越来越受到政府重视，持续不断加大对研发投入力度，一定程度上促进了政府资金投入力度逐渐加大。

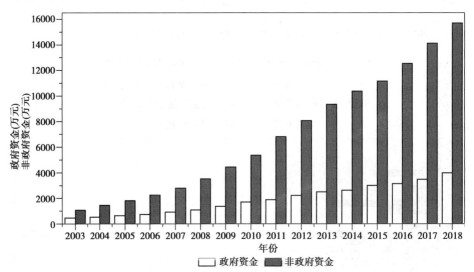

图 3.12　2003—2018 年 R&D 经费投入结构趋势图

**数据来源：《中国科技统计年鉴》**

从 R&D 经费投入可以判断科技研发方向和扶植发展行业，无论从 R&D 经费投入绝对金额还是其占年度财政支出比重看，R&D 经费投入呈增长趋势。具体而言，从 R&D 经费投入绝对值看，从 2000 年的 895.66 亿元增加至 2018 年的 17 606.1 亿元，年均增长率为 19.18%。从 R&D 经费投入占财政支出比重看，R&D 经费投入占比呈上升趋势，2018 年高达 8.67%（图 3.13）。此外，从科技活动投入的构成看,2018 年日常性支出费用 15 485.904 9 亿元,占比 87.95%,居第 3 位;人员劳务费(含工资)5 262.728 8 亿元,占比 29.89%,居第 2 位;资产性支出费用 2 120.224 6 亿元,占比 12.04%,居第 3 位;仪器和设备费用 1 840.069 9 亿元,占比 10.45%,居第 4 位。

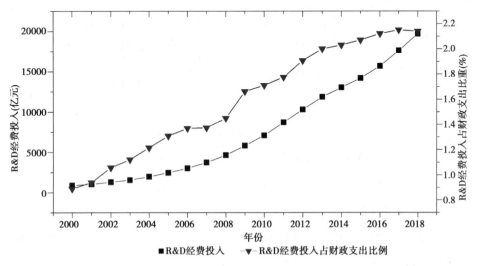

图 3.13　2000—2018 年 R&D 经费投入和 R&D 经费投入占财政支出比例

**数据来源:《中国科技统计年鉴》**

### 2)科技产出时空特征

科技创新产出被认为是反映科技创新水平重要水平之一。一个国家科技成果越丰硕,代表着这个国家科技竞争实力高,因此,根据现行科研机构科技创新评价体系,从课题数、发表论文数、出版著作、专利受理和授权情况进行描述性统计分析,有利于对现在科研机构的科技创新产出现状进行准确把握,如图 3.14 所示。

### (1)课题数情况

2005—2018 年,观察科研机构课题数、发表科技论文数和出版著作数可以看出,三者在总体上均呈现上升趋势,呈现波动状。从课题数情况看,2018 年课题数达到峰值 112 472 项,较 2005 年增加了 73 400 项,年均增长率达 9.27%。

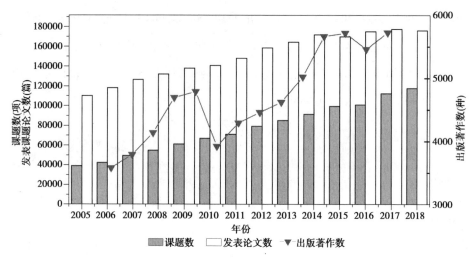

图3.14　科研机构科技产出情况(2005—2018年)

数据来源:《中国科技统计年鉴》

### (2)发表论文情况

从图3.14可知,2018年我国科研机构发表科技论文数是2005年的1.61倍,共176 003篇,年均增长率为4.1%。与科研机构课题数的差异类似,从隶属关系可以看出,2018年中央部门属科研机构在发表科技论文这一科研成果上有绝对优势,共发表论文113 775篇,占64.07%,在年度数量中,排名第一;中国科学院和副省级城市部门数所占比例相对较低,分别位于第5、第6。很显然,科技论文产出指标也存在一定的不平衡。

### (3)出版著作概况

2005年科研机构出版科技著作数为3 578种,科研机构出版科技著作数在2018年为5 722种,与2005年相比增加了1 881种,年均增长率为3.9%。研究期内,2005年研究机构出版著作数最少,只有3 578种,2015年达到峰值,为5 662种。此外,较于课题与发表论文的差异性,2018年,中央部门属科研机构出版著作2 837种,占比51.97%,居第1位;地方部门属和省级部门属科研机构出版著作为2 622、2 175,占比分别为48%、39.84%,位于第2、3位;以上结论表明,与课题和发表科技论文的差异性相比,在隶属差异关系上有所减小。

### 3）基础研究投入结构不合理

#### （1）基础研究整体水平低下

我国基础研究相对于发达国家起步较晚,始终处于一个薄弱环节,其中很多领域尚处于跟踪模仿阶段。基础研究仍然是我国实现科技强国目标的一块短板。我国基础研究的整体水平与发达国家相比仍然较为落后,表现为缺乏推动科学发展的重大科学发现,严重缺乏关键核心科学知识的积累和积淀,大师级基础研究人才和高端领军人才严重不足。从全球顶尖科学家分布看,美国大师级基础研究人才和高端领军人才占比为52.9%,英国与德国占比接近15%左右,中国仅占4.7%;人才流动和激励机制方面仍存在一些缺陷。虽然中国的科技人员总量居世界第一,但是就业人口中的研发人员比重大大低于发达国家,与创新强国相比,人才结构差距较大。真正能够引领产业变革的原创性创新少之又少。凝练和解决科学问题能力不足、战略基础力量不足、社会整体创新氛围不浓厚等。

我国基础研究存在很多不足,如投入总量不足、结构不合理等。中央政府基础研究投入高达90%以上,而地方政府和企业投入严重不足。其中,企业对基础研究的投入更为薄弱、积累严重不足,导致我国企业的原创能力极为薄弱。汤森路透2016年发布的全球创新百强企业中,只有华为入选。整体科研中,目标到项的基础研究比重较低,不能满足重大战略任务基础研究的经费需求,不能有效支撑依托国家重点实验室和大型科学装置的基础研究,发达国家以大型科学装置为核心载体的基础研究组织模式在我国发展严重滞后,由于缺乏持续稳定的竞争性项目基础研究支持机制,导致重大原创成果难以产生。上述基础研究领域的种种短板已经制约了产业创新能力的提升。

#### （2）基础研究投入结构不合理

高等院校研发主体占比下降。相比发达国家,中国的研发活动中高等院校(从事基础研究的主体)在全部研发主体中的占比较低,呈下降趋势。根据国家统计局数据,2017年企业、政府属研究机构、高等学校经费支出所占比重分别为

77.3%、14.8%和6.9%。而德国、韩国、日本和美国(2013年)高等院校的占比分别为17.68%、12.58%、9.05%、14.15%,远高于中国。

基础研究投入在总研发中的比例过低。据《中国科技统计年鉴》可知,我国基础研究占总研发投入比例在1997—1999年为5%~5.7%;在2004年占比为6%,达到峰值,但随后几年出现不断下滑的情况,基础研究占总研发投入比例2007年—2012年在4.6%~4.8%范围内波动。2015年,我国基础研究投入占总研发投入的比例为5.1%,2018年占比为5.2%。而反观科技创新指数的创新型欧美日国家的基础研究投入占比为15%~30%,我国占比很明显低于欧美国家。

长期以来,我国基础研究投入严重不足与改革开放初期我们采取的跟踪创新模式("跟踪—模仿—再创新")有直接关联。我国在工业化初期阶段,经济基础十分薄弱,能够有效模仿出发达国家的技术代表着我国的技术进步和成就,这也确实推动了我国经济的发展。然而,我们应该真正深刻认识到基础研究是科技创新的源泉,是产业变革的先导,它对经济社会的高质量发展产生根本性和长期性的影响。因此,对我国而言,未来要实现中高端产业的目标,必须创造条件,加快提升中高新技术产业创新水平,这必须依靠扎实开展基础研究。

### 4)中国城市科技创新概况

从创新地理的角度看,科技创新活动的空间分布特征与国际地理学界著名的"胡焕庸线"非常相似。可以说,在我国只要与人口集聚有关的分界线都有可能与"胡焕庸线"接近,科技创新发展极不平衡特征出现在"胡焕庸线"的两侧,因此,"胡焕庸线"可以被认为是中国科技创新地理差异的分界线,从表3.13可以看出。我国科技创新发展水平在地级以上城市存在较大差距,基本形成了一种以省会城市和副省级以上城市以及东西部城市梯度分布的基本格局。从城市科技创新发展指数综合排名来看,东部地区城市整体发展水平高于西部、东北、中部地区城市,沿海地区城市高于内陆地区城市;同一省份的内部城市也存在较大差异,省会城市、副省级以上城市等区域中心城市科技创新发展水平往往高于其他地级城市。

从科技创新产出的地理分布来看,我国科技创新产出存在显著的"创新马赛克"现象。可以看出,"创新马赛克"(创新产出引发)与"经济马赛克"(产业集群引发)现象非常相似,其实每一个"经济马赛克"都有一个"产业集群",与世界上的创新型城市相比,更显著地体现了"科技强—产业强—经济强"的完整产业链条,同理每一个"创新马赛克"的背后都是一个"创新集群",美国的硅谷、圣迭戈以及印度的班加罗尔都是世界上大多重大科技创新成果、世界级品牌产生的地方,这些"创新马赛克"集群是世界上创新最活跃的地区,各种创新人才、技术和资本等资源源源不断流入这些地区,推动这些区域以及周边区域的经济、社会、文化发展,进而形成"经济马赛克"。在中国也是一样,北京中关村、上海张江和深圳南山都是重大科技创新成果来源地。"创新马赛克"区域具有显著特点:创新要素高度集中、科技成果转化迅速、国际竞争力强等,正常情况下,创新要素加速集聚,形成具有个性和特色的创新集群,这导致区域创新发展的循环累积效应突出,从而使得"创新马赛克"区域将强者更强,因此有必要引导这些地区向周边区域发展,通过技术溢出效应和辐射带动作用带动区域协调发展驱动效应。我国许多创新集群对政府的产业扶持政策和国外的尖端技术过度依赖,应该给予足够的重视。今后,要把提高自己科技创新水平提上日程,在国家和全球科技创新竞争中使出自己的"撒手锏"。

表 3.13　城市科技创新发展指数及排名

| 地区 | 指数 | 排名 |
|------|------|------|
| 北京 | .587 | 1 |
| 深圳 | .587 | 2 |
| 上海 | .499 | 3 |
| 广州 | .464 | 4 |
| 东莞 | .452 | 5 |
| 天津 | .416 | 6 |

续表

| 地区 | 指数 | 排名 |
|------|------|------|
| 武汉 | .405 | 7 |
| 杭州 | .391 | 8 |
| 南京 | .390 | 9 |
| 苏州 | .384 | 10 |

数据来源:《2018 年城市科技创新发展指数报告》

综上所述,目前我国的科技水平与世界科技先进水平相比,还存在较大差距,我国的科技创新水平与我国的经济社会发展要求存在诸多不兼容之处,主要问题是:自主创新能力较弱,关键技术自给能力不足,企业核心竞争力弱;在经济结构中高新技术所占的比例相对较低,对国外技术的依赖在产业技术的一些关键领域仍然很大,许多高新技术产品和高附加值产品以进口为主;科研实力不强,科技人才缺乏;科技经费投入不足,体制机制不完善;基础研究重视不够,科技创新成果转化能力弱。总之,我国科技创新能力的发展不符合当今城市经济高质量发展和城市高质量发展的迫切要求。必须深化科技改革,大力推进科技创新,推动生产力实现质的飞跃,推动我国部分城市发展从资源依赖型向科技创新型转变。

# 3.3 科技创新与城市高质量发展关联关系检验

## 3.3.1 序列平稳性检验

本节中使用 C. A. Sims 在 1980 年首次提出的 VAR 模型来进行关系检验,即向量自回归模型,向量自回归模型是一个多方程联立方程,它可以分析联合内生变量之间的动态关系,不是基于经济理论的。VAR 模型的数学表达公式为

$y_i = \sum_{i=1}^{p} \prod_i y_{i-1} + u_i$，式中 $p$ 为模型的最大滞后阶数，$t$ 表示年份，$u_i$ 为随机误差向量。本节基于 VAR 模型，运用 Eviews 计量软件，通过上述建立的指标数据之间的协整检验和格兰杰因果检验，来探讨二者之间的相互关系。

Granger 因果关系检验主要是检验一个变量的滞后值是否可以正确预测另一个变量的当期值，但是一般格兰杰因果检验只适用于数据稳定的数据，而单位根检验常用于检验数据的平稳性。如果单位根检验结果表明不存在一阶单位根，则数据序列稳定，可以进行格兰杰因果检验。

本节选取 35 个大中城市 2005—2018 年的数据。对样本数据进行无量纲化处理，消除数据在时间序列的异方差，使数据呈线性化趋势。使用 Eviews 软件采用 ADF 检验科技创新和城市高质量发展是否为平稳性序列。具体结果见表 3.14：

表 3.14　各变量 ADF 检验结果

| 变量 | ADF-FisherChi-Square | Prob 值 | ADF-ChoiZ-stat | Prob 值 | 结论 |
|------|------|------|------|------|------|
| KJCX | 158.894 | .000 0 | −7.643 8 | .000 0 | 平稳 |
| CSFZ | 179.785 | .000 0 | −8.756 2 | .000 0 | 平稳 |

由表可知，KJCX、CSFZ 检验结果在 1% 的显著水平上，零假设（时间序列非平稳）被拒绝，表明各变量的时间序列都是平稳的。

## 3.3.2　格兰杰因果检验和结果分析

在做格兰杰因果检验之前，需先对科技创新与城市高质量发展做一个相关检验，以 35 个大中城市科技创新水平平均值为横坐标，城市高质量水平平均值为纵坐标，绘制出科技创新与城市高质量发展相关图，如图 3.15 所示。

从图 3.15 可以看出，35 个大中城市科技创新水平与高质量发展水平呈正相关关系。因此，说明科技创新与城市高质量发展二者之间显著线性相关。在此基础上展开格兰杰因果检验。

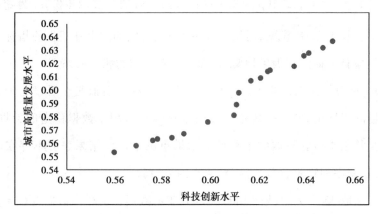

**图 3.15　科技创新与城市高质量发展相关关系图**

本章的主要目的是检验科技创新与城市高质量发展之间相关性,而格兰杰因果检验可以对上述二者之间关系做出基本的判断。格兰杰因果关系检验要求受检变量是平稳的,对于非平稳变量可以通过协整检验。因此在做格兰杰因果性检验之前,需先进行单位根检验、对非平稳序列进行协整检验。由上述的单位根检验和协整检验的结果可知,变量之间存在长期协整关系,因而采用格兰杰因果检验初探各主要变量之间关系。通过 Eviews 软件运行结果如表 3.13 所示。本书运用格兰杰因果检验法对科技创新和城市高质量发展序列数据进行因果关系检验,采用 Eviews 软件进行格兰杰因果关系检验,具体结果如表 3.13 所示。

**表 3.15　科技创新驱动城市高质量发展的格兰杰因果关系分析结果**

| 原假设 | Chi-sq | df | Prob. |
|---|---|---|---|
| KJCX 不是 CSFZ 的 granger 原因 | 38.757 2 | 2 | .000 4 |

由表 3.15 检验结果可知,科技创新是城市高质量发展的格兰杰原因。具体的背后原因将在第 4 章进行探讨。这也对研究科技创新对城市高质量发展的影响具有重要的实践意义。

　　科技创新与城市高质量发展之间存在双向影响关系,两者相互促进、相互影响,科技创新促进城市高质量发展,高质量发展为科技创新提供基础和条件,本书聚焦科技创新对城市高质量发展影响的单向研究,主要是基于当前城市发展出现的问题,城市发展出现瓶颈期,需借助科技创新驱动城市转型升级,向高质量可持续方向发展。因此,本书只考虑科技创新对城市高质量发展的单项研究。

# 3.4　本章小结

　　本章对我国城市高质量发展和科技创新发展的水平评价进行深入剖析。首先,通过采用理论分析、频数统计、问卷调查和专家深度访谈等研究方法,分析并甄选了一系列影响城市高质量发展的指标体系和影响因子。其中,文献梳理识别出了相关影响因子,并初次提取了指标体系和影响因子;其次,经过专家深度研讨的方法通过了城市高质量发展的指标体系和影响因子的有效性验证,最终构建了科技创新和城市高质量发展的指标体系和影响因子;再次,通过“纵横向”拉开档次法,计算了科技创新和城市高质量发展水平值,全面介绍了科技创新和城市高质量发展的发展现状及存在问题;其次,借助线回归分析,测度了科技创新与城市高质量发展两者之间的线性相关程度;最后,借助格兰杰因果检验检验了科技创新与城市高质量发展之间的关联性。本章为后续解释科技创新对城市高质量发展的影响机理打下了基础。

# 4  科技创新对城市高质量发展
# 影响机理的理论研究

第 3 章已剖析了科技创新与城市高质量发展的关联性,那么关联性背后的机理是怎样的? 其影响因素的作用路径以及机理具体又是怎样的? 为此,基于系统论的基本观点,城市高质量发展系统和科技创新系统并不是两个完全独立的系统,而是相互联系的两个系统。城市高质量发展和科技创新都是一个动态演变的过程,某一要素的变动并不能决定系统的演变趋势,而是由众多构成要素共同作用决定的。本章在第 3 章基础上,将结合系统论观点从城市高质量发展系统构成要素、科技创新系统构成要素间的相互作用机理,以及科技创新对城市高质量发展影响机理三个层面展开详细分析,为第 5 章机理实证分析提供理论框架。

## 4.1  城市高质量发展系统构成要素分析

一定时期,一定的社会发展条件,一定发展阶段的城市高质量发展主要取决于三个方面的因素:经济、社会和生态环境等,经济、社会和生态环境等高质量发展系统是决定城市高质量发展的直接构成因素,文化制度是间接影响因素,城乡统筹是未来城市发展的总目标。城市高质量发展被认为是城市发展的一种高级状态,其密切关注的仍然是城市内最基本的微观单元,尝试解决这些微观单元在新的发展环境下出现的新问题。城市高质量发展是一个复杂的系统工程,具有显著的系统动态性。从系统的视角来看,城市高质量发展既包含了"量"的成长,也包含"质"的成长。城市高质量发展的系统动态性是由系统所处的内部结构和系统以外的外部环境因素综合作用的结果。城市高质量发展是一个动态发展过程,它受到经济、社会和生态环境因素的共同影响,由于城市高质量发展系统所处环境的不确定性和自身条件的多变性,决定城市高质量发展的动因也时刻变化,城市高质量发展的方式和形态随之呈现一定的规律和总体模式。单纯从这几个方面的某一方面改变是远远不够的,还需要各方面协调发展才能最终实现高质量发展的宏伟目标。

城市高质量发展与这个地区经济发展密切相关,经济快速发展可以带动城市的改善和发展。改革开放四十多年,中国经济和城市都得到了快速发展。生活条件和生活水平的改善,会引起社会高质量发展,将进一步促进城市高质量发展。同时,城市高质量发展前提条件是生态环境高质量发展,优秀的城市生态文明可以从根本上为生活和生产提供良好的环境和条件,有了良好的生活和生产环境,城市发展才能顺利进行。目前社会经济发展中,政策制度作为"有形的手"起宏观调控作用,对城市高质量发展发挥着调控和引导作用。消除城乡发展差距,实现城乡统筹是城市高质量发展过程中必然会出现的问题,城市高质量发展可以帮助实现城乡统筹的最终目标。

城市高质量发展系统中经济、社会和生态环境之间也是相互联系、相互作用的关系。经济高质量发展为城市高质量发展提供经济基础,为社会发展、保护资源和治理环境提供保障,从传统产业体系向现代产业体系转型升级是实现经济高质量可持续发展的重要途径之一,通过科技创新对产业结构进行优化,实现升级产业结构,加快生态产业集聚创新,对经济增长活力和动力进行增强,不断提高规模效益和发展质量,消除不利于经济发展的因素,从而实现经济高质量发展。

社会高质量发展主要体现为以下几个方面:不断提升基础设施和公共服务设施承载能力、改善生产生活质量、完善生态文化社区、提高社会教育水平、提高医疗卫生水平、实现充分就业、不断增强社会保障能力和改进社会文明进步（包括居民文化水平、思想意识、道德修养和居民参与程度等）等。要实现社会高质量的可持续发展，人口扩大规模需控制在合理区间范围内，需提高人口素质，大力宣传科教文化，需扩大宣传绿色、低碳、环保的发展理念；建立健全社会保障体制，改善民生、实现社会公平。

生态环境是城市实现高质量发展的前提条件，努力全面保护天然自然资源、加强修复生态系统、建设国家重点生态功能区，维护国家生态安全，生态环境高质量发展的必要条件是构建坚实的国土生态安全体系；实现永续利用可再生自然资源和对不可再生资源的合理利用。要依托丰富的自然资源优势，倡导绿色低碳的发展方式和生活方式，为人们提供更多优质的绿色生态产品，促进人与自然和谐共处。

资源环境必然会对加速推进城市高质量发展造成约束和胁迫，不能超过区域资源环境承载能力是实现城市高质量发展的一个重要前提。必须以绿色产业、循环经济和低碳模式为基础，合理开发资源，对能源结构进行优化，提高资源能源产出率，进而实现生态环境高质量发展。所以，实现生态环境高质量发展需转变经济增长方式，向高效、绿色、可持续的集约型增长转变，加大治理和保护环境力度，提高环境容量。分析通过资源环境效应实现城市高质量发展，资源环境与城市高质量发展交互胁迫机理与规律进一步揭示。可以从机理层面揭示经济—科技创新—社会—政策制度—城乡统筹系统五大子系统之间的相互关系。见图 4.1 所示。

## 4.1.1 经济高质量发展子系统

在城市发展中，不仅要注重城市数量的增加和城市规模的扩大，言外之意就是城市"量"的增长，还要注重城市"质"的提高，经济高质量发展是城市高质量发展中的核心内容。城市经济发展的本质是分工、专业化生产以及减少交易成本[207]，它是各种生产要素在城市中配置及其相互作用的全部结果的总和。

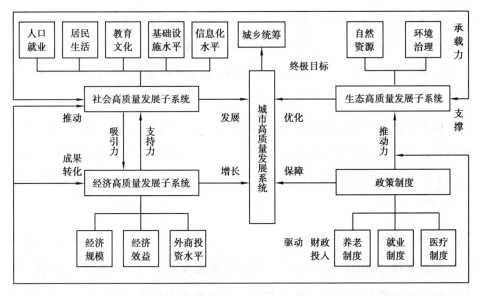

**图 4.1　城市高质量发展系统构成要素相互作用机理**

从内涵上来说,城市经济发展质量与经济效率不同,经济发展质量的内涵要宽泛得多,通常经济效率主要考察的是一种数量关系,这种数量关系是指在一定时期的经济活动的投入和产出的数量比值关系。经济发展质量要考察这种数值关系和经济活动质的内容,最主要的是要考察后者,如:经济结构、经济发展代价、经济动力等等。此外,不仅要考察经济领域内有关经济数量和质量的内容,还要考察经济活动产生结果对其他领域的作用和造成影响,即要考察与经济效率并存的社会效益[208]。因此,经济城市高质量发展是提高城市高质量发展的基础和原动力。

### 1)经济发展效率

经济发展在城市高质量发展中占有重要地位,是城市发展的根本动力所在,是保障城市高质量发展的物质基础。质量第一,效率优先是城市高质量发展问题上必须坚持的原则之一。经济领域的革命性变革是城市高质量发展的内容之一,包括经济总量的扩张和经济效率的提高。对经济效率的认识主要体现在:一是投入和产出、消耗和成果之间的数量关系;另一方面是利用可配置资源的程度和利用率,这里的可配置资源主要是指非自然资源,比如技术知识、劳动力和资本等。经济效益就是以最少的投入得到最大的产出,通过最小的成本支出得到最大的效益;资源利用率是降低由于资源闲置对经济造成的损失,尽可能对可配置资源增加利用和使用率。

综上所述,提高经济效率不只可以提高城市发展子系统的经济运行效率,而且可以通过经济运行提高空间资源利用率,通过经济效率的提高既对城市高质量发展有所提高,又对城市发展的保障增加了一种能力,从而提高城市高质量发展。

### 2)经济结构

产业结构、产业分工对城市发展起着至关重要的作用。产业结构变动规律对空间资源的整合有促进作用,提供专业动力推进和深化城市发展。产业的发展、经济结构的转型导致大量劳动力被解放,还为城市经济发展提供新的增长方向。产业结构的转型可以实现转移农业人口到非农业人口,转换和重组城市生活方式、需求结构从单一到复合,传统的农村社会过渡到现代先进的城市社会。换句话说,产业结构的转型演进致使经济的非农化和工业化,人口定居方式的计划也是由于产业空间布局的转移造成的[209]。产业结构在城市不同发展阶段所起的作用是不同的,产业结构的阶段性特征决定了产业结构对城市高质量发展的重要作用。经济发展初期以劳动密集型产业为主,资金密集型产业是中期的主要产业,后期则以技术密集型为主。跟第一、二产业相比,第三产业具有较低的资本投入,较低的发展代价,经济产出却较高。城市发展过程中产业类型主要由资本密集型和劳动密集型向技术密集型产业转移,逐渐推动城市高质量发展。

要实现城市高质量发展,需改变旧有的发展路径,必须从"要素驱动"和"投资驱动"向"创新驱动"转变(其中要素驱动型主要是过度依赖廉价劳动力、土地等,投资驱动型是大量投资驱动发展),从数量扩张型向质量提升型转变,实现以创新为驱动力的城市发展模式。创新驱动促进产业结构升级,城市高质量发展必须以工业化为基础,依靠产业支撑。假如一个城市没有产业、没有工业化的支持,那么这个城市发展就是"空心"的,因为没有产业发展带来的集聚效应,就不能提供人口、资金和就业机会为城市发展。从目前城市发展情况来看,通过依靠政府的行政力量,增加城市人口,促进城市发展是不可持续的发展模式。

综上所述,实现城市高质量发展的内在要求是优化升级产业结构,它也是实现城市高质量发展"创新驱动"的必经之路。优化产业结构,转型升级传统制造业,建立合理的多层次现代产业体系,着重发展战略新兴产业,加快城市发展的产业支撑。

### 3)外商直接投资(FDI)

外商直接投资是技术扩散最为显著的方式,它与城市高质量发展之间存在互动机制,如:Ⅵ 调整和升级产业结构,完善土地利用结构转换机制和就业结构,促进城市发展,提高城市高质量发展。合理引进外资有利于推进城市发展,促进城市高质量发展。FDI 对技术创新能力的提高具有正向溢出效应,每投1%,技术创新能力提高约 0.19%,可以看出 FDI 明显地促进了技术创新能力的提高[210]。FDI 对中国自主创新具显著性的正向促进作用[211]。

可以从以下四个方面分析 FDI 影响城市高质量发展的影响机制(如图 4.2 所示):

①集聚效应。FDI 对可以调整区位选择和产业结构,聚集人口和产业,聚集空间经济活动综合体,是城市规模扩张的动力源。人力资本积累会对产业集聚产生一定的影响,此外加上产业集聚在地理学上的作用进一步扩大了生产企业规模。当然,资源禀赋不同的城市在城市发展过程中会形成不同的产业集聚模式。然而,无论何种集聚模式,都会通过规模经济和协同集聚对城市高质量可持续发展产生一定影响。

②结构效应。FDI 的流入对一个地区的就业产生乘数效应,在不发达地区带动劳动力需求增长是由于产生竞争效应和空间溢出效应,进而带动劳动力需

求的增长。由于受到微观消费需求和中观投资拉动效应的影响,流动人口集聚促进了生产和服务业进一步的健康发展,城市网络体系的数量效应和质量效应得到有效提升。服务业集聚效应对人口发展有着显著的正向影响[212]。第二、三产业可以容纳大量农村剩余劳动力;同时,外资企业通过"区位选择"机制,带动了相当一部分工业和服务业的发展,吸引了大量流动人口进城,进一步促进人口发展。

③投资效应。FDI 将在东道国积累资本,提高城市高质量发展。城市化将导致大幅扩张城市基础设施、公共服务设施和住房建设等投资,由于 FDI 具有乘数效应,这将促使单位土地产出的增加。此外,由于城市高速发展形成的国民经济也会促使政府提高基础设施的投资效率,夯实城市高质量发展的基础。

④技术溢出效应。FDI 流入能直接为东道国带来先进技术和管理理念,提升产业结构,促进城市高质量可持续发展。总的来说,通过技术溢出效应可以显著地提升城市基础设施绩效水平,这是城市高质量发展的基础保障。

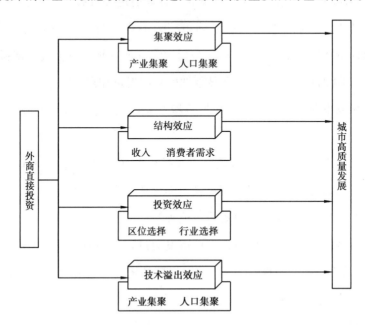

图 4.2　FDI 影响城市高质量发展的影响机理

## 4.1.2　社会高质量发展子系统

社会系统既是载体,又是主体。改革开放 40 多以来,我国社会结构发生了翻天覆地变化,社会系统对我国城市发展发挥了显著作用。社会活动的主体是人,人也是城市的主体,城市变得有意义也是因为人的存在。可以说,如果没有人的城市,那么所谓的城市发展就失去了意义,正是由于人类的存在城市研究才有意义[213]。生活方式、生活质量这两者是社会过程的重要有机组成部分,也是城市发展内部丰富性的具体体现。

### 1)人口就业

人口数量是象征社会进步的一个关键要素,因此在对社会进步进行衡量时就需要把人口数量因素考虑进去,人口数量应控制在社会所能承受的范围之内。在我国国民经济结构中,能够提供大量就业机会的产业是第三产业,第三产业的发展必须依靠城市。因此,要充分保障就业,必须大力发展第三产业,没有第三产业的发展,就业压力就会随之上升。城市高质量发展必然会促进相关产业的发展,提供大量的就业机会。

随着经济的快速发展,第三产业将逐步取代第二产业的主导地位,服务业是第三产业的载体和支撑,对促进城市高质量发展具有一定的作用。城市服务业发挥着最重要的作用,由于服务业具有较高的就业能力和就业弹性,吸纳了更多的农村剩余劳动力,随着经济的发展,相应的生产性服务和消费性随之增加,城市的吸引力和生活质量得到提高,进一步促进城市高质量发展。

### 2)居民生活水准

居民生活水准是社会高质量发展成功与否的具体体现,也是城市的核心部分,具有明显的层次性特征。提高居民生活水准是推进社会高质量发展的核心内容,社会高质量发展是城市高质量发展的重要内容之一。

### 3)教育文化

①教育。现代高等教育对知识进行了分类,并对其进行了专门化,人类创

造知识资源,转移知识资源,提升自身素质。高素质人口吸收资本的能力显著提高,经济发展效率也会出现明显提高的情况。人口素质状况不仅可以对城市发展理念和认知吸收能力产生影响,也会对城市发展的各种支撑体系产生一定影响,影响整合人口、资源、生态、环境、生产、消费、文化,通过不断努力提高人口质量,使劳动者掌握先进的科学技术,使得自然资源被合理高效利用和保护,促进城市高质量发展子系统中的人口、经济、资源、环境的协调发展,进一步提高城市高质量发展水平。20 世纪以后,生产力的发展由于科学技术的飞速发展发生了重大变化,从过去需要工人数量的增加转变为提高劳动生产率,此时劳动者的教育、技术和文化就显得越来越重要。目前,一些发展中国家不仅经济发展缓慢,生态环境还遭到了严重破坏,人口众多,素质低下是造成上述情况的主要原因。没有接受过良好教育和低水平的低素质人口没有意识到保护环境的重要性。他们严重缺乏保护环境的知识和能力,不能合理有效地利用自然资源。这必然会对社会经济的发展、科学的进步和各项事业的发展产生一定的影响,进而影响城市的高质量发展[214]。

②文化。生产力要素是促进经济发展的最主要推动力。将经济发展阶段按照生产力要素参与到经济发展的程度不同分为三个阶段:自然经济发展阶段、商品经济阶段和文化经济阶段。其中,第一阶段经济发展生产要素主要以自然为主,第二阶段以技术和资本为核心生产要素,第三阶段以文化为促进经济发展的核心要素。传统生产方式正逐渐被生产要素多样化改变着。文化要素作为一种新的推动要素,逐渐成为现代经济社会发展的重要驱动要素,引领着目前的生产方式从以传统的物质要素为主向以文化要素为主转变。

文化在经济发展中的作用主要体现在:发挥文化要素的投入产出功能,即发挥文化的经济功能。杨继亮[215]认为文化经济强调的不仅是把文化做大做强,形成新的产业,产业经济更是要强调发挥文化在政治、经济和社会中所起的作用,发挥更多发展可能性和更广阔发展空间为城市经济的发展。俞万源[216]认为实现文化对城市经济发展影响的具体途径主要有:首先,努力把文化作为一种新的要素形态,转化为生产资源,构建新型产业形态,核心是文化要素,形成文化创意产业,发挥文化的经济价值。其次,充分发挥以文化为核心的新型产业形态。将文化产业作为一个区域内或区际的优势产业,要重视和发挥某些龙头企业具有的示范推广作用,充分带动相关产业的发展,努力建立城市文化产业发展环境。最后,深化文化具有的经济内涵。将文化作为人力资本和产业渗透的形式,充分发挥文化的动力引擎作用,深入经济发展的各个环节,对传统产业进行改革,对产业结构进行调整,实现城市文化经济的健康发展。

### 4)基础设施发展水平

基础设施发展水平对经济高质量发展有重要的影响。促进城市发展的基础环节是城市经济发展,经济高质量可持续发展是实现城市高质量可持续发展重要内容之一。在城市发展过程中,基础设施可以有效促进经济增长,对产业结构进行优化,还可以对投资结构有所改善,从而可以促进城市经济高质量发展。

①城市基础设施提供产品和服务作为中间投入直接参与到城市生产过程中,直接或间接影响着生产部门成本和效率,并对经济增长逐步演进和升级起到影响作用;

②基础设施的合理空间配置对产业结构转型的影响主要体现在:基础设施合理配置可以对生产范围进行扩大,推动需求的增长和多样化,针对需求的不断增长和各种需求出现多样化,在需求结构变化中促进产业结构演进;在基础上合适投资在一定程度上会对配套产业产生推动作用;产业结构的组成部分之一是基础设施,可以说增加投资给基础设施将会导致二、三产业产出和就业人数增加,进一步对产业结构进行改变,从而促进产业结构升级。一般来说,多数影响都是具有两面性的,因此只有科学合理地安排城市基础设施的供给和管理多个环节,才能有效发挥基础设施调节城市经济高质量发展的作用。

分析基础设施发展水平对社会高质量发展的影响。实现人的全面发展是实现社会高质量可持续发展的核心,强调满足人的基本需求,公平分配财富,有效消除贫困。基础设施的发展和管理在实现上述目标的过程中起到积极作用，对提高生活质量和消除贫困不同基础设施部门有不同的影响。因此，为城市居民，特别是城市贫困居民提供无害环境的城市基础设施，使其生活质量有所提高、改善居民健康状况，减轻医疗投资和扶贫负担，是对实现城市可持续发展的一种投资，从而影响社会高质量发展。

分析基础设施发展水平对生态环境高质量发展的影响。据上述所指出的多数影响都具有两面性，在此处分析这个影响也要从两个方面进行分析，即从积极作用和负面影响两个方面。其中，积极作用主要体现在遵守设计和适用规则前提下，处理液体和固体废弃物。负面影响主要来自忽视了基础设施部门之间的相互依赖，如政府对污水排放系统的投资往往都低于对城市供水系统的投资，这种情况造成污染水资源、洪水危害加剧。这很显然就对供水系统投资给人们带来的良好健康被严重削弱；对固体废物管理不善将会加剧恶化城市街道污水系统的恶化，进一步降低饮用水质量。因此，只有统一规划基础设施，综合协调，充分发挥基础设施对经济的发展和对减少贫困的积极影响，最终才能实现保护环境的目标。而改善和提高生态环境质量，反过来又会影响投资环境，吸引外资，进一步推动城市基础设施高质量发展。综上所述，城市基础设施系统是相互融合、密切协调的，共同促进城市高质量可持续发展。

## 4.1.3　生态环境高质量发展子系统

人类的生存和发展离不开土地、水、能源和生态环境的支持，当然它们也会对经济、社会发展有促进和支撑作用。然而，它们却相对有限，随着城市快速发展和经济社会规模的扩大，人类的生产生活对空间资源的需求不断增加。因此，可以供给城市生产、生活和生态的可支配空间资源总量成为制约经济、人口容量和产业发展的重要因素。

### 1）自然资源

自然资源对城市高质量发展的影响因素主要包括水资源、建设用地资源、能源和生态环境四个方面。水资源和建设用地资源对城市高质量发展的作用机理。人类生存和发展的基本要素是水资源和建设用地资源,与城市发展中的人口、经济和社会发展有密切关系,是城市发展各子系统发展的保障基础。水资源和土地资源总量对于区域地区人口和社会经济发展规模是一个关键因素。理论上,在其他限制条件一定的情况下,一个地区的水土资源总量越大,这个地区能够容纳的人口规模越大、经济和社会发展规模也越大。影响城市高质量发展的众多因素中水土资源质量也是重要因素之一。一方面,人口生存发展和社会经济功能的正常发挥将受到水环境恶化或土地资源退化的制约;另一方面,水土资源污染和水土流失也会造成水土资源总量的减少,污水和土地退化将成为社会经济发展的负担。水资源时空分布、土地资源类型结构以及水资源的时空组合状况对人口、社会经济发展都有影响。在水土资源总量和质量一定的情况下,水资源利用结构和土地利用结构决定着区域城市发展中总资源生态社会经济系统的效率。同时,水资源利用结构和土地利用结构与区域产业结构之间存在着互动关系。如果水土利用结构和产业结构双向优化,资源—生态—社会经济系统的效率就会显著提高;否则,如果二者之间不是双向优化的,则资源—生态—社会经济系统将失衡,可持续发展的目标将很难实现[217]。

以上主要从水资源、建设用地资源的角度,分析了二者在城市发展中对人口和社会经济发展的制约作用。在一定的生产、生活、生态用水、用地标准下,三种用水、用地类型所占用的资源的数量分别决定了城市发展中水和土地资源的生产承载力、生活承载力和生态承载力的大小。一定时期,生产、生活和生态的发展水平和状态决定了人口、经济社会的发展水平。在水土资源总量一定的情况下,主要是通过改变水土资源的质量、调整水土利用结构、提高水土资源利用效率、加强水土资源开发利用管理等措施,满足人口、经济社会发展对水土资源需求总量增长的要求。

能源保障程度与经济、社会高质量发展的相互作用机理。在城市发展中,生产方式变化对能源需求的影响主要体现在以下几个方面:从空间形式上看,能源消费由于各种生产活动从农村向城市集聚,也集中在城市;从组织形式上看,能源保障能力对城市高质量发展的影响可以从经济社会和资源环境两个方面进行分析:第一,能源是支持城市、经济发展的众多物质基础中重要物质之一,能源对很多方面起着积极作用,如在保障国民经济增长、促进社会进步和提高人民生活水平等方面。然而,由于目前对化石能源的过度依赖、化石能源的不可再生性和能源的稀缺性,这些都是制约经济发展环境的重要因素;另外,城市快速发展带来的两个主要负面影响是:人口快速增长和城市面积快速扩张引致持续不断增加能源消耗量,造成能源成为了城市环境污染的重要源头。能源生产与消费是造成大气污染与生态环境破坏的主要原因,而过度利用环境容量,反过来又会制约能源和经济社会发展,降低城市高质量发展。在加强资源约束的条件下,经济社会的高增长的前提是提高增长质量和效率,降低能源消耗,这不仅提高了城市经济社会发展的质量,也增加了城市空间保障能力。

### 2)环境治理

环境治理能力与城市高质量发展的互动调控机理。生态环境保障能力对经济可持续发展、社会进步和现代化建设,甚至是对城市可持续发展起到直接影响作用。一般来说,一个城市的生态环境保障能力强,那么这个城市的水资源、土地资源和空气质量的支撑能力就强,可吸引投资项目和外商投资的投资环境竞争力强,吸引企业资本,加速城市发展。而且有舒服的居住环境,人们的满意度和幸福度才会增强。生态环境恶化对城市质量的影响主要体现在:居住人口数量会因为居住环境舒适度低而受到影响,对城市发展有阻碍作用;对投资环境竞争力有所降低、排斥企业资本,减缓城市发展;通过政策干预,影响企业选址,限制城市发展;生态环境要素支撑能力被降低,城市发展被抑制。随着经济社会的发展,逐渐认为生态环境质量是衡量城市高质量发展成败的决定因素之一,实现城市高质量发展的必然要求是加强保护生态环境。对于一个城市来说,生态环境质量在某一种程度上被认为是城市高质量发展的最终反映。良好的生态环境是人类居住卫生良好条件的前提条件,是社会高质量发展的基础条件。

## 4.1.4　其他构成要素

城市高质量可持续发展不仅受到经济、社会和生态环境的影响,还要受到文化、政策和城乡统筹等要素的影响,其中经济、社会和生态环境是直接影响要素,文化制度因素是影响城市高质量发展的间接因素,城市高质量发展促进了城乡统筹终极目标的实现。城市高质量发展程度取决于社会发展程度、经济上行的压力、科技的进步、政策制度、生态责任、环境承载力和城乡一体化等。

### 1)政策制度

城市高质量发展的复杂性决定了它不仅受上述经济和社会影响外,还要受人类制度\文化因素的影响。直接因素是经济,间接因素是文化和制度。合理的经济和政治制度成为城市发展的重要动力,可以推动城市发展,反之不合理的经济和政治制度则制约和阻碍城市发展[218]。政府主导是我国城市发展的主要特征之一,在影响城市发展的各种制度中,就业制度、社会福利制度和财政支出发挥着尤为重要的作用。

### (1)就业制度

就业制度是进行合理配置人力资源的一种形式。过去体制下,由于我国就业制度和户籍制度的约束,某一种程度上阻碍了城乡劳动力的自由转移,从根本上杜绝了农村人口向城市自由流动和聚集的可能性。据此形成典型的城乡分离的就业制度,在城市通过"统一分配"制实行"劳者有其岗";而农村劳动力则实行属地管理,通过人民公社制度实施"自然就业"政策,由此使大量的农村劳动力只能在有限的土地上谋生存、谋发展,也使城市得不到必要的人力资源。

### (2)社会保障制度

社会保障是社会发展到一定阶段公民享有的基本权利,是为了解决社会弱势群体生存危机的重要社会政策,对经济发展、社会稳定都起着重要作用。但是,在实施社会保障制度时,也暴露出了很多问题,所出现的问题在世界上也属于难题。社会保障制度适度与否,影响社会经济健康发展,对城市高质量发展的高低也起着决定性的作用。

公民的基本生活需要可以通过适度的社会保障水平得到保障,维持社会相对稳定,创造良好的环境为国民经济发展。公民基本生活得到保障的情况下,劳动者的积极性可以通过适度的社会保障得到激发,增加人力资本投入,增强医疗保障,劳动者的身体文化素质得到提高,从而提高劳动生产率和公民的生活质量。

**(3)财政支出**

从创新型国家财政支持的实践可以看出,在提高城市高质量发展和科技创新水平的过程中,财政支持有着重要的激励作用。

**2)城乡统筹**

城市高质量发展不是城市"吃掉"农村,不能以牺牲农村为代价,而是实现城乡同步发展、实现共赢。通过畅通的交通体系、城乡经济要素的双向自由流动、合理的产业布局、均质化的公共服务,有助于实现城乡错位、协调、一体发展,无论是市民还是农民都能共享城市发展成果。

# 4.2 科技创新系统构成要素分析

科技创新是一项综合性的、复杂性的活动。从投入到产出,再到成果转化都需要经过很多环节,其中最主要的环节是科技创新资源的投入、科技创新环境和科技创新成果三个环节。三个环节之间相互作用机理如图4.3所示。

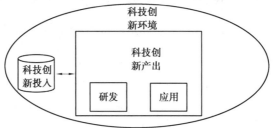

图4.3 科技创新系统构成要素相互作用机理

从图 4.3 可以看出,首先,科技创新投入是科技创新产出的基础和前提。高效、多产和高质量的产出是以充足高质的投入条件为基础的,不仅需要大量财力投入、人力投入,而且还需要长期可持续投入,尤其是代表核心竞争力的自主创新[219]。高产高质的科技创新产出依赖于投入科技创新财力、人力的投入,而且可以通过评审机制筛选出最佳的科技创新项目,使创新投入的边际效益最大化。其次,科技创新产出是科技创新投入的最直接的表现形式,是科技创新活动的核心,科技创新投入是主要目的是投入财力、物力和人力来提高经济效益和劳动率等,高量高质的科技创新产出可以持续为科技创新投入提供物质保障,提供持续动力为经济社会发展。科技创新环境是提高科技创新能力的保障。科技创新环境包括政府对科技活动的支持,包括大学、科研院所、重点实验室、企业、社会科技推广等的研发平台,以及政策、法律制度、人文环境等,科学技术创新环境的良好构建,决定了在城市高质量发展中科技创新能力的潜力能否最大化,它将进一步影响城市发展潜力,为城市高质量发展提高提供科技资源运转、配置的保障。综上所述,科技创新投入、科技创新产出和科技创新环境三者之间相互促进,相互发展,动态循环上升的过程。其中,科技创新投入是前提,科技创新环境是保障,科技创新产出是核心。三者之间前后衔接,循环往复的共同作用形成科技创新系统。因此,要提高科技创新能力,需从整体层面协调各个流程,使环境—投入—产出有机衔接,促使更好发挥科技创新整体功能。

### 1)科技创新投入能力是基础

科技创新投入推动科技创新能力。创新人才投入、经费投入、科研活动人员的投入及政府科技政策的支持,都对城市高质量发展起着重要作用[220]。科技创新人力是最基本的力量,城市发展的科技活动的展开需要大量专业人才,特别是知识科技时代,学习、运用和转化这些知识,进行科技创新,解决城市高质量发展的各种问题,需要高素质的人才。人才是最有活力的,在面对困难和问题时,人可以发挥主观能动性,开发新技术来解决困难和问题。科技创新财力和机构投入是城市科技活动顺利开展的保障,在需要大量资金的情况下,有利于项目的研发和推广。有了良好的科研资金配置,就可以保证科研活动顺利开展。

### 2)科技创新产出能力和转化能力是不竭源泉

一个科技创新活动的成果体现为科技创新产出。城市高质量发展的强弱可以由科技创新水平的高低来支撑,科技创新产出是科技创新能力的直接体现,对产业结构的优化和社会发展可以通过科技创新来实现,科技创新也可以促进城市高质量发展[221]。科技创新提供不竭动力和无线可能性给城市转型发展,能促进城市从粗放型发展向集约型发展转变。科研成果是否可以真正促进城市高质量发展,这是由科技创新转化能力决定的,高校、科研机构和企业可以为科技传播、转化成果和评价转化结果提供广阔的平台,通过它们之间的交流、沟通和配合,促进城市高质量发展。通过科技创新转化能力将科研成果转化为实际生产力,与城市高质量发展水平的提高相匹配,不断提供动力,促进城市高质量发展。

### 3)科技创新环境是关键

城市科技创新环境包括政府对科技活动的支持,包括大学、科研院所、重点实验室、企业、社会科技推广研发平台,以及政策、法律制度、人文环境等,科学技术创新环境的良好构建,决定了在城市高质量发展中科技创新能力的潜力能否最大化,它将进一步影响城市发展潜力,为城市高质量发展提高提供科技资源运转、配置的保障[85]。

## 4.3 科技创新对城市高质量发展驱动机理

### 4.3.1 科技创新驱动城市高质量发展的作用机理

党的十八大以来,以习近平同志为核心的党中央高度重视科技创新,形成了从思想到战略到行动的完整体系。习近平主席多次强调,抓住了科技创新,就等于抓住了牵动经济社会发展的"牛鼻子",以科技创新驱动城市高质量发展,是落实创新发展理念,解决当前经济社会发展突出矛盾和问题的关键,对实现"两个一百年"的奋斗目标和实现中华民族伟大复兴的中国梦非常重要。高质量发展与高速增长有本质区别,即从追求速度到追求质量,从规模扩张到结构优化,从要素驱动到创新驱动。无论从哪个转向看,科技创新都是不可或缺的核心要素。

城市低质量发展是城市发展过程中出现的一个问题,科技创新是解决城市低质量发展的根本途径,是从技术层面解决城市高质量发展的有效手段。换言之,新常态下的城市发展需要从要素驱动向创新驱动转变。城市低质量发展是城市发展过程中出现的一个问题,科技创新是解决城市发展低质量发展的根本性途径,是从技术层面上解决城市高质量发展的有效手段。也就是说,新常态下的城市发展需要从要素驱动向创新驱动转变。科技创新能力提高城市高质量发展过程中确实具有较为明显的互动关联效果,科技创新能力对城市高质量发展的影响主要基于科技创新对城市高质量发展各要素的渗透效应。科技创新与城市发展之间有着密切的关系。一方面,创新驱动战略可以研发和采用绿色技术,节能减排,实现可持续发展,这是城市发展包容性发展的重要目标之一。此外,创新技术的应用可以有效提高经济运行效率,促进城市集约高效发展;另一方面,城市高质量发展为科技创新提供了必要人才支持,创造了良好的外部环境。因此,在新常态下实现现代化的必由之路推进科技创新与城市协调耦合发展。

创新经济学家和城市经济学家认为科技创新是城市高质量发展核心驱动力[222]。经济发展理论认为,在经济活动中,城市的高增长性和巨大市场估值主要来自科技创新,高增长、市场价值巨大的城市普遍具有较强的科技创新能力。这些城市的科技创新示范作用会促使其他城市模仿,从而在整个城市中掀起一股创新浪潮,形成促进城市高质量发展的良好效应。也就是说,一个城市的科技创新活动在很大程度上驱动一个城市的高质量发展。科技创新是引领我国经济发展的第一动力的发现,这一发现从科技创新角度给出了科技创新对经济高质量发展的影响,体现在科技创新通过改变经济产业结构,促使我国跨越"中等收入陷阱",为我国经济高质量发展注入新动能,科技创新可以是驱动我国经济实现高质量发展的关键。目前我国缺乏基础性原创,很多技术不是原创而是从国外引进的,如果科技创新不能支撑经济高质量发展,就会引发产能过剩而供给不足等问题。经济发展由数量增长转向质量增长的过程,需要借助科技创新作为推力,是必然选择。推动科技成果转化为生产力,不仅可以显著提高生产效率,还可以增进技术进步和技术效率,进一步提升全要素生产率,对经济生产活动的边界进行扩大。由此看来,科技创新通过改变经济结构,提高经济效率,推动经济高质量发展。创新技术的应用能够有效提高经济运行效率,推动城市集约高效发展[223]。科技创新可以通过促成城市群发展,形成高质量的经济发展极。为了节约经济成本和时间成本,一个城市更容易在社会资本的作用下,通过功勋关系或商业关系与其他城市建立联系,形成垂直的城市群。通过与其他城市共享市场,模仿其他城市的科技创新,利用共同的自然资源,形成横向城市群。大量城市圈的形成,可以为我国城市的高质量发展创造良好条件,促进高质量经济发展极的形成[79]。

　　科技创新可以提高城市的基本竞争力,保证城市的高质量发展。第一,技术创新促进了城市交通的便利和安全。科技创新通过不断的技术升级或者不断从外部引进新技术,不断壮大和优化城市航空、铁路、公路、水路等交通设施,为城市高质量发展提供有效的交通效率保障。第二,科技创新促进城市信息技术的发展。信息技术发展可以形成城市高质量发展形成强大动力,科技创新可以通过信息网络的不断完善,促进网络技术、通信技术、数字技术等齐头并进,从而深化城市高质量发展所需要的信息技术效应。第三,科技创新促进金融创新发展。城市高质量发展需要城市金融发展的支撑,城市金融发展的水平则受到金融创新的影响,而科技创新又能有效促进金融创新中的金融技术创新。所以,适当的科技创新必定能够促进城市金融创新,为城市高质量发展提供金融支撑。科学技术是人类实现社会高质量发展的基石,这一发现表明了科技创新对社会高质量发展的影响,体现在随着城市加速发展,人口不断增加、出现资源短缺、环境恶化、需求不断膨胀的情况,这时只有技术进步才能实现人类文明的美好前景。通过科技创新可以丰富产品多样性,促进产业多元化,从而刺激居民消费升级,提高人们的生活水准,满足人们对美好生活的追求,有助于共享经济快速发展成果和提高社会福利水平,使得人们获得更多的幸福感。通过科技创新,可以通过信息共享建立更加充分的市场经济运行机制,有利于城乡差距的缩小,实现城乡协调发展。科技创新促进公共基础设施和公共服务的智能化,完善的公共服务供给,可以促进人们共享经济增长成果,增强人们获得感,提高社会福利水平,进而影响人们生活水准,促进社会高质量发展,从而促进城市高质量发展。教育能有效促进人力资本和劳动力素质,进而增加其就业机会,影响生活水准的,从而促进社会高质量发展,进而提高城市高质量发展。由此可以看出,科技创新通过推动人们全面发展、提高公共服务水平、提高生活水准、提高基础设施建设水平和质量等对社会高质量发展产生带动作用。

科技创新可以推动生态环境高质量发展,这一发现表明了科技创新对生态环境的影响,体现在科技创新有助于促进产业结构升级,逐渐淘汰高能耗、高污染企业,不断涌现出新能源等科技创新成果,这造成产业结构中低能耗的绿色产业的占比不断上升,助推绿色产业蓬勃发展,进而能够改善生态环境质量,提高生态环境高质量发展,是城市可持续高质量发展的重要目标之一。后面董晓娟补充到通过科技创新可以提高资源利用效率、改善生态环境,推动生态环境高质量发展。由此可以看出,科技创新通过降低成本、提高废物利用率、提高资源利用效率、改善生态环境等对生态环境高质量发展产生带动作用。科技创新驱动城市高质量发展的作用模型如图4.4所示。

科技创新是促进城市高质量发展的内源驱动力,要把科技创新放在城市转型时期的核心地位,不断激发科技创新促进城市高质量发展的活力和潜能。一

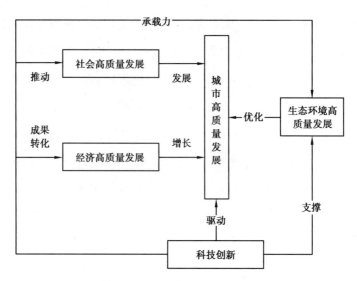

**图4.4 科技创新对城市高质量发展驱动作用示意图**

个城市要实现高质量发展与不断进步的科技创新是密切相关的,一个城市科技创新的进步意味着城市高质量内在综合实力的增强[224,225]。城市高质量发展走科技创新之路,依靠科技创新,可以改变以前粗放的、外延式的发展向科技先导型、集约型发展转变[6]。当前,城市发展存在诸多问题,直接与科技和管理水平的落后相联系。因此,城市的高质量发展必须把科技放在首位,以科技创新为基础,以科学管理为手段,加快城市的高质量发展步伐。科技创新有三种形式:知识创新、技术创新和服务创新。通过有效利用人力、财力和物力资源,加快生产方式的进步,提高产品质量,持续开发出新的服务,实现城市高质量发展。

鉴于未来的不确定性,城市的发展必须依靠科技创新[9]。通过科技创新优化产业结构升级,城市要素空间上的经济高效利用,促进通讯和信息技术发展,推进智慧城市的建设,推动提升文化、制度和社会公共管理水平,提高城市高质量发展水平。科技创新的巨大作用,对于国家的全面发展,对于我国城市发展都具有十分重要的意义。科技创新无疑是一种革命力量,是先进生产力和先进社会文化的关键因素。因此,提高科技创新能力是中国发展先进社会生产力和先进文化的必然要求。科技创新在今后为中国城市高质量发展提供不竭的动力之源。

科技创新已成为引领经济、社会高质量发展的主导力量,我国要走向经济、社会、生态环境的高质量发展,需要经济学界、社会学界共同努力的科研成就来推动。探讨中国经济、社会高质量发展,意味着经济、社会发展不是依靠单方面实现,需要各个方面共同努力、共同发展,其中最重要的是科学技术的发展,创新科研体制,着力解决重大环境问题。

**1)科技创新解决城市发展中的瓶颈问题,促进城市高质量发展**

如今,我国城市快速发展,虽然我们取得了相当可观的成绩,但也出现了交通拥堵、环境污染、资源浪费等城市问题,使城市发展进入了瓶颈期。科技创新可以解决这些难题。近几年来,不断提高的城市化率意味着有更多人进入城市,交通拥堵问题变得更加严重,甚至影响到了市民的正常出行。随着科学技术的不断创新,可以通过建立现代交通网络、新建地铁、磁悬浮列车等措施缓解交通拥堵;城镇居民人数的增加必然会对城市供电形势造成严重影响,但是现代的智能网络传输技术,可以对传统供电方式弊端予以解决,实现无障碍通电。从这些角度看,借助科技创新可以为解决这些问题、提升城市质量提供有效的途径。科技创新时代下的城市发展不仅体现在城市发展表面,更体现在城市发展质量方面,换句话说,科技创新可以推动城市向更多内涵、更深层次、更加人性化、更有品质的方向发展。

**2)科技创新有利于推动社会、经济、生态环境高质量发展**

目前,我们都认为科技创新需要从经济、社会、生态三个方面进行探讨。首先,完善的科技创新体系可以提高科技创新能力。除了科技创新外部条件会影响科技创新的发展,而内部知识创新才是科技创新主要动力。在一定区域内大量积累知识,促进科技升级,推动经济发展,进一步为科技创新创造良好的环境,并不断良性循环。生态效益也要被考虑进科技创新效益当中,比如一个企业,单位投入的生产要素创造出的效益比过去高,就会被认为是科技创新发挥了作用。但是,如果产生的高效益是建立在牺牲环境的基础上的,从可持续发展的角度看,认为不是科技创新的初衷,不能称之为是真正意义上的科技创新。总的来说,科技创新可以改善组织、企业、市场状态,提高经济、改善环境,提高创新主体的素质。

以人为本,以服务人民为宗旨是城市高质量发展的核心,其原则是提高居民生活质量,提高居民居住环境、实现产业结构转型、提高基础设施水平、完善社会福利制度等的转变,实现城乡统筹。科技的进步改变了城市产业结构和就业结构,第三产业在国内生产总值中的比重不断提高,从业人员也在迅速增加,科技也逐渐成为第三产业中的主导产业,今后社会经济的重要组成部分主要以科技服务业和知识生产、传播为主体的服务业为主。城市生存和发展主要依靠科学技术资源,科技人才、知识、信息和技术的支撑未来城市高质量发展。科技竞争是未来城市之间的竞争。

科技创新对现代化背景下的城市经济社会发展过程中的就业结构进行了优化,从事咨询服务、管理、教育和技术开发的工作人员数量占总就业人数的比重逐渐提高。在传统领域中,通过科技创新对传统产业的增长方式进行改善,也改善了发展环境,使促进城市发展的各个环节都具有科技属性,为社会经济高质量发展提供了更多的发展空间和提升路径。

高新技术产业是指以现代科技创新为载体,集聚高新技术产品的产业形态,提高科技服务水平。在传统产业中,个体的生产方式往往局限于单一的生产经营,人类社会生活许多领域和方方面面正在被科技创新迅速而深刻地改变着,这种改变对城市生活特别明显,主要体现在:第一,人们的生存能力通过科技创新得到了极大的提高。一般来说,劳动力、人力资源和管理要素对生产力发展产生影响,当下科技创新是除了上述影响因素以外,提高生产力的最重要因素。第二,人们的就业和工作当时正在被科技创新改变着。随着科技创新的快速发展,更多"先进"的新兴职业,新工作岗位被创造出来,改变着人们的职业观、工作行为方式等。

　　根据经济增长理论,科技创新对提高
能源和环境效率具有重要作用。通过技术
创新,改变现有技术和设备,改变传统能耗
工艺,提高能源利用效率,通过开发和推广
节能环保新技术,实现既定产出下的投入
最少化和既定投入下的产出最大化,提高

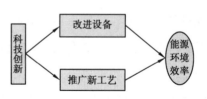

图 4.5　科技创新对能源环境
效率的作用机制

能源效率[224];能源的消费过程中,科研投入的多少决定着能源效率的高低,越
多研发投入意味着在能源利用的先进设备、技术和管理上投入的有效劳动就越
多,能源利用效率也就越高[226]。具体来说,科技创新主要通过(图4.5)改进和
完善生产技术和设备,采用新工艺影响能源环境效率。在部分改造中,有生产
技术和设备提升空间,可以有效提高能源和环境效益。

　　技术创新不仅可以改造传统技术,还可以采用新的生产工艺、开发新技术,
能源利用效率、生产利用效率得到提高。此外,还可以通过开发可再生的新能
源来代替传统化石能源,推广新工艺和新设备,淘汰掉高耗能、低产量的原始设
备,采用新的工艺流程和节能环保设备,实现最大产量和高效利用。另一种方
式则是通过高新技术改造传统产业,大力发展新兴产业,优化产业结构等方式
来间接影响能源消费和使用效率。随着节能环保技术的不断创新和新技术的
应用,新兴节能产业会逐步取代一些高耗能、生产技术落后的传统产业;受科技
的影响,一些劳动密集型的产业逐渐向技术、资本密集型产业转变,能源等资源
的使用也开始由粗放型向集约型转变。因此,技术创新水平的提高使新兴产业
不断壮大,产业结构也将不断优化升级。

　　基于此,科技创新对城市高质量发展具有广泛而深入的影响,是影响城市
高质量发展最直接的因素之一,也对创造新的城市形态具有积极作用。通常来
讲,同样资源和能源在科技进步后会产生更大的生产力和经济效益,资源、能源
和生态环境供给增加,导致城市空间资源价格下降,增加的社会资源供给,降低

城市空间资源利用成本,在投入不变的情况下,随着提高总量效应和经济效率,能够实现更高产出,更高集聚效应,将大大提高经济发展质量。保持其他因素不变的情况下,通过扩大规模来吸引更多厂商进入城市是现有工业企业采取的方式之一,这必将造成流入大量人口、资金,进一步导致城市聚集规模的扩大及城市规模效率的扩大。同时,技术的进步可以提高城市环境污染治理能力和资源循环利用能力,"三废"和噪声污染都会降低,生产企业、居民和生产企业之间的外部负效率也会随之降低,居民和生产企业之间的排斥性将会大大减少,造成各聚集体的均值下降[227],生态环境质量得到改善。

总之,科技创新对经济、社会、文化以及政治等方面产生全面而深刻的影响:科技创新是经济发展的主动力,可以提高经济发展效率;通过科技创新可以很好地维持和改善人们的生存环境,为社会高质量的可持续发展提供强有力的支撑;科学文化是知识经济时代精神文明的基石,是先进文化的发展方向;目前,从中国发展的大环境下可看出,今后国家综合竞争力的核心要素是科技创新实力,科技创新是国家间政策力量竞争的关键和基础,是决定一个国家国际地位的主要要素。

### 3)科技创新有利于促进大、中、小城市与小城镇共同进步

城市高质量发展注重多方面发展:各城市资源环境承载力,完善基本公共服务配套设施,合理调整城市规模,优化城市空间格局,形成合理有序的大中小城市空间格局。不同层次城市实现高质量发展需求可以借助科技创新得以实现,大城市可以通过科技创新提升生产方式,催生新型产业;中小城市可以通过科技创新加快人口、产业集聚,促进城市向数字化、信息化、智能化全面发展;小城镇可以通过科技创新承接产业创新,满足产业梯度转移需要。

### 4)科技创新有利于增强城乡生活幸福感

城市高质量发展不仅要改善进城居民的权益,提高居民的生活和福利水平也是必须要考虑和实现的。假设未来我国城市化率最终达到70%,这一数字背后意味着有近10亿人生活在城市,这种情况显然是不现实的。因此,我国目前

急需解决的问题是在各方面如何使农村人口与城市人口享受同等的待遇,如生活设施、教育、网络等方面。这些急需解决的问题可以通过科技创新来解决,在农村农业方面,科技可以改善农村环境、基础教育、基础设施和医疗卫生条件等,使城乡人口都能享受到同样的满足感、幸福感,提高人口城市发展质量。

通过上述的理论研究,可以从机理层面揭示经济—社会—生态环境—政策制度—科技创新系统—城乡统筹六大系统之间的相互关系,具体如图4.6所示。

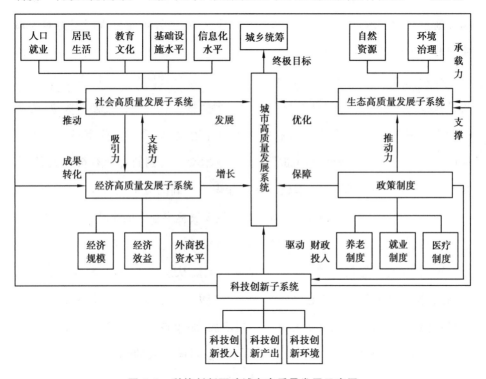

**图4.6　科技创新驱动城市高质量发展示意图**

我国城市的发展模式犹如质量互变规律,量变引起质变,质变推动量变。我国城市在取得高速发展、成绩卓越的同时,出现了一系列的城市病,要想突破发展瓶颈,满足产业结构转型的需求,实现从资源型向创新型城市的高质量发展就需改变传统发展模式,需依靠科技创新,用科技创新引领城市走向高质量发展。传统的城市发展模式带来了"量"的增长,如今需要"质"的提高,要想改变传统城市发展模式,实现"质"的提高,必须把科技创新融入城市发展建设,以科技创新引领城市高质量发展。我国城市高速发展成绩斐然,现如今城市进入"量"与"质"双提升的新阶段。城市进入量与质并重的新阶段,"质"的城市是从空间的城市向人的城市转变,是城市与数字化、科技创新的深度融合。

目前,科技创新对城市转型作用非常之大,创新驱动是破解我国城市转型的根本措施和持久动力。发挥科技创新在城市转型过程中引领作用,将其摆在核心位置,利用科技创新破解城市转型过程中遇到的难题,培养创新发展新动力。通过科学技术可以改变不先进的生产生活方式,还产生强大吸引力对人口集聚和资本要素流动。对企业来说科技创新也起到非常重要作用,企业可以借助科技做大做强,增强其市场竞争力,也会提高城市发展水平。以企业为主导,提升科技研发能力,实现"产学研"相结合,大力推广和应用科技创新成果,提高劳动生产率,促使企业在所在行业中占据领先地位,提升产业的市场竞争力和品牌影响力。社会经济转型的路径选择与技术知识的创新程度有很大关联,当技术创新达到一定程度,就会形成以技术知识为基础的城市发展模式,还会形成高附加值产业集群和工业园区,为城市高质量发展提供强大的驱动力和支撑力。

科技创新是影响城市高质量发展的最直接因素之一,对城市高质量发展的影响巨大,也是创造新的城市形态的活跃因素。从总体上来说,科技创新提高后,在相同资源能源情况下创造出更大的生产力和经济效率,能源、资源和生态环境供给的增加,引致社会资源供给得到增加,城市空间资源价格下降,最终引致城市空间资源利用成本降低。也就是说,在同样投入的情况下,有更高的产出,从而提高经济效益,相应地,经济发展质量也将得到提高。在其他因素不变情况下现有工业企业扩大规模,导致有更多厂商进入将带来大量人口和资金流入,从而导致城市集聚规模、规模效益扩大。

通过技术创新同时可以提高城市环境污染控制能力和资源循环利用能力,减少"三废"排放和噪声污染,降低生产企业、居民和生产企业之间的负外部效率,减少居民与制造业、制造业与制造业的排斥,导致各集聚区同质性下降,推动城市高质量发展。

从我国城市高质量发展的本质出发,通过对我国城市高质量发展问题的科学推演和归纳总结,不难揭示科技创新对城市高质量发展影响机理机理是"把科技创新作为内源驱动力,促进经济、社会和生态环境"质"的提升,最终推动城市高质量、可持续发展,实现城市由量变到质变,质变推动量变的转型升级"。

显然,许多影响因素只是我国城市高质量发展现状的具体表现,仅仅从现状表象出发改变当前科技创新视角下的城市高质量发展无法实现城市高质量发展,必须基于科技创新对城市高质量发展影响机理,采取有效措施彻底提高科技创新能力,从根本上化解我国城市高质量发展低的难题,真正实现城市的高质量可持续发展。只有在这个影响机理认识的基础上,从基本规律和本质上层层推理演绎,找出创新性的解决方案,以期突破性地提高我国城市高质量发展水平,推动我国城市发展进程,最终使我国城市高质量发展质量实现"质"的提升。

## 4.3.2  科技创新各维度对经济高质量发展的影响机理

各国学术界和管理界都已经达成共识,指出一个国家和地区实现现代化的手段是科技创新,越来越多的国家或地区着眼于从长远推进城市发展步伐,即突破传统重"量"的外延式扩张,强化重"质"的内涵式增长。目前,我国人均资源有限、城乡发展差距加大、出现很多城市病等问题,这些意味着我们不能再继续走高消耗、城乡分割、缺乏特色、重复单一的城市发展模式,需从"要素驱动、投资驱动"向"创新驱动"转变,借助科技创新对效率、质量的推动来实现城市高质量发展。

熊彼特[228]把科技创新作为经济增长的重要驱动因素,借助科技创新可以优化产业结构,促进产业结构升级,有效利用资源,保护环境,推动城市高质量、可持续发展。已有研究和管理实践证明,科技创新是实现城市高质量发展的关键因素,科技创新可以有效加快产业升级,加快产业集约化和规模化,为城市高质量发展提供经济基础。一个地区拥有大量高质量的知识产权,就意味着它具有较强的市场竞争力,可以增强该地区产品的国际竞争力和这个地区所在城市的综合实力。在保证正常就业水平和经济增长速度基础上,着力培养创新能力,已成为后发国家城市发展和转型的主要动力。本书则从经济、社会和生态环境的广泛领域说明科技创新在城市高质量发展中的作用。

城市经济学和产业经济学认为高质量的经济发展是社会产业、经济结构、价值观念、生活方式转变的过程,也是提高科技创新要素效率的过程[228]。由于产业结构变化造成的经济快速增长是经济发展的主要动力。产业为经济高质量发展提供物质基础,也是城市组织的基本形式,产业结构是城市经济结构的核心构造。科技创新对于城市高质量发展的推动作用主要表现在经济发展的产业方面,即科技创新推动了第二、第三产业进一步向城市集聚。调整和优化产业结构,改造传统产业,培育发展资源节约型、环境友好型的新兴产业,发展新型服务业是优化城市经济发展结构的必由之路,加快实现经济高质量发展。因此,本书以产业结构为逻辑起点,分析科技创新对经济高质量发展的作用。科技创新驱动经济高质量发展的作用模型如图4.7所示。

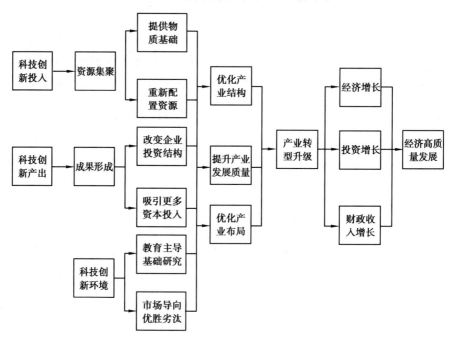

图4.7 科技创新驱动经济高质量发展的作用模型

第一，科技创新投入不仅为研发、人力资本等产业结构提供物质保障，而且通过优化科技创新资源配置环境，为产业集聚提供可持续动力。一方面，高新技术企业、研发资金、研发项目等科技创新投入的资源集聚和溢出效应，将吸引一些相关企业和服务配套机构，或直接推动新企业带动产业集聚发展。在产业集群中，知识溢出将扩散到整个产业链，使产业集群中的所有产业相互推动、相互促进，不断提高技术要求，从而提高产业集群的整体技术水平，创造巨大的竞争优势。另一方面，在市场引导下，合理配置新老工业部门之间科技创新资源的动态流动，带动了相关产业和企业的成长壮大。在一定程度上，它加快了传统产业的转型升级，促进了新兴产业的发展，使城市的产业结构越来越合理和先进，从而成为城市经济快速增长和产业结构不断优化的关键。

第二，科技创新产出影响着企业投资结构，带动企业向高新技术企业集聚。从长远来看，企业长期目标是追求高额利润，企业在新产品形成和价值实现过程中，获得超额利润。企业一方面可以利用超额利润扩大生产规模，从企业生产的角度看，随着科技创新成果的形成和价值的实现，企业的生产规模被改变，从而影响企业的投资结构，促使企业开发新产品[229]。旧的生产工艺可以通过产品创新和工艺创新得到优化，降低生产成本，提高劳动生产率，获得更多的超额利润。在获得更多超额利润后，企业扩大生产规模，改变投资结构，形成生产良性循环。另一方面，由于科技创新的不断扩散和商业化，将吸引大量的外商投资该商品，导致商品生产企业规模和数量的扩大，形成产业集聚。因此，科技创新的产出不仅可以使企业通过新产品改变投资结构，而且降低生产成本，可以提高劳动生产率，改变旧有投资结构，促进企业向高回报的高新技术产业集聚，借助科技创新产出的实现，优化产业结构，实现经济高质量发展。

第三，着力加强政府投资和规范市场竞争，进一步优化科技创新环境，促进升级产业结构。一方面，真正的市场需求是科技创新的原动力，具备完善的市场环境是进行科技创新活动的前提，在激烈的市场竞争压力下，为了满足市场需求，需开拓出新市场，这种以获取盈利为目的的科技创新活动更加及时有效。

建立一个优良的市场环境是建立良好创新环境的前提,形成一个优胜劣汰市场机制,让市场成为科技创新的裁判员。以市场为导向,保持创新活动足够的灵活性,充分把握好开放和封闭之间的平衡,实现科技创新系统的耦合协调进化,与众多参与方一起共享科技创新的收益。另一方面,高等教育的主要职责是进行基础教育,通过政府对教育和财政科研经费进行加大投入,充分发挥政府资金引导和激励全社会科研投入,对市场主体研发积极性进行一个有效的激发[230]。

### 4.3.3 科技创新各维度对社会高质量发展的影响机理

社会高质量发展是人口数量、人口质量、城市规模和数量不断增加的过程,而不断扩大的城市规模、不断增加的城市数量依赖于完善的城市基础设施(交通、能源、信息、医疗等基础设施)。具备完善的城市基础设施不仅是城市高质量可持续发展的骨架,也是城市发展的物质技术条件。科技创新可以通过改造和完善城市基础设施的技术基础、提高人的生活质量,加快社会高质量发展的步伐。科技创新驱动基础设施发展的作用模型见图4.8。科技创新促进人口高质量发展的作用模型见图4.9。

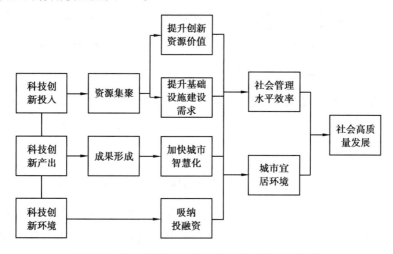

图4.8 科技创新驱动基础设施发展的作用模型

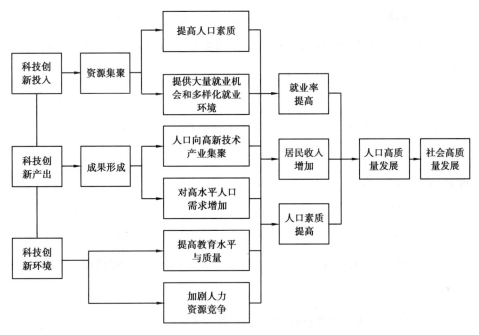

**图 4.9  科技创新驱动人口高质量发展的作用模型**

第一,科技创新投入导致的资源集聚对城市基础设施建设提出了更高的要求。科技创新投入是一个人力资本、高新技术企业等科技创新资源在空间范围内持续集聚的过程,从而引致科技创新资源的集聚。科技创新资源的集聚,促进了同一城市中不同部门间科技创新要素在的重新配置,促进了不同城市之间的空间转移。这种要素重新分配和空间转移在很大程度上只能建立在良好的城市基础设施建设上。因此,科技创新投入所引起的科技创新资源集聚,将加快基础设施和平台建设,使得它们将向更高水平发展。很大一部分劳动力将从第一产业向第二、三产业转移,并向更高水平转移。同时,扩大的人力资本规模,集聚大量高水平的人力资源,有利于基础设施建设,提高其效率,加快城市高质量发展的进程。空间上科技创新资源的集聚也带来了土地资源及其土地价值的变化。在城市发展过程中,更多的土地倾向于培育和建设具有高附加值的开发区和工业园区,这在一定程度上也促进了孵化器、产学研合作平台等城市平台的发展,围绕着产业集群和园区发展,城市范围也逐步扩大。从这个角度看,科技创新发展为城市基础设施建设、城市交通便利和城市通信设施平台建设等提出了更高要求,科技创新也成为城市向高质量发展、实现产业转移的现实支撑[85]。

科技创新投入带动科技创新资源高度集聚,可以吸引大批高素质人才向城市聚集。随着科技创新资源在空间上集聚积累和技术、知识等科技创新资源溢出效应的影响,一些人通过学校教育自身素质不断得到强化,同时借助城市内部、城市之间的人员流动和交流,促使就业结构和人口结构实现升级,从而促使人口素质的提高。此外,城市内以高新技术企业为代表的科技创新资源的集聚需要大量的人力资源,可以提供大量就业机会和多样化的就业环境给不同行业、不同领域的人们,导致有更多的农村劳动力转移到城市,促使城市人口数量增加和人口结构得到优化。

第二,科技创新产出可以推动城市智慧化建设的步伐。形成的科技创新成果可以提高城市基础设施和服务的智能化水平。城市基础设施是一种以物质形态为特征的城市基础体系,是指城市可利用的各种基础设施及质量,包括交通、能源、通信、电力和住房设施体系,形成大数据信息技术,云计算和物联网作为主要形式,进一步强化城市的综合竞争力,在突破通信技术和商业化的基础上,优化了城市资源的配置和利用效率,日益利用城市发展过程中的社会需要,改善人居环境,从而提高质量,推动城市发展[12]。随着科技创新产出的形成,先进的现代交通、通信等技术广泛应用到城市基础设施和环境建设,实现优化城市基础设施,如交通、医疗等,充分发挥教育和公共服务功能,制定解决方案,优化布局,提高城市运行效率,加快实现城市高质量发展。

科技创新产生的收入效应刺激人口向更高层次、层高水平转移。随着城市产业结构的升级,结合高新技术和制造业形成的高新技术产业越来越多,决定了人才素质和水平的提高。人口在空间上集聚引致人口高质量发展,但是,在实现科技创新成果价值过程中带来的经济效益的推动下,促使城市人口向更高层次、更高水平产业转移,实现人口从农村向城市转移。推进科技创新对人口特别是对人力资本提出了更高要求,它有助于吸纳人口,并将吸纳的人口转移到高科技产业或城市发展的关键产业和技术领域[200]。同时,人口集聚也促进了人口知识和教育水平的变化,越来越多的人试图提高知识和教育水平,在很大程度上,密集型产业的转移已经成为城市发展过程中人口和劳动力提高的主要原因。

第三,科技创新环境通过吸纳投融资促进社会高质量发展。加快推进社会高质量发展的物质保证是要有完善的基础设施建设,城市基础设施建设是实现国家准入和经济、社会、环境效益的重要条件。一方面,人口偏向于向具有良好创新创业环境的城市迁移,引致城市人口结构得到优化激发城市居民改善城市基础设施建设的需求。另一方面,良好的城市市场环境、科技教育环境可以降低投资风险和交易成本,从而最大化投资收益。因此,优化科技创新环境将为城市交通、通信、医疗等基础设施带来更多资金,提供保障,这也给投资者更多话语权和投资运营空间,让他们可以更深入地参与到社会高质量发展中。此外,在保证政府投资基础上,充分发挥市场机制作用,吸引民间资本参与经营性项目的建设和运营,对提高城市基础设施的管理和运营效率有重要作用。

科技创新环境通过提高教育和人力资源的竞争力,促进人口高质量发展。科技创新环境在促进人口高质量发展方面具有重要作用,如促进人口迁移、提高人口教育水平和能力、优化人口结构等。伴随着城市产业结构升级,由于高新技术和制造业相结合形成的高新技术产业对人才的素质和水平产生决定性作用。很多城市还把人口高素质作为提高竞争优势的重要途径。很多城市想要通过培训劳动力技能和素质来提高人力资本的水平。对此,政府一方面要加大投入教育,促进城市人口知识水平和教育水平的变化。城市人口通过提高教育水平向知识和技术密集型产业转移,这成为城市发展中提高人口和劳动力素质的主要动力,从而提高城市整体教育就业水平[231]。教育对经济增长的作用主要是通过人力资本对经济增长体现的,人力资本类型和教育结构随着产业结构调整和由此引发的经济增长方式转变有了更多的要求,只有当教育和人力资本供给结构、数量与产业结构相适应时,人力资本才能在经济增长中发挥有效作用。由于科技的进步,各种知识被越来越迅速、普遍、低成本地生产出来。科技的发展、教育的改革,教育规模和范围的扩大,教育水平的实质性提升对地方经济发展的促进具有重要意义。另一方面,通过优化城市市场环境,促进企业间竞争。在全球知识经济时代,人力资源竞争是企业间相互竞争一个重要因素,这将不断促使城市内企业在全球范围内获取人才进行科技创新,从而促进优化城市人口结构。

综上所述,科技创新对促进社会高质量发展具有重要作用。首先,科技创新带来经济快速发展和积累了很多物质财富,能够满足人们生存和发展需要。物质生产是最基本的社会活动,物质生产为人们的衣、食、住、行等提供物质生活资料,物质生产的发展是以科学技术发展为基础的,只有具备先进的科学技术水平,才能生产出丰富的物质生产力,满足人们物质生活需要。二是科技创新带来先进的生产方式,使人们从繁重的体力劳动中解放出来,使人们可以从事艺术、科学等活动,从而促进人的全面发展,提高生活质量。

### 4.3.4 科技创新各维度对生态环境高质量发展的影响机理

人是自然劳动和社会劳动长期演化的产物。人是自然的一部分,自然是人的有机体,人与自然相互依存,相互制约。人不仅可以通过自己的劳动拥有自然,而且可以通过劳动使自然由人控制,即人改造自然,自然反过来制约人。如果人类违背自然规律,就会遭到大自然对人类的报复,出现生态问题。随着科学技术的发展、工业的进步和人口的增长,工业废弃物的随意排放和不当处理将造成环境污染和生态破坏。然而,通过科技创新,人类可以合理利用废弃物,节约资源,变废为宝,实现经济的可持续发展。依托绿色科技创新,培育创新型产业,有利于提高能源资源利用效率,减少排放和污染,实现城市经济协调可持续发展。

在人类历史发展的早期,人们在原始社会的由于认识、技术水平较低,只能依靠自然生存,而只能依靠石器等技术工具,不会破坏自然。在农业社会,由于经验、知识增长及手工技术发展,人类在遵循自然规律、改造自然基础上,在农业耕作和驯养动物的过程中,破坏了自然环境。在现代资本主义社会,人们不断索取和大力掠夺自然。在以机器技术为主导的生产方式下,主要目标是实现经济快速发展。科技进步和科技创新成果成为了创造资本的生产力,成为了掠夺和开发自然的武器,导致土地肥力下降,破坏山林,出现河流、空气污染等生态问题。在经济利益的驱使下,科技进步导致了生态环境问题,然而,科技创新对于认识自然、解决生态问题具有重要作用。科技创新驱动生态环境高质量发展的作用模型如图 4.10 所示。

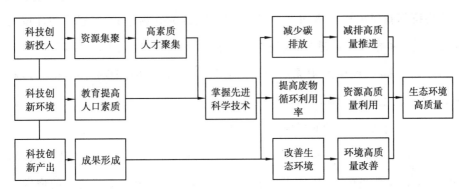

**图 4.10 科技创新驱动生态环境高质量发展的作用模型**

第一,科技创新投入引致高素质人才集聚,高水平的劳动者可以较快、较好地掌握先进科学技术,合理高效地开发利用和更好地保护自然资源。随着机器质量的提高,以前不能使用的物质变成了可以用于生产的物质,减少废物的产生。所使用机器和工具的质量可以决定在生产过程中究竟有多大一部分原料变为废料。例如,通过改进机器,把无用的废丝变成了多种纺织品;研磨谷物技术的进步也促进了面粉产量增加。改进后的工具和机器可以提高利用率,节约自然资源,减少废弃物与生产废弃物对生态环境的污染。

第二,科技创新产出可以减少废物的产生,提高废物的回收利用率。造成环境污染的废物分为生产和消费两类。环境污染的废物会随着生产力和人口的快速增长增加。但是,通过科技创新,可以减少这些废物的产生,提高这些废物的回收率,从而减少环境污染。随着科技的进步,人们发现以前废物中还存在一些物质可以利用,加以利用这些物质可以减少浪费,实现循环利用。每种材料都有不同的性质,同一材料可以产生不同的用途。科学发展和技术进步可以使人们发现更多的物质和更多的物质属性,一方面,已经开发出更多可用的材料,另一方面,以前的废弃物有用性质被发现,可以回收利用,促使废弃物进入社会生产领域。例如,人们发现废弃的煤焦油被用作燃料,甚至可以被转化为药物。这样的例子比比皆是,说明科技的进步可以促进废物的有效利用,减少浪费,节约资源,保护环境。

科技创新产出可以增加生产资料的使用,减少废物排放,减轻生态环境的压力。随着科学技术的进步,人类生产技术得到提高。工艺进步改变了原材料生产方式和方法,使生产中无法利用的各种废物在新的生产工艺中得到再利用,废物成为生产中的原材料。

第三,科技创新环境的现代教育可以创造知识资源,转移知识资源,提高人力资源素质,提高环境保护意识。一些发展中国家表现出经济发展比较缓慢,生态却受到了严重破坏,环境也出现日益恶化的情况,出现上述情况的原因主要是人口数量多且人口质量较低。没有受过良好教育、技术水平较低的低质量人口还未能意识到保护环境的重要性,严重缺乏保护环境的知识和能力,不能合理有效地利用自然资源。这就必然会对社会经济的发展造成一定影响,对科学进步和各项事业的发展也会造成一定的影响,进而就会影响到城市高质量发展。

综上所述,科技创新在解决生态危机中具有重要作用,但是不能认为只要依靠科技创新,就能彻底解决生态问题,实现人与自然的真正"和解"是彻底解决生态的问题的主要途径。

# 4.4 本章小结

本章运用系统论从理论层面分析了科技创新对城市高质量发展的影响机理。首先分析了城市高质量发展系统与科技创新系统内部构成要素相互作用机理,然后分析了科技创新对城市高质量发展的影响机理。城市高质量发展系统由经济、社会和生态环境等具有相互作用要素构成的复杂系统,科技创新是一个由科技创新投入、科技创新产出和科技创新环境等相关要素构成的复杂系统。城市高质量发展系统和科技创新系统都是一个动态过程,各构成要素很难独立运行,因此从科技创新三个维度分析了对城市高质量发展三个维度的影响。

# 5  科技创新对城市高质量发展的
影响机理实证

第 3 章分析了科技创新、城市高质量发展的现状及存在问题,也证实了科技创新与城市高质量发展两者之间的关联,第 4 章在第 3 章基础上理论研究了科技创新对城市高质量发展的影响机理。在第 3 章和第 4 章基础上,本章通过统计年鉴、问卷调查,构建 SEM 模型,定量分析影响因素和影响机理,用数据实证检验科技创新水平及各要素对城市高质量发展的作用方式和作用效应,完成了科技创新对城市高质量发展的作用机理路径,与本书第 4 章理论基础相呼应,为相关政策建议的提出奠定基础。

## 5.1  结构方程模型(SEM)的基本原理

### 5.1.1  结构方程模型简介

结构方程模型[232](Structural Equation Modeling,简称 SEM)是一种重要的统计方法,在经济学、心理学和社会学等领域广受青睐,是整合路径分析与因素分析的统计分析方法,不仅融合了传统统计分析中同时处理多变量的因素分析方法,同时也将回归技术引入线性模型。最早结构方程模型出现在 1969 年 Bock和 Barg 论文中,Joreskog 等人[232]讨论了建立模型的可能性,在后面的研究中,通过联立方程、路径分析和验证性因子进行分析,建立比较完整的结构方程模型。分析模型中显性变量、潜在变量、干扰或误差项之间的关系可以借助结构方程模型得以实现,最终得到自变量对于因变量的直接影响、间接影响或者是总影响效果。结构方程模型的基本程序(图5.1)。

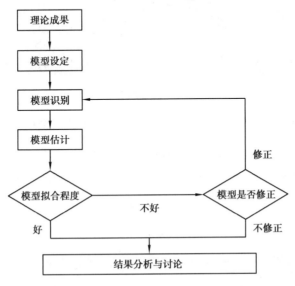

**图5.1　结构方程模型的基本程序**[232]

测量模型和结构模型是一个完整的结构方程模型必须具备的。测量模型也由两个部分组成:观察变量和潜变量。其中,观察变量是在量表或观测获得特定指标值的基础上反映潜在变量的变量;相反,潜变量因为具有抽象性,常常不能直接测量和观测,因此观测变量是潜在变量的指标变量。当观察变量解释潜变量时,往往都会存在误差,这个解释的差异量被称为误差。测量变量从数学定义上被视为一组观测变量的线性函数。图5.2所示,一般用长方形或方形表示观测变量,用椭圆或圆形表示潜在变量。在建立具体模型时,至少需要两个观测变量来解释测量变量,并假定潜在变量与误差之间是没有关系的。结构模型是一种可以用来反映变量之间因果关系的模型,潜在变量有外因潜在变量和内因潜在变量两种体现形式,当外因潜在变量对内因潜在变量影响时,常常会受其他因素的影响,这些其他因素称为结构模型中的残差项。

①测量模型常常被用来描述潜在变量和观测变量之间关系,如图5.2所示。

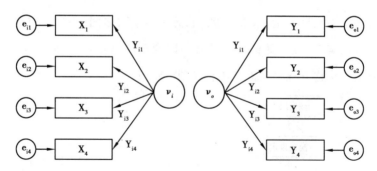

**图** 5.2 **测量模型**[232]

内生变量和观测变量之间因果关系通常可以借助测量模型来描述,对外生变量和观测变量之间关系进行描述通过两个方程式(公式(5.1)、(5.2)所示)进行解释,如下所示:

$$x = \gamma_i \nu_i + e_i \tag{5.1}$$

$$y = \gamma_o \nu_o + e_o \tag{5.2}$$

式中的外生观测变量向量用 $x$ 表示,内生观测变量向量用 $y$ 表示。内生潜在变量用 $\nu_i$ 表示,外生潜在变量用表示,外生观测变量与外生潜在变量之间的关系用 $\gamma_i$ 代表,内生潜在变量与内生观测变量之间的关系用 $\gamma_o$ 表示,$e_i$ 是 $x$ 的误差项,$e_o$ 是 $y$ 的误差项。

②结构模型被用来对潜在变量之间的关系进行描述。结构方程模型中变量按照路径分析划分角度,可以分为内生变量和外生变量。内生变量在路径途中是那些以单箭头指向的变量,在一个模型中并且至少存在一个潜在变量;外生变量是指在模型中不受其他变量影响的变量,它只影响其他变量,在路径图中,是指以单箭头指向其他变量,但是没有其他变量指向其自身的变量。

结构方程为:

$$\eta = B\eta + \Gamma\xi + \zeta \tag{5.3}$$

式中,内生变量之间的关系用 $B$ 表示;外生变量对内生变量的作用矩阵用 $\Gamma$ 表示;结构方程的残差项用 $\zeta$ 表示,是方程中无法被解释的部分。

③题目打包法(也译为题目组合法或题目小组法)是将同一量表的两个或

多个题目打包成一个新指标,这两个或多个题目必须是属于同一尺度,两个或者三个指标的总分或均值作为新指标的分数进行分析[233],是解决此类问题的一种有效方法[234]。打包法的流程如图5.3所示。

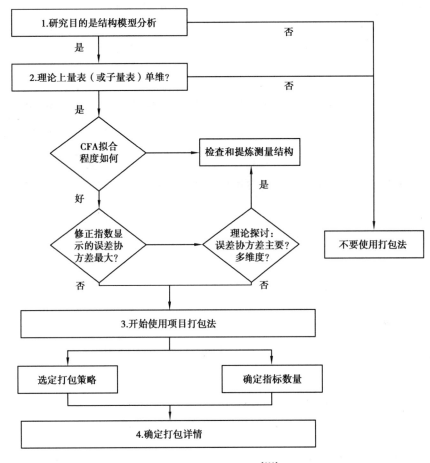

图5.3　打包流程图[235]

目前,很多打包方法,哪个打包法更好? 基于文献综述找出了6种打包策略:因子法也称"项目—结构平衡法"(item-to-construct balance)、相关法(correlation algorithm)、对称法(radial algorithm)、随机法(random algorithm)、独特信息法也称先验问卷结构法(a priori questionnaire construction)和误差相关法(correlated uniqueness approach)。这六种不同打包法各有各的优缺点,见表5.1。

表 5.1　各打包方法优缺点

| 打包方法 | 优缺点 |
| --- | --- |
| correlation algorithm[236] | 需要很多步骤才能完成。 |
| radial algorithm[237] | 组与组之间的差异被加大了 |
| random algorithm[236] | 打包后各指标有相似的共同度和误差方差。 |
| a priori questionnaire construction[238] | 根据题目内容打包的方式 |

在单维的情况下，就具体的打包法而言，所有策略都不会引起参数估计偏倚问题；所有打包策略在参数估计上都是相似的；因子法是相比之下模型拟合最好的方法，而模型拟合效果最差的是相关法。对称法在进行参数估计和模型拟合方面没有明显优势，分析起来比较复杂，一不小心很容易出错，不建议使用。因此，本书使用因子法。

## 5.1.2　结构方程模型特征

### 1）结构方程模型的特征

与传统统计分析方法相比，SEM 模型在分析多变量复杂关系方面具有更多优势，可以同时处理多个变量，并将测量与分析结合起来，SEM 还能够处理变量之间复杂的系统关系。结构方程模型的特征如下：

①SEM 模型中引入了潜变量的概念。在建立模型时，许多变量不能像以前研究中那样只从概念上解释，不能根据它的内涵对它进行具体量化，在结构方程模型中，称这样的变量为潜变量，如城市高质量发展水平以及科技创新水平等。这些指标不能直接量化，但是有必要通过测量变量估计不能量化的潜在变量。传统计算方法模型中不能引入潜变量，但是在结构方程中可以克服这一缺点，在观测变量的基础上引入潜变量。

②SEM 模型允许自变量出现误差。在进行研究时，不理想的环境会限制研究对象的发展，在实际研究中，模型中的自变量和因变量可能会出现一定测量误差，但在具体的操作过程中，往往主观上假设自变量不存在测量上的误差，从

而导致研究结果与实际情况发生偏差。结构方程模型却能克服这一缺点,可以使建立的模型中同时存在自变量和因变量误差,并且可以以残差项来解释其余未能被反映的内容。

③SEM 模型可以同时处理多个因变量。据以往研究可知,传统统计方法系统中多个因变量都是具有一定操作性的,这些传统统计方法有相关性分析、回归分析、时间序列分析等方法,但是在具体操作时需要逐一估计每一个因变量的模型系数。因子分析法中每个因子被看作是不同独立变量,分析方法也是一样的,但在具体评估时因子之间相关性被忽略。但结构方程的不同之处在于将模型视为一个完整的整体,所有路径可以同时进行估计,整体评价整个模型。

④SEM 模型可用于检验整个研究系统的拟合度。传统模型和结构方程在估计路径分析时有不同优缺点,前者只能对单一假设因果模型准确性和可靠性进行检验,但后者具有自己特有的优越性,它不仅可以分别估计各个观测模型,而且可以将系统作为一个整体来检验拟合程度。

2)项目打包法的特征

①经过打包法重新计算的数据,数据质量变好,进一步模型的拟合程度提高了;

②打包法计算过程中偏差不大,可以校正;

③估计稳定、可靠,但敏感性与可证伪性也被降低了。

总的来说,打包法的优点包括:提高共同度和建模效率[239],提高指标信度和模型的拟合度,减少随机误差和非正态现象使估计更稳定,更容易收敛。因此,本书采用项目打包法对本书进行分析研究。

## 5.1.3 结构方程对研究的适用性

传统统计分析方法的局限性在结构方程模型被克服了,可以同时进行因子分析和路径分析。在实际应用中,对变量之间的因果关系可以借助线性方程来描述,多变量之间的作用机制通过路径图来解释,是一种处理多原因、多结果的多元数据分析工具。

本书旨在从科技创新的视角,提出提高城市高质量发展对策建议。通过文献研究和实际应用过程发现,城市高质量发展受到经济、科技、社会、生态环境等多方面的影响,这些都无法通过直接测量获得数据,是影响城市高质量发展的潜变量。要对它们进行定量研究,只能通过可以直接观测到的观测变量反映这些抽象潜在变量,建立起潜变量和观测变量之间关系。另外,鉴于城市高质量发展影响因素理论模型的科学性及合理性、观测变量对潜在变量的表达程度、潜在变量间的关系等都难以观测,需要借助一些统计研究方法。

本书采用结构方程模型解析我国城市高质量发展子系统结构,科技创新水平对城市高质量发展系统之间的相互联系和作用路径通过结构方程模型路径关系来描述。

如果研究者有兴趣了解潜在变量之间的关系,打包法是很有用的。本书主要研究潜变量之间关系,此种情况打包法最适合。打包法可以消除方法效应、反应偏差等方法差的影响,这些效应最小化的情况下,可以准确揭示结构之间的关系,更容易实现研究者目标。其他适合使用打包法的情况还有:现有数据属于非正态分布,测量特征不理想;结构方程模型假设被违背,如误差之间相关性;小样本数据分析,模型复杂和共同度低的数据分析。

总之,本书的主要目的是不是对量表结构进行分析,而是分析变量之间的关系,在确定没有其他重要变量,特别是在数据质量不高的情况下,使用打包法可以避免很多建模问题。

## 5.2 科技创新对城市高质量发展的影响机理模型构建

### 5.2.1 模型构建理论框架

经济高质量发展(High Quality Economic Development)、社会高质量发展

（High Quality Social Development）、生态环境的高质量发展（High Quality Development of Ecological Environment）和科技创新（Technological Innovation）（以下简称 ESET 复合系统）作为城市高质量发展的重要组成部分，是一个独立的、紧密联系的四个子系统，四个子系统之间相互作用、相互影响，在一定程度上反映了城市发展的协调性和可持续性。绘制出科技创新对城市高质量发展的主要路径如图 5.4 所示。

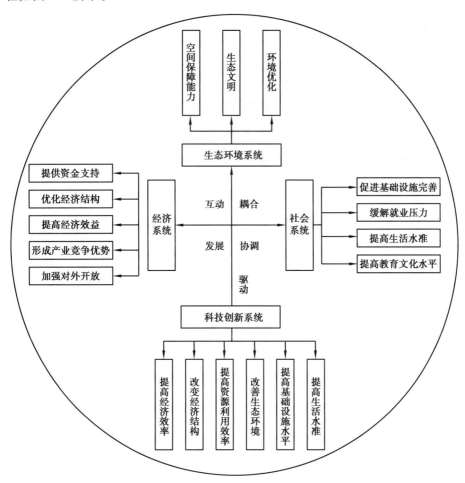

**图 5.4　科技创新对城市高质量发展影响机理理论框架**

经济高质量发展、社会高质量发展、生态环境高质量发展和科技创新是四个既相互独立又紧密联系的不同系统，它们相互作用、相互影响，形成一个耦合、协调的 ESET 复合系统。经济高质量系统被认为是提升城市高质量发展的基础和原动力,它主要通过产业集聚和产业结构优化,为各系统发展提供资金支持;社会高质量发展系统提高基础设施水平、提高人民生活水准、提高基础设施水平,为其他系统提供社会保障;生态环境高质量发展是城市高质量发展的前提条件,为其他系统提供环境容量;科技创新是其他系统高质量发展的强大动力和内源驱动力。可见,经济高质量发展、社会高质量发展、生态环境高质量发展和科技创新 4 个系统相互作用、相互联系,每个系统在实现自身发展目标的同时,促进其他相关产业共同发展。

科技创新时代下,社会经济发展步入一种新的运行形态,科技创新促进城市高质量发展有直接驱动和间接渗透两种方式。其中,直接促进和倍增区域经济增长是直接驱动作用的体现,促进各种资源进一步积累,直接促进产业结构改变,提高生产力,提供更丰富资源给城市高质量发展,为城市发展提供新的动力输出。间接渗透效应主要体现在后工业时代的生产生活方式被渗透和改变。为了分析科技创新对城市高质量发展的作用效应和作用方式,本书提出了ESET 的复合系统理论框架。

经济、社会和环境的高质量发展是城市进程中的主导者,为城市的高质量发展提供基础的要素支撑。当经济、社会和生态环境的高质量发展推动城市高质量发展时,将促使资源进一步向城市聚集,加速城市变革和城市经济的快速增长,而城市高质量发展水平提高,将通过科技基础设施和信息发展,进一步促进科技创新增长,科技创新能力提高,将进一步反哺经济、社会和生态环境高质量发展。

随着科技时代的到来,科技对城市高质量发展的推动力,包括科学技术的应用、科技产业规模的扩大、科技资源的共享、科技产业的衍生等,一方面基于渗透效应通过影响经济、社会和生态环境间接促进城市高质量发展;一方面则通过衍生新生产方式、劳工分工、管理模式及要素流动方式直接提高城市高质量发展水平。

科技创新直接推动城市高质量发展的路径有:改造传统生产组织结构、衍生出新型生产方式和影响人员、物资、能量等其他生产要素流动方式和流动方向。科技创新蕴含的巨大价值主要包括两方面:科技创新衍生和发展科技相关产业,产生很多新产业,传统产业就会被新出现的产业所取代,很多新的就业形势和就业岗位被创造出来;另一方面,科技创新会加速推动政治、经济和文化的发展,加速从工业社会向科技社会转变,加快传统经济被改造升级,将传统经济逐步转变为技术密集型的知识经济,为城市经济、社会高质量发展打下坚实基础。

科技创新通过渗透效应影响城市高质量发展。科学技术、科技资源通过广泛渗透经济、社会、生态环境和政治等领域,如通过对体制的有效引导创新,提升行政服务水平,加速发展第二、三产业促使它们升级产业结构,通过技术创新引导社会整体劳动生产率、工作效率和学习效率得到提升,间接促进城市高质量发展。

经济、社会和生态环境高质量发展提供了物质基础和社会环境为科技创新能力的提高,通过科技需求和科技应用两个层面催化了科技创新能力的提高。经济、社会和生态环境的高质量发展增加了对科技资源的需求,提升科学技术的应用宽度和深度,充分发挥规模效应,加快科技化城市建设的速度。从应用层面来讲,经济、社会、生态环境的高质量发展推进科技创新能力水平的提高,如提升教育水平有利于增强科学技术的应用能力,提高收入可以促使科技服务消费水平得到快速提升,政府补贴可以使科学技术的应用范畴得到有效推广等。

## 5.2.2 模型设定

### 1)模型假设

综合第 4 章影响机理理论研究和 5.2.1 模型理论框架,很显然,科技创新对于城市高质量的发展具有一定的促进作用。因此,基于以上理论依据,为了进一步分析科技创新对城市高质量发展的影响,以及科技创新各维度对于城市高质量发展各维度的影响,结合前述 ESET 复合系统中各系统互动机制的理论研究,以已有理论研究成果与相关资料为基础,在文献和理论研究的基础上,结合 ESET 复合系统中各系统互动机制的理论研究,针对前述所构建的科技创新对城市高质量发展机理框架模型,提出以下研究假设:

H1:经济高质量发展与城市高质量发展呈正相关关系。以往有很多研究支持这一假设。张波[6]指出经济是影响城市发展主要因素的发现,这一发现给出了经济与城市高质量、可持续发展的影响,体现在:第一,经济发展水平高低从某一方面可以反映出一个城市财政收支情况,经济发展水平高低也会影响到财政收入和支出。这些方面都有力地影响着城市在生产和公共能力的扩大。第二,经济发展也会为治理环境污染提供资金支持。第三,经济发展水平在一定程度上反映人们收入水平的提高和环保意识增强,更加追求绿色生活,提高生活质量,从而促进城市高质量发展;经济发展水平在一定程度上反映了居民的购买力,购买力在一定程度上反映居民生活水平,从而促进城市高质量发展。后面钟彦琛[240]李文明[197]从两个方面给予了补充:一方面,经济发展水平中的二三产业就业人数占总就业人数比重高,说明二三产业很好地承担了吸纳劳动力任务,通过科技创新对产业结构优化,可以对转移剩余劳动力起到良好的推动作用。另一方面,固定资产投资能对社会再生产起到有效带动作用,推动城市高质量发展。加快产业结构优化升级、提升经济密度、加大投资力度和对外开放程度能提升城市高质量发展水平。由此可以看出,经济发展可以从提高财政收支、提高治理环境污染资金、提高居民环保意识等多个方面对城市高质量发展产生带动作用。

H2:社会高质量发展与城市高质量发展呈正相关关系。以往有很多研究支持这一假设。钟彦琛[240]指出人民生活保障、文化教育、科技进步等因素也对城市高质量发展起到积极正面效应的发现,这个发现给出了各因素对城市发展的影响,体现在接受过良好教育的人能更熟练掌握科学技术,更能对自然资源进行合理开发和保护,也能更好有效的利用环境和保护环境,从而促进城市发展,进一步促进经济、社会、生态环境和科技创新的协调可持续发展,从而实现城市高质量发展。后来 Wang[241] 补充到文化素质的提高可以有效提高劳动生产率,进而提高人们的生活质量,进一步促进社会高质量发展,从而引起城市高质量发展。曹萍[230] 从基础设施和信息化水平的角度做了补充,指出基础设施水平和信息化水平对实现城乡统筹、消除城乡差距,公平分配财富这一城市可持续发展目标起到非常重要的作用。为人们提供无害环境的城市基础设施,尤其是向城市贫民提供基础设施,是一种实现高质量可持续发展的投资,会促使生活质量得到改善、生产力得以提高、有益人们的健康长寿,同时可以减少医疗和济贫方面的投资,进而促进城市高质量发展,最终实现城市高质量发展。由此看来,文化、教育、生活水平等多方面对城市高质量发展产生带动作用。

H3:生态环境高质量发展与城市高质量发展呈正相关关系。以往有很多研究支持这一假设。钟彦琰[240] 指出生态环境高质量发展是实现城市高质量发展的影响因素之一的发现,这一发现给出生态环境是人们生存发展的重要表现,也是城市向高质量发展的最终目标。后来李峥补充到,生态环境是城市高质量发展不可忽视的一方面,而且生态环境的改善有利于促进高质量的城市发展。而且,居住环境舒适度高,人们幸福感和满意度较高,实现社会高质量发展。经济、社会高质量发展就会促进城市高质量发展。由此可以看出生态环境在为城市高质量发展提供良好的发展环境方面产生带动作用。

H4:科技创新投入与经济高质量发展呈正相关关系。对于这一假设有相关文献支撑。白雪飞[242] 薛超[243] 指出科技创新投入产生的集聚效应会促进经济增长的发现,这个发现给出了科技创新投入对经济增长的影响,体现在科技创新的投入会产生创新集聚效应,会带动产业集群发展,促进经济发展。庞瑞芝[229] 补充到创新资源在市场导向下,在新旧部门之间动态合理流动,引致资金流动,带动产业、企业发展壮大,这种创新资源的配置加速了旧有产业的改造升级,推动了新型产业的发展,使得现有产业结构趋于合理化、高级化,进一步促进城市经济增长。由此可知,科技创新投入引致的创新集聚对经济高质量发展产生推动作用。

H5:科技创新产出与经济高质量发展呈正相关关系。对于这一假设有相关文献支撑。金碚[244]指出科技创新产出产生的创新成果能够促进经济增长的发现,这一发现从科技创新成果的角度给出了创新成果对经济发展的影响,企业可以从创新产品的形成及其新产品价值实现过程中获得超额利润,然后扩大规模,随之企业的规模和该行业所占的市场份额不断地改变,从而影响企业的投资结构,进而影响经济发展质量。由此可知,科技创新产出可以通过改变企业投资结构和吸引更多资本投入对城市经济高质量发展产生带动作用。

H6:科技创新环境的优化与经济高质量发展呈正相关关系。对于这一假设有相关文献支撑。金碚[244]指出政府主导的基础研究有利于重大产业变革的技术创新。由此可知,科技创新环境通过市场导向优胜劣汰、政府主导的基础研究对经济高质量发展产生带动作用。

H7:科技创新投入与社会高质量发展呈正相关关系。对于这一假设有相关文献支撑。刘永千[245]薛超[243]指出创新资源集聚对城市基础设施建设提出了更高要求的发现,这一发现从科技创新投入的角度揭示了投入水平对社会高质量发展的影响,体现在科技创新投入引发创新资源集聚,创新资源集聚就相应的促进了在同一城市间创新要素的重新配置和在不同城市间创新要素的空间转移,这种资源配置和资源空间转移就依赖于城市基础设施建设。因此,他们指出创新资源集聚有利于推动了城市基础设施的建设。钟彦琰[240]补充到技术创新资源的集聚效应就导致基础设施建设速度加快和高级化,促使大量劳动力向城市转移,这就造成人力资本的快速扩张,从而加速城市发展。由此看来,科技创新投入导致的创新资源集聚可以通过影响基础设施建设和人力资本扩张对社会高质量发展产生带动作用。

H8:科技创新产出与社会高质量发展呈正相关关系。对于这一假设有相关文献支撑。金碚[244]指出科技创新成果可以提高人口素质的发现,这一发现给出了创新成果实现对居民生活水准的影响,体现在高新技术产业的出现需要大量高素质的人才,众多企业把拥有高素质人才作为竞争的重要途径,这促使高素质人口向城市转移,形成集聚效应,再者人口集聚也促进了人口知识水平、教育程度的提高。由此可以看出,科技创新产出通过引导人口向高技术产业集聚、提高人口素质、推进城市智慧化等方面对社会高质量发展产生带动作用。

H9:科技创新环境的优化与社会高质量发展呈正相关关系。对于这一假设有相关文献支撑。赵玉红[246]指出科技创新环境可以通过提升教育和人力资源竞争水平驱动人口质量的发现,这个发现给出了科技创新环境对人口质量的影响,体现在高新技术产业需要高素质、高水平的人才,政府需要加大人口教育投入提升人口的知识水平、教育水平,使得更多的人能进入高新技术产业。由此可见,科技创新环境通过提升教育水平与质量、加剧人才竞争、基础设施建设吸引投融资等方面对社会高质量发展产生带动作用。

H10:科技创新投入与生态环境高质量发展呈正相关关系。对于这一假设有相关文献支撑。吴晓云[247]指出保证科技所必需的物质资源投入,才能有相应的科技成果产出,并且具备了将成果迅速转化为生产力的能力,也能说明一个国家的科技创新能力,科技创新能力提高会提高资源利用效率等,从而推动生态环境高质量发展。赵清军认为生态环境高质量发展对科技创新能力有依赖性,科技创新投入对城市科技创新能力有促进作用。由此可见,科技创新投入能力对生态环境高质量发展产生带动作用。

H11:科技创新产出与生态环境高质量发展呈正相关关系。对于这一假设有相关文献支撑。陈国宏[188]认为科技创新产出能力强意味着有丰硕、先进、杰出的科技成果,这些科技成果有可能就会变成为经济、社会和生态环境做出贡献的物质和精神产品。李宗璋[248]指出依靠绿色科技创新,通过培育创新型新兴产业,有利于提高能源、提高资源有效利用率,保护生态环境。由此可以看出,科技创新产出通过减少碳排放、提高废物循环利用率、改善生态环境等方面对生态环境高质量发展产生带动作用。

H12:科技创新环境的优化与生态环境高质量发展呈正相关关系。对于这一假设有相关文献支撑。科技创新环境通过提升科技创新能力对生态环境高质量发展产生带动作用。

H13:科技创新投入能力与科技创新产出能力呈正相关关系。对于这一假设有支撑文献。徐珊珊[249]指出科技创新投入是科技活动顺利进行的保障这一发现,这个发现给出了科技创新投入对科技创新产出的影响,项目在有大量资金的情况下进行研究、开发和推广,资金配置良好,可以更好地开展科研活动,只有首先保障科技创新所必需的物质资源投入,才能有相应的科技创新产出。钟彦琰[240]洪兴银也通过实证发现人才是推动城市发展的最直接动力和根本,提高人们的知识素养,培养高技术人才可以从根本上推动城市发展。由此可以看出,科技创新投入通过人力、物力、财力投入对科技创新产出产生带动作用。

H14:科技创新环境与科技创新产出能力呈正相关关系。对于这一假设有相关文献支撑。刘洪久[250]指出良好的科技创新环境对促进科技创新产出非常有利这一发现,这个发现给出了科技创新环境对科技创新产出的影响。钟彦琰[240]补充到高校聚集地区的专利数高于其他地区,认为科技进步和创新是增强一个国家或地区综合实力的主要途径和方式,在经济社会发展扮演着不可或缺的角色,很大程度上反映了城市高质量发展的潜力。由此可以看出,科技创新环境对科技创新产出能力产生带动作用。

2)模型初设

基于上述先验性假设,本书绘制出科技创新对城市高质量发展影响机理的概念模型,如图 5.5 所示。本书将经济高质量发展、社会高质量发展、生态环境高质量发展和科技创新视为潜在变量,建立了四个系统之间的关系(图 5.4)。值得注意的是,从理论上讲,下述模型是合理的,但并不是本书分析中最终模型,根据图 5.5,需要使用软件 AMOS 21.0 对模型进行估计,根据估计结果调整相关变量或变量间相互关系,找到最优模型。ESET 系统是一个动态的、不断演化的系统,是以经济、科技、社会和生态环境为基础,不断协调,整合和配置各种资源的过程。

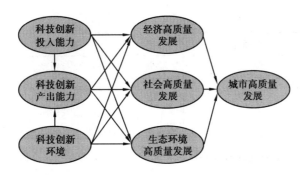

**图 5.5 科技创新对城市高质量发展影响机理的概念模型**

基于相关文献研究、问卷调查和专家访谈,本书将科技创新与城市高质量发展的影响因素进行汇总,完整的指标结果呈现如表 5.2 所示。

**表 5.2 指标选择**

| 潜变量名称 | 选择层面 | 具体指标 |
|---|---|---|
| 科技创新水平 | 科技创新投入水平 /TRNL | 研发人员投入(万人)/$X_{11}$ |
| | | R&D 人员全时当量(万人年)/$X_{12}$ |
| | | 研发机构数量(个)/$X_{13}$ |
| | | R&D 经费投入强度(%)/$X_{14}$ |
| | | 投入资金的合理配置/$X_{15}$ |
| | | 高新技术企业家数(家)/$X_{16}$ |
| | | 民营科技型企业家(家)/$X_{17}$ |
| | 科技创新产出水平 /CCNL | 高被引论文数(篇)/$X_{21}$ |
| | | 专利申请受理数(件)/$X_{22}$ |
| | | 专利授权数(件)/$X_{23}$ |
| | | 科技活动课题数(项)/$X_{24}$ |
| | | 技术市场成交额(万元)/$X_{25}$ |
| | | 高技术产业产值(万元)/$X_{26}$ |
| | | 技术市场成交合同数(项)/$X_{27}$ |
| | | 高技术产业主营业务收入 GDP/$X_{28}$ |
| | | 每百家企业商标拥有量指数/$X_{29}$ |
| | | 研发经费费效比/$X_{290}$ |
| | | 产学研合作专利数(件)/$X_{291}$ |

续表

| 潜变量名称 | 选择层面 | 具体指标 |
|---|---|---|
| 科技创新水平 | 科技创新环境/CXHJ | 高等学校毕业生数与适龄人口比重(人)/$X_{31}$ |
| | | 市场化指数/$X_{32}$ |
| | | 每万人拥有公共图书馆量(个)/$X_{33}$ |
| | | 财政性教育经费占全社会研发经费比重(%)/$X_{34}$ |
| | | 创新创业政策支持情况/$X_{35}$ |
| | | 双一流高校数量(所)/$X_{36}$ |
| | | 产学研合作企业数(家)/$X_{37}$ |
| | | 增值税在地方财政收入中的比重%/$X_{38}$ |
| | | 地方财政科技支出占地方财政支出比重%/$X_{39}$ |
| 城市高质量发展水平 | 经济高质量发展水平/JJFZ | 城市财政支出 万元/$Y_{11}$ |
| | | 人均GDP(万元/人)/$Y_{12}$ |
| | | 人均财政收入(万元/人)/$Y_{13}$ |
| | | 单位建成面积实现GDP(万元/$m^2$)/%/$Y_{14}$ |
| | | 单位建成面积吸纳城市人口数(万人/$m^2$)/$Y_{15}$ |
| | | 单位GDP主要资源消耗量($m^3$/万元)/$Y_{16}$ |
| | | 全要素生产率/$Y_{17}$ |
| | | 第三产业增加值占GDP比重(%)/$Y_{18}$ |
| | | 第三产业从业人员比重(%)/$Y_{19}$ |
| | | 外商直接投资额GDP(%)/$Y_{190}$ |
| | 社会高质量发展水平/SHFZ | 社会保障与就业支出占财政支出比重(%)/$Y_{21}$ |
| | | 城市单位就业人员平均工资(元)/$Y_{22}$ |
| | | 医疗与卫生支出占财政支出的比重(%)/$Y_{23}$ |
| | | 人均住房使用面积($m^2$/人)/$Y_{24}$ |
| | | 城市登记失业率(%)/$Y_{25}$ |
| | | 第三产业就业水平(%)/$Y_{26}$ |
| | | 自助网络平台缴费医疗满意度/$Y_{27}$ |
| | | 文化体育与传媒支出占财政支出的比重(%)/$Y_{28}$ |
| | | 人均教育经费投入(万元/人)/$Y_{29}$ |
| | | 获得网络教育资源满意度/$Y_{290}$ |

续表

| 潜变量名称 | 选择层面 | 具体指标 |
|---|---|---|
| 城市高质量<br>发展水平 | 社会高质量发展水平<br>/SHFZ | 人均城市道路面积（m²/人）/$Y_{291}$ |
| | | 人均固定资产投资（万元）/$Y_{292}$ |
| | | 每百户移动电话数（台/百户）/$Y_{293}$ |
| | | 每百户计算机数（台/百户）/$Y_{294}$ |
| | | 公共场所 WIFI 满意度/$Y_{295}$ |
| | 生态环境高质量发展<br>水平/STHJ | 建成区绿化覆盖率（%）/$Y_{31}$ |
| | | 每万人绿地面积（公顷/万人）/$Y_{32}$ |
| | | 居民对生态环境满意度评价/$Y_{33}$ |
| | | 城市生活垃圾无害化处理率（%）/$Y_{34}$ |
| | | 环境污染治理投资与国内生产总值之比（%）/$Y_{35}$ |
| | 城市高质量发展水平<br>/CSFZ | 城镇人口比重（%）/$Y_{41}$ |
| | | 建成区面积（km²）/$Y_{42}$ |
| | | 工业总产值（亿元）/$Y_{43}$ |

# 5.3　模型假设检验

## 5.3.1　数据收集检验

### 1）数据的来源与说明

根据数据的可获得性和模型对多数据的要求,通过 2006—2020 年《中国统计年鉴》《中国科技统计年鉴》《中国科学院公布数据》等统计资料获取数据。城镇居民可支配收入、城市建成区面积、全社会固定产资产总投资、移动电话普及率。可以直接由《中国科技统计年鉴》中获取的数据为研发人员投入、研发机构、R&D 经费、发表论文数、专利申请数、专利授权数、技术市场成交合同额、技术市场成交额、高技术产业产值等可以直接从《中国统计年鉴》中获取。此外，还有一部分数据是通过计算间接获得的，如第三产业产值占 GDP 比重、城乡固定资产投资比、第三产业就业人员占就业人员比重等。

在数据的选择上，本书采用数据来自《中国统计年鉴》《中国城市建设统计年鉴》《中国能源统计年鉴》《中国环境年鉴》《中国能源统计年鉴》《中国农村统计年鉴》《中国科技统计年鉴》《中国财政年鉴》《中国高技术产业统计年鉴》《中国工业经济统计年鉴》《中国城市统计年鉴》《中国知识产权综合发展状况评价报告》《新中国五十年统计资料汇编》《中国区域科技创新能力检测报告》和《中国区域经济统计年鉴》部分省、直辖市、地级市及县级市的地方《统计年鉴》、地区统计公报和部分网络数据等，根据数据的可得性，最终确定了 61 个指标，如表 5.2 所示。

### 2) 数据插值处理

本书选取的数据共有 15 年，时间段为 2005—2019 年，但由于数据总量过低，未能满足本书需要，本书建立 SEM 模型如果仅仅利用这些数据，然后对模型拟合结果进行分析时是远远不能满足本书要求。SEM 模型是一个可以处理多个自变量和因变量关系的统计分析工具，越复杂的模型，在简化模型时就越可能忽略潜在变量。此时，就会存在越大的概率误差，导致出现可信度不理想的测度结果。以往相关研究发现，使用协方差结构方程模型时，至少有 100 ~ 150 个样本被试[251]，所以需要完善和补充数据。本书从统计年鉴中获得了一些数据，以一年为时间节点进行记录是统计数据的特点，一些缺失数据需要用插值法进行补全，最终得到 864 个样本，提供了足够的数据训练样本为建立结构方程模型，得到了科技创新水平指标体系和城市质量水平指标体系中所有的指标值。

本书在进行研究过程中采用插值法的方式对数据进行处理，但经过这种方式补充的数据模拟出结果将存在不可避免的缺陷，结果准确性和预测性不高，提高数据质量方式有哪些，通过提高数据质量来提高模型质量成为研究中不可忽视的问题。

### 3）数据的标准化处理

本书中部分数据来自历年的统计年鉴,因此不同的数据之间必然会存在单位、正负差异,无法直接进行数据间的比较,所以在模型构建之前必须对数据进行标准化处理,因为只有将它们转换成相同的标准才能进行比较,常用的标准化的方法是 z-score 标准化法、离差法和 Decimal scaling。标准化就是把数据处理为平均值为 0,标准差为 1,服从标准正态分布的数据,本书采用离差法对数据进行标准化处理,该方法的实质是对原始数据利用线性变换进行处理,使数据之间的原本关系得到保留。根据公式(3.3)、(3.4)可以得出科技创新水平指标和城市质量水平指标标准化矩阵。

### 4）指标之间的相关性检验

建立模型的第一步是检验指标数据的相关性,检验评价指标体系的合理性,进而判断结构方程模型是否可以构建[252]。本书通过运用 SPSS 25.0 对科技创新水平和城市高质量发展水平的各个观察变量及潜在变量 Person 相关系数进行了检验。由于各评价指标的单位和数量级都不同,所以,本书采用第三章中标准化之后的数据进行分析,并从结果中剔除显著性强、显著性弱的数据,从而确定调整后的指标数据合格,满足结构方程和分析的基本要求。

### 5）信度和效度检验

#### (1)信度检验

信度分析即所谓的可靠性分析,是由李·克隆巴赫在 1951 年提出来的,计算原理是分析 SPSS 25.025.0 软件对同一组数据进行多次测量,然后观察每次的计算结果是否一致的一种方法。目前最常用的信度检验的计算方法是 *Cronbach's Alaph* 信度系数(克隆巴赫系数),计算公式为:

$$\alpha = \frac{k}{k-1}\left[1 - \frac{\sum\limits_{i=1}^{k} S_i^2}{S_x^2}\right] \tag{5.4}$$

式中,$k$ 为总数量,$i$ 为观测数,$S_i$ 为第 $i$ 个得分的方差,$S_x$ 为总得分的方差。

本书采用计算 *Cronbach's Alaph* 信度系数作为检验数据的可信度。一般学术界认为要证明数据具有一定的可信度,就采用 *Cronbach's Alaph* 系数高于 0.7 为标准进行判断,只要符合条件就说明数据具有一定的可信度,具体判断标准见表 5.3。本书在对科技创新水平和城市高质量发展水平指标数据进行信度检验时借助 SPSS 25.0 软件,计算结果见表 5.4。

表 5.3　*Cronbach's Alaph* 判断依据

| 0.5 以下 | 0.5~0.7 | 0.7~0.9 | 0.9 以上 |
|---|---|---|---|
| 低信度 | 中等信度 | 高信度 | 信度非常好 |

科技创新水平整体的 *Cronbach's Alaph* 值为 0.978,其中科技创新投入水平的 *Cronbach's Alaph* 值为 0.941,科技创新产出水平为 0.879,科技创新环境为 0.966,都高于 0.7,所以说明指标数据可靠度高,具有高信度,检验通过。城市高质量发展水平整体 *Cronbach's Alaph* 值为 0.953,说明信度非常良好,指标数据比较可靠,符合要求。

表 5.4　评价指标体系的信度检验结果

| 因子 | *Cronbach's Alaph* | 总体 α 值 | 因子 | *Cronbach's Alaph* | 总体 α 值 |
|---|---|---|---|---|---|
| 科技创新投入水平 | .941 | | 经济高质量发展水平 | .931 | |
| 科技创新产出水平 | .879 | .978 | 社会高质量发展水平 | .988 | .953 |
| 科技创新环境 | .966 | | 生态环境高质量发展水平 | .927 | |
| 城市高质量发展水平 | .966 | | | | |

### (2)效度检验

效度检验就是常说的有效性检验,就是检验数据有效性。本书进行效度检验也是借助 SPSS 25.0 软件,即借助软件进行 KMO、Bartlett 球形检验。如果 KMO 值大于 0.7,Sig≤0.05,满足这两个条件就意味着可以对样本数据进行探索性因子分析。其次,借助 SPSS 25.0 进行主成分分析,假如提取出的主成分特征值大于 1 的个数与要素层指标一致,就说明效度较高。

①科技创新水平指标效度检验

对样本数据进行 KMO 和 Bartlett 球形检验是进行效度检验的前提条件,通过计算结果如表 5.5 所示,KMO 值为 0.798(大于 0.7),显著性概率 Sig 为 0.000(小于 0.05),这充分说明指标间相关性较高,下面可以对这些数据进行探索性因子分析。

表 5.5　科技创新水平 KMO 和巴特利特检验

| KMO 取样适用性量数 | | .798 |
|---|---|---|
| 巴特利特球形度检验 | 近似卡方 | 969.070 |
| | 自由度 | 91 |
| | 显著性 | .000 |

表 5.6 所示的探索性因子分析结果显示,科技创新水平的前三个成分的特征值分别为 9.931、1.991、1.224,都大于 1,并且成分的累计方差和贡献率达到了 87.113,大于 85%,这结果说明与科技创新指标体系的划分是一致的,科技创新水平可以通过这些确定指标体系进行解释,该指标体系效度比较高。

表 5.6　科技创新水平总方差解释表

| 成分 | 初始特征值 | | | 提取载荷平方和 | | |
|---|---|---|---|---|---|---|
| | 总计 | 方差百分比 | 累积 % | 总计 | 方差百分比 | 累积 % |
| 1 | 9.931 | 66.210 | 66.210 | 9.931 | 66.210 | 66.210 |
| 2 | 1.911 | 12.742 | 78.952 | 1.911 | 12.742 | 78.952 |
| 3 | 1.224 | 8.160 | 87.113 | 1.224 | 8.160 | 87.113 |
| 4 | .890 | 5.935 | 93.048 | | | |

续表

| 成分 | 初始特征值 | | | 提取载荷平方和 | | |
|------|------|------|------|------|------|------|
| | 总计 | 方差百分比 | 累积 % | 总计 | 方差百分比 | 累积 % |
| 5 | .379 | 2.525 | 95.573 | | | |
| 6 | .329 | 2.191 | 97.764 | | | |
| 7 | .129 | .859 | 98.623 | | | |
| 8 | .077 | .514 | 99.137 | | | |
| 9 | .047 | .315 | 99.452 | | | |
| 10 | .030 | .199 | 99.651 | | | |
| ...... | | | | | | |
| 提取方法:主成分分析法。 | | | | | | |

②城市高质量发展水平指标效度检验

重复上述检验步骤,利用 SPSS 25.0 结果如表 5.7 所示,KMO 值为 0.806（大于 0.7）,显著性概率 Sig 为 0.000（小于 0.05）,说明指标间相关性较高,且说明可以对这些数据进行探索性因子分析。

表 5.7 城市高质量发展水平指标的 KMO 和巴特利特检验

| KMO 取样适用性量数 | | .806 |
|------|------|------|
| 巴特利特球形度检验 | 近似卡方 | 989.19 |
| | 自由度 | 582 |
| | 显著性 | .000 |

表 5.8 所列是探索性因子分析结果,从表中可见前三个成分的特征值分别为 11.931、1.611、1.524,三者均大于 1,并且成分的累计方差和贡献率为 92.113,大于 85%,这说明城市高质量发展水平可以通过这些指标体系进行解释,说明与城市高质量发展水平指标体系划分是一致的,指标体系效度比较高。

表 5.8　城市高质量发展水平总方差解释表

| 成分 | 初始特征值 | | | 提取载荷平方和 | | |
|---|---|---|---|---|---|---|
| | 总计 | 方差百分比 | 累积 % | 总计 | 方差百分比 | 累积 % |
| 1 | 11.931 | 83.210 | 83.210 | 11.931 | 83.210 | 83.210 |
| 2 | 1.611 | 5.742 | 88.952 | 1.611 | 12.742 | 88.952 |
| 3 | 1.524 | 4.160 | 92.113 | 1.524 | 8.160 | 92.113 |
| 4 | .870 | 5.935 | 93.048 | | | |
| 5 | .479 | 2.525 | 95.573 | | | |
| 6 | .319 | 2.191 | 97.764 | | | |
| 7 | .116 | .859 | 98.623 | | | |
| 8 | .068 | .514 | 99.137 | | | |
| 9 | .045 | .315 | 99.452 | | | |
| 10 | .032 | .199 | 99.651 | | | |
| …… | | | | | | |
| 提取方法:主成分分析法。 | | | | | | |

## 5.3.2　模型结果检验

### 1）原始全模型分析

基于前面介绍的建模分析和模型假设,本书采用 AMOS 21.0,构建科技创新对城市高质量发展影响机理的路径分析图。如图 5.6 所示,本书中测量模型只设定反映型模型一种形态,模型中不存在回路,所有潜变量和观测变量关系均被设定为反映型关系,变量之间因果关系用单箭头表示。下面将依据所构建的路径分析图进行模型假设检验。

### (1)验证性因子分析

科技创新水平。根据以上结果,可以看出效度检验已经通过,以下仅对科技创新水平和城市高质量发展水平模型进行验证性因子分析。在前人相关研

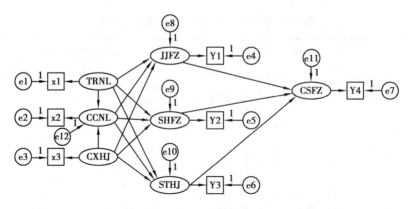

**图 5.6　科技创新对城市高质量发展影响机理路径分析图**

究的基础上,选择合格标准主要是总结前人的研究成果,选取具有代表性的依据有:卡方检验值与自由度的比值 CMIN/DF,比较拟合指数 CFI、递增拟合指数 IFI、规范拟合指数 NFI、近似误差均方根 RMSEA、残差均方根 RMR。

科技创新水平指标体系下设 3 个要素层,每一个要素看成是一个潜变量,潜变量下的所有指标看成是观测变量,然后对其进行验证性因子分析。结果见表 5.9。

**表 5.9　科技创新水平一阶验证性因素分析**

| 构面 | 题目 | 参数显著性估计 | | | | 因素负荷量 | 题目信度 | 组成信度 | 收敛效度 |
|---|---|---|---|---|---|---|---|---|---|
| | | Unstd. | S. E. | t-value | P | Std. | SMC | CR | AVE |
| TRNL | X11 | 1.000 | | | | .762 | .581 | .900 | .769 |
| | X12 | 1.085 | .054 | 19.993 | ＊＊＊ | .914 | .835 | | |
| | X15 | 1.234 | .092 | 13.371 | ＊＊＊ | .846 | .716 | | |
| | X16 | 1.117 | .125 | 8.995 | ＊＊＊ | .798 | .636 | | |
| CCNL | X22 | 1.000 | | | | .632 | .399 | .827 | .496 |
| | X23 | 1.283 | .091 | 14.115 | ＊＊＊ | .926 | .857 | | |
| | X24 | .818 | .076 | 11.831 | ＊＊＊ | .667 | .445 | | |
| | X25 | .789 | .068 | 10.678 | ＊＊＊ | .639 | .408 | | |
| | X290 | .708 | .064 | 10.213 | ＊＊＊ | .608 | .370 | | |

续表

| 构面 | 题目 | 参数显著性估计 | | | | 因素负荷量 | 题目信度 | 组成信度 | 收敛效度 |
|------|------|------|------|------|------|------|------|------|------|
| | | Unstd. | S. E. | t-value | P | Std. | SMC | CR | AVE |
| CXHJ | X31 | 1.000 | | | | .825 | .681 | .824 | .542 |
| | X34 | 1.875 | .055 | 15.888 | ＊＊＊ | .782 | .612 | | |
| | X35 | 1.712 | .082 | 11.766 | ＊＊＊ | .691 | .477 | | |
| | | 1.117 | .125 | 8.995 | ＊＊＊ | .632 | .399 | | |
| 判断标准 | | | | | | >.6 | >.36 | >.7 | >.5 |

城市高质量发展水平。城市高质量发展水平指标体系下设 3 个要素层,每个要素层被当成是一个潜变量,潜变量下所有指标看成观测变量,然后对其进行验证性因子分析。结果见表 5.10。

表 5.10　城市高质量发展水平一阶验证性因素分析

| 构面 | 题目 | 参数显著性估计 | | | | 因素负荷量 | 题目信度 | 组成信度 | 收敛效度 |
|------|------|------|------|------|------|------|------|------|------|
| | | Unstd. | S. E. | t-value | P | Std. | SMC | CR | AVE |
| JJFZ | Y11 | 1.000 | | | | .927 | .86 | .889 | .728 |
| | Y16 | 1.907 | .049 | 18.402 | ＊＊＊ | .869 | .755 | | |
| | Y17 | .834 | .053 | 15.334 | ＊＊＊ | .749 | .561 | | |
| SHFZ | Y24 | 1.000 | | | | .724 | .524 | .853 | .457 |
| | Y25 | .987 | .089 | 11.136 | ＊＊＊ | .661 | .437 | | |
| | Y28 | 1.241 | .095 | 13.021 | ＊＊＊ | .813 | .661 | | |
| | Y29 | 1.134 | .094 | 12.103 | ＊＊＊ | .727 | .529 | | |
| | Y290 | 1.052 | .098 | 10.739 | ＊＊＊ | .661 | .437 | | |
| | X291 | .879 | .079 | 11.189 | ＊＊＊ | .538 | .289 | | |
| | Y295 | .879 | .082 | 10.696 | ＊＊＊ | .567 | .321 | | |
| STHJ | Y31 | 1.000 | | | | .694 | .482 | .806 | .582 |
| | Y33 | .834 | .054 | 15.334 | ＊＊＊ | .752 | .566 | | |
| | Y34 | 1.254 | .095 | 13.021 | ＊＊＊ | .835 | .697 | | |

续表

| 构面 | 题目 | 参数显著性估计 | | | | 因素负荷量 | 题目信度 | 组成信度 | 收敛效度 |
|------|------|------|------|------|------|------|------|------|------|
| | | Unstd. | S. E. | t-value | P | Std. | SMC | CR | AVE |
| CSFZ | Y41 | 1.000 | | | | .803 | .645 | | |
| | Y42 | .99 | .078 | 12.686 | ＊＊＊ | .798 | .637 | .810 | .587 |
| | Y43 | .969 | .086 | 11.245 | ＊＊＊ | .693 | .480 | | |
| 判断标准 | | | | | | >.6 | >.36 | >.7 | >.5 |

### （2）项目打包法

经上述计算,本书适合项目打包法。通过 SPSS 25.0 计算得出表 5.11。

表 5.11　因素负荷量与测量误差

| Variable | $\alpha$ | $1-\alpha$ | Variance | $\Lambda=\sqrt{Var(x)\,\alpha}$ | $Error=\sqrt{Var(x)\,(1-\alpha)}$ |
|------|------|------|------|------|------|
| JJFZ | .820 | .180 | 1.039 | .923 | .187 |
| SHFZ | .801 | .199 | 1.027 | .907 | .204 |
| STHJ | .791 | .209 | 1.009 | .893 | .211 |
| CSFZ | .782 | .218 | 1.001 | .884 | .202 |
| TRNL | .885 | .115 | .819 | .851 | .094 |
| CCNL | .706 | .294 | .826 | .764 | .243 |
| CXHJ | .752 | .248 | .889 | .818 | .220 |
| KJCX | .748 | .252 | .883 | .812 | .216 |

注：$\alpha$ 通过 SPSS 25.0 计算信度可得,Variance 通过 SPSS 25.0 计算变异数可得。

把表 5.11 中所得测量方差和因素负荷量代入模型中,运行该模型,得出模型的拟合优度指数见表 5.12,模型的假设检验结果见表 5.13。

表 5.12　模型拟合优度指数

| 拟合指数 | Chi-Square/DF | GFI | AGFI | CFI | RMSEA | RMA |
|------|------|------|------|------|------|------|
| 模型值 | 3.716 | .989 | .963 | .995 | .056 | 0.011 5 |
| 判断标准 | <5 | >.9 | >.9 | >.9 | <.08 | <.05 |

表 5.13 模型初始假设检验结果

| 研究假设 | 标准化路径系数 | 显著性 P |
|---|---|---|
| CSFZ<---JJFZ | 0.723 | * * * |
| CSFZ<---SHFZ | 0.701 | * * * |
| CSFZ<---STHJ | 0.684 | * * * |
| CCNL<---TRNL | 0.606 | * * * |
| CCNL<---CXHJ | 0.513 | * * * |
| JJFZ<---TRNL | −0.585 | 0.421 |
| SHFZ<---TRNL | −0.852 | 0.319 |
| STHJ<---TRNL | −0.621 | 0.587 |
| JJFZ<---CCNL | −0.492 | 0.789 |
| SHFZ<---CCNL | −0.614 | 0.298 |
| STHJ<---CCNL | 0.517 | * * * |
| JJFZ<---CXHJ | 0.542 | * * * |
| SHFZ<---CXHJ | 0.583 | * * * |
| STHJ<---CXHJ | −0.132 | 0.668 |

从表 5.12 可以看出,模型具有较好拟合度。从图 5.6 可以看出,本书构建模型有 14 条路径(模型假设)检验,根据表 5.13,结构方程模型参数估计结果可以看出,通过显著性水平测试的有 8 条路径,但 JJFZ<---TRNL,SHFZ<---TRNL,STHJ<---TRNL,JJFZ<---CCNL,SHFZ<---CCNL,STHJ<---CXHJ 符合显著性假设。分析结果可以看出,路径系数为负,与原假设的正相关关系不相符。

2)原始全模型修正

由于本书中关于科技创新对城市高质量发展影响机理的理论体系还不完善,建立的相应理论模型还处在探索阶段,因此主要依靠经验法则修正模型,理论支撑作为辅助。首先,根据前述模型假设检验结果,结合科技创新对城市高质量发展的实际情况,删除 JJFZ<---TRNL,SHFZ<---TRNL,STHJ<---TRNL,

JJFZ<---CCNL,SHFZ<---CCNL,STHJ<---CXHJ 六条路径,重新运算修正后模型,输出结果见表 5.14、表 5.15。

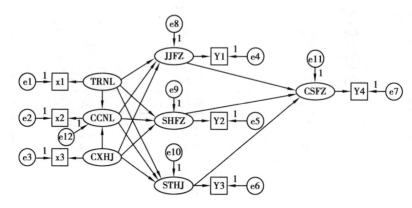

图 5.7　修正后的全模型路径图

表 5.14　修正后模型拟合优度指数

| 拟合指数 | Chi-Square/DF | GFI | AGFI | CFI | RMSEA | RMA |
|---|---|---|---|---|---|---|
| 模型值 | 3.716 | .989 | .963 | .995 | .056 | 0.011 5 |
| 判断标准 | <5 | >.9 | >.9 | >.9 | <.08 | <.05 |

表 5.15　修正后模型假设检验结果

| 研究假设 | 标准化路径系数 | 显著性 P |
|---|---|---|
| CSFZ<---JJFZ | 0.803 | * * * |
| CSFZ<---SHFZ | 0.727 | * * * |
| CSFZ<---STHJ | 0.711 | * * * |
| CCNL<---TRNL | 0.617 | * * * |
| CCNL<---CXHJ | 0.604 | * * * |
| STHJ<---CCNL | 0.806 | * * * |
| JJFZ<---CXHJ | 0.562 | * * * |
| SHFZ<---CXHJ | 0.654 | * * * |

# 5.4　验证结果与分析

## 5.4.1　验证结果

在修正的全模型路径系数和路径相关显著性水平的基础上,本书检验的所有假设见表5.16。

表 5.16　假设检验汇总

| 标号 | 研究假设 | 检验结果 |
|---|---|---|
| H1 | 经济高质量发展与城市高质量发展呈正相关关系 | 接受 |
| H2 | 社会高质量发展与城市高质量发展呈正相关关系 | 接受 |
| H3 | 生态环境高质量发展与城市高质量发展呈正相关关系 | 接受 |
| H4 | 科技创新投入与经济高质量发展呈正相关关系 | 拒绝 |
| H5 | 科技创新产出与经济高质量发展呈正相关关系 | 拒绝 |
| H6 | 科技创新环境的优化与经济高质量发展呈正相关关系 | 接受 |
| H7 | 科技创新投入与社会高质量发展呈正相关关系 | 拒绝 |
| H8 | 科技创新产出与社会高质量发展呈正相关关系 | 拒绝 |
| H9 | 科技创新环境的优化与社会高质量发展呈正相关关系 | 接受 |
| H10 | 科技创新投入与生态环境高质量发展呈正相关关系 | 拒绝 |
| H11 | 科技创新产出与生态环境高质量发展呈正相关关系 | 接受 |
| H12 | 科技创新环境的优化与生态环境高质量发展呈正相关关系 | 拒绝 |
| H13 | 科技创新投入能力与科技创新产出能力呈正相关关系 | 接受 |
| H14 | 科技创新环境与科技创新产出能力呈正相关关系 | 接受 |

表5.15验证结果显示:①从修正后的模型运算结果可以看出,模型中的主要潜变量对城市高质量发展的解释程度较高。这说明本书构建模型的整体拟合效果及解释能力都较好。

②以上的路径系数均通过了显著性水平检验,可以判定各潜在变量之间存在直接显著的因果作用关系,并且基于路径系数值的大小可以得出以下结论:第一,科技创新环境相较于科技创新投入对科技创新产出的影响较显著;第二,经济高质量发展相较于社会、生态环境高质量对城市高质量发展影响较显著;第三,科技创新环境影响着经济、社会高质量发展,科技创新产出对生态环境高质量发展产生影响。

### 5.4.2 模型的关键路径分析

根据,可以分析出科技创新对城市高质量发展影响的关键路径为:CSFZ<---STHJ<---CCNL<---TRNL、CSFZ<---JJFZ<---CXHJ、CSFZ<---SHFZ<---CXHJ,如图5.8所示。

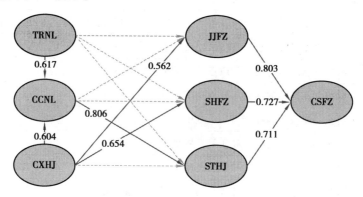

**图5.8 科技创新对城市高质量发展影响的关键路径**

可以从关键路径上看出,科技创新是驱动城市高质量发展的核心驱动力,这一结果也对第4章科技创新对城市高质量发展的影响机理:"把科技创新作为内源驱动力,促进经济、社会和生态环境"质"的提升,最终推动城市高质量可持续发展。"

科技创新驱动城市由量变到质变、质变推动量变的转型升级过程,不同的城市是不一样的。不同城市科技创新对城市高质量发展推动作用的差异。科技创新对城市高质量发展促进作用主要表现为:城市数量的增加、城市规模的扩大和城市"质"的变化。但是对于不同的区域科技创新在推动城市高质量发展过程中的实现路径是不一样的。北京、上海、广州、深圳的城市发展水平排前,城市建成区面积大,科技创新对它们的提升就是质的提升,杭州、南京、武汉、天津、西安、成都、厦门、宁波、青岛、大连、长沙、沈阳、合肥、郑州城市发展水平较高,城市规模较大,科技创新的推动作用基本能够实现"质"的提升,济南、福州、南昌、哈尔滨、长春、太原、昆明、贵阳、乌鲁木齐、呼和浩特的城市发展水平和城市规模较前两个级别还是存在差距,通过科技创新的介入,科技实现"量"与"质"的提升。兰州、海口、银川、石家庄、南宁、西宁等城市的城市发展水平和城市规模较小,通过科技创新主要是改变"量"的增长。

从 SEM 模型所得的结果来看,科技创新环境对经济、社会高质量发展的影响极大,总体上,科技创新环境是促进经济、社会高质量发展的主要因素,科技创新成果未能通过检验,这可能是由于科技产出形成的创新成果所产生的经济、社会效应在引致更多企业加大新产品研发和商业化的过程中,在企业间会形成恶性竞争,这种情况的存在可能导致科技创新产出对经济、社会高质量发展作用不显著;科技创新投入促进经济高质量发展未能通过的原因可能是科技创新投入需要很长一段时间内才能得到回报,从而没能有效促进经济高质量发展。科技创新投入和科技创新环境促进生态环境高质量发展未能通过检验,是因为前期大量科技投入环境的影响比较小,甚至是负面的,只有到了后期才会对环境高质量发展起正向影响;科技创新环境良好的教育环境并非吸纳高水平人口定居城市的关键因素,高水平人才也并非人人都有强烈的保护环境的意识。

## 5.5　本章小结

基于前述研究成果,本章主要是对科技创新对城市高质量发展影响机理的深入研究。首先,根据第 1 章的文献梳理和第 4 章的定性理论分析,提出本书的概念模型。其次,基于前述构建的理论分析框架,提出研究假设,构建科技创新对城市高质量发展影响机理模型,并采用 35 个大中城市的样本数据进行实证研究,实证了第 4 章科技创新对城市高质量发展影响机理"把科技创新作为内源驱动力,促进经济、社会和生态环境"质"的提升,最终推动城市高质量可持续发展",还对不同城市科技创新对城市高质量发展推动作用的差异性进行了分析。最后,通过结构方程模型的优化和拟合,得到科技创新对城市高质量发展影响的 3 条关键路径:科技创新投入能力→科技创新产出能力→生态环境高质量发展→城市高质量发展、科技创新环境→经济高质量发展→城市高质量发展和科技创新环境→社会高质量发展→城市高质量发展,这 3 条关键路径可作为提高城市高质量发展的政策安排的切入点。

# 6 城市高质量发展的情景分析 及对策建议

城市高质量发展是一个反复的、动态的过程,不可能将其视为一个静态的一次性的发展过程,科技创新对城市高质量发展的影响也不是一种简单的线性关系,要分析科技创新对城市高质量发展的影响以及它们之间的非线性、多反馈的复杂作用关系,需借助系统动力学模型对第 5 章结构方程的定量研究进行优化研究。基于此,本章在第 5 章提供的静态关键骨架的基础上,运用 SD 对城市高质量发展系统进行一个真实的还原,涵盖多个实际变量,是对第 5 章的一个增补优化,分析各影响因素之间的因果关系,并做出影响因素的因果关系图,然后画出系统图,从科技创新三个维度解析城市高质量发展水平未来发展趋势。采用情景分析的方法,设定不同政策情景运行该仿真模型,情景分析关键影响因素的作用强度和敏感程度,以期通过系统动态仿真和情景分析进一步动态实证科技创新视角下我国城市高质量发展机理和政策敏感点,对推动城市高质量发展提出有意义的政策建议。

## 6.1 系统动力学方法适用性分析

### 6.1.1 系统动力学简介

1958 年,J. W. Forrester 教授首次提出了系统动力学(System Dynamics,

SD），用于研究生产与库存管理等企业问题。系统动力学是研究信息反馈系统的一门学科，也是一门交叉学科。系统动力学对研究对象的理解来源于系统行为与内在机制的密切关系，通过建立和运行数学模型挖掘形态变化的因果关系[253]。SD结合系统科学理论与计算机仿真技术，是系统科学和管理科学的一个重要分支[254]。系统的行为模式和运行机制取决于系统各要素之间的内在关系和逻辑结构。一般来说，系统的基本组成部分用"因果关系回路"来描述，借助"因果图"和"存量流图"，解释了系统中各要素之间的逻辑关系，将"参数"与"变量"之间的定量关系用"函数关系"表示；最后用计算机和软件建立系统仿真模型，进行系统仿真和场景分析。

SD整个建模过程是从定性到定量的，再将定量数学模型转化为计算机程序，使之成为一个强大的现代分析工具，具有独特的优势，特别是在理解和解决系统问题、处理高阶复杂、非线性、交互反馈、信息延迟等方面。近年来，系统动力学的理论、方法和模型体系得到了广泛发展，广泛应用于经济建设、城市规划、企业管理、工程管理和可持续发展等领域。本书运用该方法对科技创新对城市高质量发展进行研究，深入探讨系统的构成要素、系统结构、系统功能、系统运行机制、系统因果关系、主要反馈回路等问题，构建ESET系统仿真模型，进行仿真与预测。系统动力学的建模过程如图6.1所示。

## 6.1.2　系统动力学特征

系统动力学是随着现代社会系统管理的需要而出现的一种系统问题分析和研究工具，强调要以客观现实世界为前提，主要目的是努力寻找改善系统行为的合理途径，追求"最优解"不是其主要目的。也就是说，系统动力学不是基于数学逻辑推导得出答案的，而是根据基于客观现实世界中的实际系统信息建立仿真模型，通过对现实世界系统的仿真模拟获取系统未来行为的理解，从而找到优化系统运行的解决方案。具体来说，运用系统动力学方法具有诸多优势：

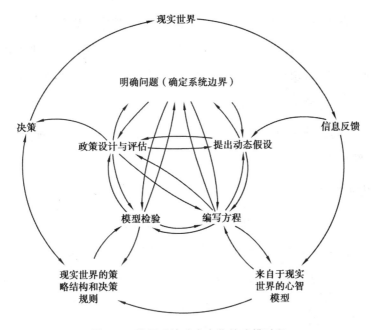

图 6.1　基于系统动态变化的建模过程

### 1）遵循"结构决定行为"这一科学原则

系统动力学方法具备在社会经济研究领域具有传统计量统计模型不具备的明显优势,定性与定量相结合的特点。传统的测量方法以数据为中心,相当于用一组原始数据预测下一个数据。严格地说,简单的回归分析不能被归类为因果分析。在传统计量统计分析模型中,方程参数的确定只能依靠统计推断和统计回归,最终回归分析结果往往是相关性关系,而不是因果关系。此外,在模型的简单量化中,许多重要变量及其相关属性容易被忽略,这是不科学的。与传统的计量经济统计分析模型相比,系统动力学方法具有无可比拟的优势。根据现实系统,不仅可以建构定性的、逻辑严谨的"因果关系图"和"存量流量图",还可以通过模型参数赋值进行定量的、动态的系统仿真和情景分析。系统动力学遵循"结构决定行为"科学原理,更可靠。

### 2）动态性

系统动力学在动态仿真中具有显著的优势。传统计量统计数学模型以经典理论和观测数据为基础,利用静态的统计数据和数学逻辑公式很难分析变量间动态非线性关系。此方法不具有此限制,它根据真实系统,描述了仿真模型内在机理与结构,各组成要素之间的因果逻辑关系和信息反馈机制被合理反映出来,它能够对环境和政策变化做出反应,能够科学地分析变量之间动态的非线性关系。因此,系统动力学动态仿真模拟不仅能够再现系统的历史,而且可以预测系统地未来。

### 3)内生性解释

系统动力学认为系统行为的模式和性质取决于系统的内部结构,强调寻找系统现象的内生性解释。通过对现实世界系统的认知建立系统仿真模型,系统的动态行为由模型变量和相关参数之间相互作用产生,而探索模型变量和相关参数的规则和结构变动情况下的系统行为变化,可以掌握系统运行变化的规律。

### 4)计算机模拟

系统动力学方法是一种计算机仿真模拟方法。在当今社会,随着便携式快速高科技计算机的普及和应用,计算机仿真已经能够构建复杂非线性系统行为和近似真实的理论模型。因此,计算机仿真已成为社会经济管理领域开展科学研究的有效工具。通过计算机仿真,可以完成对动态的、非线性的、多阶延迟的复杂性系统问题的研究,而且可以低成本、高效率检验和评价有关政策的可能结果。

## 6.1.3 系统动力学对本书的适用性

ESET 系统是一项复杂的系统工程,具有显著的系统反馈性和动态性。从系统的视角来看,我国城市高质量发展是城市从数量发展转化为质量发展的过程,既包含了"量"的发展,也包含"质"的发展。城市高质量发展的系统动态性是由系统所处的内部结构和外部环境因素综合作用的结果。城市高质量发展的动态过程受到经济、社会、生态环境和科技等因素的影响,由于城市高质量发展所处环境的不确定性和自身条件的变化,决定城市高质量发展的因素也在不断变化,城市高质量发展的模式和形式随之呈现一定的规律和总体模式。因此,本书非常适用于系统动力学建模仿真。

# 6.2　模型构建与系统检验

## 6.2.1　模型构建思路

第 5 章结构方程模型已经对科技创新对城市高质量发展影响机理进行了一个实证,为科技创新对城市高质量发展的影响机理提供一个静态关键骨架。另外,科技创新对城市高质量发展的影响不是一个简单的线性关系,科技创新对单个系统的正向影响不能代表对城市高质量发展有正向影响,结构方程的机理实证可以提供量化依据,作用强度有多大。但是城市高质量发展是一个反复的、动态的过程,不可能将其视为一个静态的一次性的发展过程,要分析科技创新对城市高质量发展的影响以及它们之间的非线性、多反馈的复杂作用关系,需借助系统动力学对城市高质量发展系统进行一个细节还原,涵盖多个实际变量,是对第 5 章的增补优化。基于此,本章在第 5 章作用方式和作用效果研究成果的基础上,运用 SD 模型动态评价城市高质量发展的内在作用机理,解决这些问题有助于政府部门在提高城市高质量发展方面,可以提出具有针对性的政策建议。因此,本章在第 4 章理论基础,第 5 章机理作用路径和作用强度的基础之上,构建城市高质量发展系统动力学模型。构建城市高质量发展系统动力学模型构建思路如图 6.2 所示。

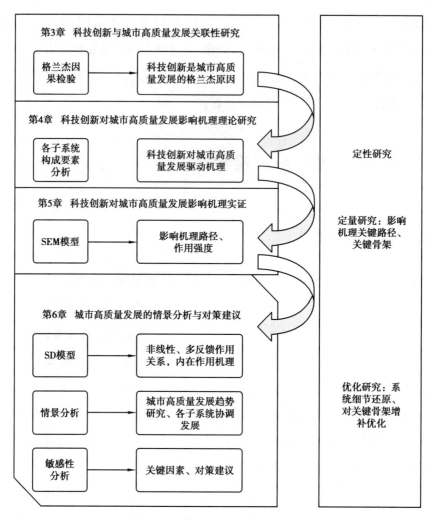

图6.2 城市高质量发展系统动力学模型构建思路

## 6.2.2 模型构建步骤

### 1）建模目的与系统边界

建模目的：基于科技创新对城市高质量发展机理是"把科技创新作为内源驱动力,促进经济、社会和生态环境'质'的提升,最终推动城市高质量、可持续发展,实现城市由量变到质变,质变推动量变的转型升级"理论框架的整体结构下,以"如何通过科技创新提升经济高质量发展水平、社会高质量发展水平和生态环境高质量发展水平,最终提高城市高质量的发展水平"这一核心问题为引导,构造 ESET 系统的仿真模型。在构建 ESET 系统仿真模型时,需要把握两个原则:一是简化模型结构,尽可能将现实系统中的重要因素反映到模型中,所构建的 SD 模型不能反映真实世界,也不是真实模型的一种再现,而是重要因素的高度概括;二是反映现实系统,希望可以通过建立的模型能够全面真实地模拟现实系统的动态运行机制。

本书构建 ESET 系统仿真模型,主要目的在于:

①构建一个动态循环系统模型。本书定量地揭示了科技创新对我国城市高质量发展影响密切相关的关键因素及其相互作用和动态反馈。通过边界确定和系统分析,充分了解我国城市高质量发展的主要变量,确定变量之间的运行传导路径,探索科技创新对我国城市高质量发展的驱动机制与动态发展变化规律,实证分析科技创新对我国城市高质量发展影响机理。

②探究科技创新视角下我国城市高质量发展影响因素的影响强度和政策敏感点。通过对各种场景仿真方案的设计,识别出不同政策情景下的系统变化情况和政策敏感点,并对仿真结果进行综合分析和评价,为提出系统的可行性的对策建议奠定基础。

③基于对系统模型的定量分析,结合 ESET 系统及各因素之间的反馈结果和因果关系,有助于对相关变量变化趋势掌握更为全面。

**2)系统边界**

ESET 系统是一个复杂系统,具有多要素、多层次和多反馈回路特征,ESET 系统内部各因素之间关系错综复杂,因素之间相互影响,相互制约,形成多个动态循环的因果关系回路。本书主要考虑"把科技创新作为内源驱动力,促进经济、社会和生态环境'质'的提升,最终推动城市高质量、可持续发展,实现城市由量变到质变,质变推动量变的转型升级",因此将城市高质量发展的系统动力学模型边界设定为:

①本书以中国为研究对象,以 31 个省市为研究单元,仅考虑城市演进的静态分析,不考虑周边其他经贸易活动等带来的影响;时间边界为:2005—2030年,模拟基期年为 2005 年。系统时间步长设为 1 年,目的是减少由于时段变化所带来误差。

②ESET 系统是一个复杂多变的系统,其内部影响因素非常复杂,严格地说,整个系统的许多因素都应具有因果反馈关系,为了简化模型,还要考虑到模型的有效性。因此,从实际情况出发,应剔除一些对反馈环节影响不大的变量,只对系统影响较大的关键因素才被认为是系统的内部变量,而影响较小的因素则被归类为系统的外部变量。

### 3)科技创新对城市高质量发展影响机理仿真模型

通过第 4、5 章的影响机理分析,初步证明了科技创新对城市高质量发展影响机理是"把科技创新作为内源驱动力,促进经济、社会和生态环境'质'的提升,最终推动城市高质量、可持续发展,实现城市由量变到质变,质变推动量变的转型升级"的理论推断。然而,科技创新水平从科技创新投入水平、科技创新产出水平和科技创新环境三个方面体现。科技创新对城市高质量发展影响机理模型如图 6.3 所示。

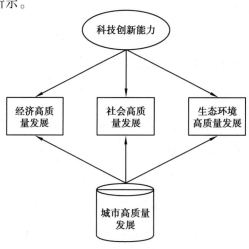

图 6.3　科技创新对城市高质量发展影响机理模型

4）基本假设

ESET 是一个复杂系统,涉及经济、人口、资源、生态环境和科技创新等多个子系统,影响因素众多,很难综合考虑。因此,本书在明确建模目的和系统边界的基础上,剔除了与整个系统无关的次要因素,主要考虑影响整个系统的主要因素,从 ESET 复杂系统中分离出对整个系统有重要影响的关键因素,通过相互影响的变量和反馈结构对抽象复杂的宏观真实系统具体化,用直观简明的系统模型结构对城市高质量发展进行综合分析。城市高质量发展具有长期、连续和系统性等特点,结合我国政治、经济和社会现实,本书对 ESET 系统作如下基本假设:

①不考虑自然灾害、战争、政治冲突等不可抗力因素对城市高质量发展运行的影响。

②城市高质量发展只取决于经济高质量发展水平、社会高质量发展水平和生态环境高质量发展水平等的影响。

③科技创新投入主要集中体现在人员、资金投入上,科技创新产出主要体现在专利申请量、专利授权量和高新技术产出,科技创新环境体现在基础研究经费、科教经费投入和创新创业环境支持情况上。科技创新水平的提升是一个不断渐进的过程。

5）因果关系图

采用系统动力学软件 VENSIM DSS5.6 绘制 ESET 系统的因果关系图,如图6.4 所示。

(1)经济子系统

回路1:城市高质量发展水平—+城镇人口比重—+城镇人口数——人均GDP—+经济高质量发展水平—+城市高质量发展水平。

该回路长度为4,是一条负反馈回路。城市高质量发展,城镇人口比重增加,城镇人口数相应增加,人均随之减少,经济高质量发展水平随着人均 GDP增加而提高,经济发展水平提高带动城市高质量发展。

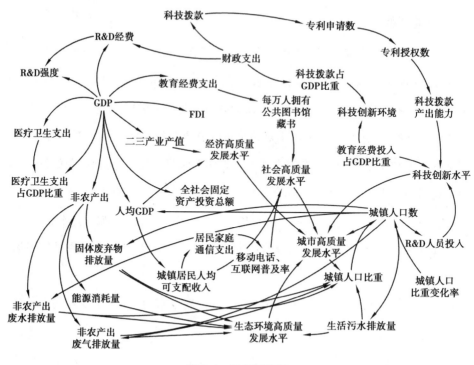

图 6.4  因果回路图

回路 2:城市高质量发展水平—+城镇人口比重—+城镇人口数—+非农产业废水排放 —-城镇人口比重—-城镇人口数—+人均 GDP—+经济高质量发展水平—+城市高质量发展水平。

该回路长度为 7,是一条正反馈回路。城市高质量发展,城镇人口比重增加,城镇人口数相应增加,非农产业污水排放增加,随之乡城迁移人口减少,城镇人口比重增加,城镇人口数增加,人均 GDP 减少,经济高质量发展水平随着人均 GDP 增加而提高,经济发展水平提高带动城市高质量发展。

回路 3:城市高质量发展水平—+城镇人口比重—+城镇人口数—+生活污水排放—-城镇人口比重—-城镇人口数—+人均 GDP—+经济高质量发展水平—+城市高质量发展水平。

该回路长度为 7,是一条正反馈回路。城市高质量发展,城镇人口比重增加,城镇人口数相应增加,生活污水排放增加,随之乡城迁移人口增加,城镇人口比重增加,城镇人口数增加,人均 GDP 减少,经济发展水平随着人均 GDP 增加而提高,经济高质量发展带动城市高质量发展。

回路 4:城市高质量发展水平—+城镇人口比重—+城镇人口数—+非农产业废气排放 —-城镇人口比重—-城镇人口数—-+人均 GDP—+经济高质量发展水平—+城市高质量发展水平。

该回路长度为 7,是一条正反馈回路。城市高质量发展,城镇人口比重增加,城镇人口数相应增加,非农产业废气排放增加,随之乡城迁移人口减少,城镇人口比重减少,城镇人口数减少,人均 GDP 增加,经济发展水平随着人均 GDP 增加而提高,经济高质量发展水平提高带动城市高质量发展。

回路 5:城市高质量发展水平—+城镇人口比重—+城镇人口数—+工业固体废弃物产生量—-城镇人口比重—-城镇人口数—-+人均 GDP—+经济高质量发展水平—+城市高质量发展水平。

该回路长度为 7,是一条正反馈回路。城市高质量发展,城镇人口比重增加,城镇人口数增加,工业固体废弃物产生量相应地增加,随之乡城迁移人口减少,城镇人口比重减少,城镇人口数减少,人均 GDP 增加,经济发展水平随着人均 GDP 增加而提高,经济高质量发展水平提高带动城市高质量发展。

### (2)社会子系统

回路 1:城市高质量发展水平—+城镇人口比重—+城镇人口数—-人均 GDP—+城镇居民人均可支配收入—+社会城市高质量发展水平—+城市高质量发展水平。

该回路长度为 5,是一条负反馈回路。城市高质量发展,城镇人口比重增加,城镇人口数相应增加,人均 GDP 随之减少,人均 GDP 增加相应的城镇居民人均可支配收入也得到提高,城镇居民人均可支配收入增加了,生活水准就提高了,社会城市高质量发展水平就提高了,随之带动城市高质量发展。

回路 2:城市高质量发展水平—+城镇人口比重—+城镇人口数—-人均 GDP—+城镇居民人均可支配收入—+居民家庭平均每户全年通信支出—+互联

网普及率—+社会城市高质量发展水平—+城市高质量发展水平。

该回路长度为8,是一条负反馈回路。城市高质量发展,城镇人口比重增加,城镇人口数相应增加,人均GDP随之减少,城镇居民人均可支配收入随着人均GDP增加而提高,居民家庭平均每户全年通信支出随着城镇居民人均可支配收入增加而增加,移动电话普及率提高,居民生活水准就提高了,社会城市高质量发展水平就提高了,随之带动城市高质量发展。

回路3:城市高质量发展水平—+城镇人口比重—+城镇人口数——人均GDP—+城镇居民人均可支配收入—+居民家庭平均每户全年通信支出—+互联网普及率—+社会城市高质量发展水平—+城市高质量发展水平。

该回路长度为7,是一条负反馈回路。城市高质量发展,城镇人口比重增加,城镇人口数相应增加,人均GDP随之减少,城镇居民人均可支配收入随着人均GDP增加而提高,居民家庭平均每户全年通信支出随着城镇居民人均可支配收入增加而增加,互联网普及率提高,居民生活水准就提高了,社会城市高质量发展水平就提高了,随之带动城市高质量发展。

回路4:城市高质量发展水平—+城镇人口比重—+城镇人口数—+非农产业废气排放 ——城镇人口比重——城镇人口数—+人均GDP—+城镇居民人均可支配收入—+社会高质量发展水平—+城市高质量发展水平。

该回路长度为8,是一条正反馈回路。城市高质量发展,城镇人口比重增加,城镇人口数相应增加,非农产业废气排放量增加,随之乡城迁移人口减少,城镇人口比重减少,城镇人口数减少,人均GDP增加,城镇居民人均可支配收入增加,相应的生活水准会随着城镇居民人均可支配收入增加而提高,生活水准提高带动社会高质量发展水平,然后带动城市高质量发展。

回路5:城市高质量发展水平—+城镇人口比重—+城镇人口数—+非农产业废水排放——城镇人口比重——城镇人口数—+人均GDP—+城镇居民人均可支配收入—+社会高质量发展水平—+城市高质量发展水平。

该回路长度为6,是一条正反馈回路。城市高质量发展,城镇人口比重增加,城镇人口数相应增加,非农产业废水排放量增加,随之乡城迁移人口减少,城镇人口比重减少,城镇人口数减少,人均 GDP 增加,城镇居民人均可支配收入增加,相应的生活水准会随着城镇居民人均可支配收入增加而提高,生活水准提高带动社会高质量发展水平,然后带动城市高质量发展。

回路6:城市高质量发展水平—+城镇人口比重—+城镇人口数—+固体废弃物排放—–城镇人口比重—–城镇人口数—+人均 GDP—+城镇居民人均可支配收入—+社会高质量发展水平—+城市高质量发展水平。

该回路长度为8,是一条正反馈回路。城市高质量发展,城镇人口比重增加,城镇人口数相应增加,固体废弃物排放量增加,随之乡城迁移人口减少,城镇人口比重减少,城镇人口数减少,人均 GDP 增加,城镇居民人均可支配收入增加,相应的生活水准会随着城镇居民人均可支配收入增加而提高,生活水准提高带动社会高质量发展,然后城市高质量发展。

回路7:城市高质量发展水平—+城镇人口比重—+城镇人口数—+生活污水排放—–城镇人口比重—–城镇人口数—+人均 GDP—+城镇居民人均可支配收入—+居民家庭平均每户全年通信支出—+移动电话普及率—+社会高质量发展水平—+城市高质量发展水平。

该回路长度为10,是一条正反馈回路。城市高质量发展,城镇人口比重增加,城镇人口数相应增加,生活污水排放增加,随之乡城迁移人口减少,城镇人口比重减少,城镇人口数减少,人均 GDP 增加,城镇居民人均可支配收入增加,居民家庭平均每户全年通信支出会随着城镇居民人均可支配收入增加而增加,移动电话普及率提高了,生活水准随着移动电话普及率提高而提高,生活水准提高带动社会高质量发展,然后实现城市高质量发展。

回路8:城市高质量发展水平—+城镇人口比重—+城镇人口数—+非农产业废水排放—–城镇人口比重—–城镇人口数—+人均 GDP—+城镇居民人均可支配收入—+居民家庭平均每户全年通信支出—+互联网普及率—+社会高质量发展水平—+城市高质量发展水平。

该回路长度为9,是一条正反馈回路。城市高质量发展,城镇人口比重增加,城镇人口数相应增加,非农产业废水排放增加,随之乡城迁移人口减少,城镇人口比重减少,城镇人口数减少,人均 GDP 增加,城镇居民人均可支配收入增加,居民家庭平均每户全年通信支出会随着城镇居民人均可支配收入增加而增加,互联网普及率提高了,生活水准随着互联网普及率提高而提高,生活水准提高带动社会高质量发展,然后城市高质量发展。

回路9:城市高质量发展水平—+城镇人口比重—+城镇人口数—+非农产业废气排放——城镇人口比重——城镇人口数—+人均 GDP—+城镇居民人均可支配收入—+居民家庭平均每户全年通信支出—+互联网普及率—+社会高质量发展水平—+城市高质量发展水平。

该回路长度为9,是一条正反馈回路。城市高质量发展,城镇人口比重增加,城镇人口数相应增加,非农产业废气排放增加,随之乡城迁移人口减少,城镇人口比重减少,城镇人口数减少,人均 GDP 增加,城镇居民人均可支配收入增加,则相应的居民家庭平均每户全年通信支出,互联网普及率提高了,生活水准随着互联网普及率提高而提高,生活水准提高带动社会高质量发展,然后城市高质量发展。

回路10:城市高质量发展水平—+城镇人口比重—+城镇人口数—+非农产业固体废弃物排放——城镇人口比重——城镇人口数—+人均 GDP—+城镇居民人均可支配收入—+居民家庭平均每户全年通信支出—+互联网普及率—+社会高质量发展水平—+城市高质量发展水平。

该回路长度为10,是一条正反馈回路。城市高质量发展,城镇人口比重增加,城镇人口数相应增加,非农产业固体废弃物排放增加,随之乡城迁移人口减少,城镇人口比重减少,城镇人口数减少,人均 GDP 增加,城镇居民人均可支配收入增加,则相应的居民家庭平均每户全年通信支出,互联网普及率提高了,生活水准随着互联网普及率提高而提高,生活水准提高带动社会高质量发展,然后城市高质量发展。

**（3）生态环境子系统**

回路 1：城市高质量发展水平—+城镇人口比重—+城镇人口数—+生活污水排放量——生态环境高质量发展水平—+城市高质量发展。

该回路长度为 4，是一条负反馈回路。城市高质量发展，城市化水平提高，城市化率提高，城镇人口比重增加，生活污水排放随着城镇人口数增加而增加，生态环境质量降低，城市高质量发展碎片降低。

**（4）科技创新子系统**

回路 1：城市高质量发展水平—+城镇人口比重—+城镇人口数—+R&D 人员投入—+科技创新投入水平—+科技创新水平—+城市高质量发展水平。

该回路长度为 5，是一条正反馈回路。城市高质量发展，城市化水平提高，城市化率提高，城镇人口比重增加，相应城镇人口数增加，R&D 人员增加，科技创新投入水平增加，城市高质量发展。

**6）存量流量图**

基于科技创新对城市高质量发展影响各个子系统分析和总体因果关系图，采用系统动力学软件 VENSIM DSS 5.6 绘制 ESET 系统的存量流量图，如图 6.5 所示。

**7）模型变量确定**

一般来说，状态变量、速率变量、辅助变量和常量是系统动力学的 4 种变量类型。本模型包括 4 个子系统，分别是经济高质量发展水平系统、社会高质量发展系统、生态环境高质量发展系统和科技创新系统；包含 3 个状态变量，分别是 GDP、城镇人口数和财政支出；包含 4 个速率变量，分别是年增加量、城市人口出生数、城市人口死亡数和财政支出年增加值；包含 53 个辅助变量和 31 个常量或参数。模型的主要方程式如下：

**（1）数据搜集**

模型中数据的选取时间为 2005—2030 年，共 26 年，仿真步长为 1 年。其中 2005—2019 年科技创新水平数据来自《中国科技统计年鉴》，城市高质量发展

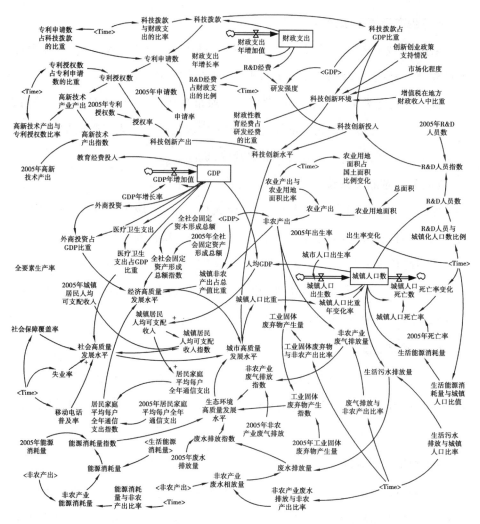

图 6.5　系统存量流量图

水平的《中国统计年鉴》《中国城市建设统计年鉴》《中国能源统计年鉴》《中国
环境年鉴》《中国能源统计年鉴》《中国农村统计年鉴》《中国科技统计年鉴》《中
国高技术产业统计年鉴》以及部分省、直辖市、地级市一级县级市的地方《统计
年鉴》、地区统计公报和部分网络数据等，其余来自于问卷调查。2020—2030 年
的部分数据通过 SPSS 25.0 软件模拟所得，为预测数据。

（2）权重确定

为了使模型能够更客观地反映各种因素对动力系统的影响。本书使用第 4

章中介绍"纵横向"拉开档次法对各评价指标的权重进行赋值,采用"纵横向"拉开档次法计算出各评价指标权重值,具体见表6.1。

表6.1  各指标权重赋值表

| 系统 | 子系统及权重 | 准则层指标及权重 | 指标层 | 权重 |
|---|---|---|---|---|
| 城市高质量发展系统 | 经济高质量发展系统 0.240 7 | | 全社会固定资产形成总额指数 | .630 6 |
| | | | 城市非农产出占总产值比重 | .267 6 |
| | | | 外商投资占 GDP 比重 | .000 3 |
| | 社会高质量发展系统 0.412 6 | | 居民家庭平均每户全年通信支出指数 | .101 5 |
| | | | 医疗卫生支出占 GDP 比重 | .134 1 |
| | | | 城镇居民人均可支配收入指数 | .156 8 |
| | | | 失业率 | .000 3 |
| | | | 教育经费投入占 GDP 比重 | .127 8 |
| | | | 移动电话普及率 | .114 8 |
| | | | 社会保障覆盖率 | .190 3 |
| | 生态环境高质量发展系统 .155 0 | | 工业固体废弃物产生指数 | .256 8 |
| | | | 废水排放指数 | .312 1 |
| | | | 能源消耗量指数 | .274 5 |
| | | | 非农产业废气排放指数 | .156 6 |
| | 科技创新系统 .191 7 | 科技创新投入水平 .601 3 | R&D 人员比例 | .612 8 |
| | | | 教育经费投入占 GDP 比重 | .252 4 |
| | | | 研发强度 | .134 8 |
| | | 科技创新产出水平 .253 1 | 专利申请指数 | .415 6 |
| | | | 专利授权指数 | .310 5 |
| | | | 高新技术产出指数 | .273 8 |
| | | 科技创新环境 .245 6 | 基础研究经费占 GDP 比重 | .314 5 |
| | | | 科技拨款占 GDP 比重 | .484 3 |
| | | | 创新创业政策支持情况 | .201 2 |

### (3)函数关系说明

在系统流量图的基础上,通过方程式描述 ESET 系统中各变量之间的交互关系,主要函数关系和方程式见表6.2。

**表 6.2　主要函数关系表**

T

| 公式编号 | 函数关系或方程式 |
|---|---|
| 1 | 财政支出 = INTEG(财政支出年增加值,2005 年财政支出金额)<br>Units:亿元 |
| 2 | GDP = INTEG(GDP 年增加值,2005 年增加值)<br>Units:亿元 |
| 3 | 城镇人口数 = INTEG(城市人口出生数−城市人口死亡数+城镇人口数 ∗ 城镇人口比重变化率,2005 年城镇人口数)<br>Units:万人 |
| 4 | GDP 年增加值=GDP ∗ GDP 年增长率<br>Units:万元/Year |
| 5 | 财政支出年增加值=财政支出 ∗ 财政支出年增长率<br>Units:万元/Year |
| 6 | 城镇人口出生数=城镇人口数 ∗ 城市人口出生率<br>Units:万人/Year |
| 7 | 城镇人口死亡数=城镇人口数 ∗ 城市人口死亡率<br>Units:万人/Year |
| 8 | 能源消耗指数=能源消耗量/2005 年能源消耗量<br>Units:Dmnl |
| 9 | 城镇人口出生率=出生率变化 ∗ 2005 年出生率<br>Units:1/Year |
| 10 | 城镇人口死亡率=死亡率变化 ∗ 2005 年死亡率<br>Units:1/Year |
| 11 | R&D 人员数=R&D 人员数与城镇人口数比例 ∗ 城镇人口数<br>Units:万人 |
| 12 | 科技创新投入=教育经费投入占 GDP 比重 ∗ 0.252 4+研发强度 ∗ 0.134 8+R&D 人员比例 ∗ 0.612 8<br>Units:Dmnl |

续表

| 公式编号 | 函数关系或方程式 |
|---|---|
| 13 | 科技拨款占 GDP 比重＝科技拨款/GDP<br>Units：Dmnl |
| 14 | 科技拨款＝财政支出 * 科技拨款与财政支出的比率<br>Units：亿元 |
| 15 | 专利申请数＝科技拨款 * 专利申请数占科技拨款的比重<br>Units：件 |
| 16 | 专利授权数＝专利申请数 * 专利授权书占专利申请数的比重<br>Units：件 |
| 17 | 城市非农产出占总产值的比重＝非农产出/GDP<br>Units：Dmnl |
| 18 | 科技创新环境＝0.314 5 * 基础研究经费占研发经费比重+0.484 3 * 科技拨款占 GDP 比重+创新创业政策支持情况 * 0.201 2<br>Units：Dmnl |
| 19 | R&D 经费＝R&D 经费占财政支出比例 * 财政支出<br>Units：亿元 |
| 20 | 研发强度＝R&D 经费/GDP<br>Units：Dmnl |
| 21 | 高新技术产出指数＝高新技术产出/2005 年高新技术产出<br>Units：Dmnl |
| 22 | 科技创新水平＝科技创新投入 * 0.601 3+科技创新产出 * 0.253 1+科技创新环境 * 0.245 6<br>Units：Dmnl |
| 23 | 教育经费投入＝GDP * 0.036−471 285<br>Units：亿元<br>利用 EVIEWS 回归得出经济教育经费与 GDP 之间的方程。 |
| 24 | 教育经费占 GDP 比重＝教育经费投入/GDP<br>Units：Dmnl |
| 25 | 外商投资占 GDP 比重＝外商投资/GDP<br>Units：Dmnl |
| 26 | 外商投资＝GDP * 1.678 9−5.224 02<br>Units：亿元 |

续表

| 公式编号 | 函数关系或方程式 |
|---|---|
| 27 | 医疗卫生支出 = 0.023 * GDP-735 725<br>Units：亿元<br>利用 EVIEWS 回归得出医疗卫生支出与 GDP 之间的方程。 |
| 28 | 医疗卫生支出占 GDP 比重 = 医疗卫生支出/GDP<br>Units：Dmnl |
| 29 | 全社会固定资产形成总额 = GDP * 1.447 04-6.224 06<br>Units：亿元<br>利用 EVIEWS 回归得出全社会固定资产形成总额与 GDP 之间的方程。 |
| 30 | 全社会固定资产形成总额指数 = 全社会固定资产形成总额/2005 年全社会固定资产形成总额<br>Units：Dmnl |
| 31 | 经济高质量发展水平 = 0.630 6 * 全社会固定资产形成总额指数+0.267 6 * 城市非农产出占总产出比重+0.000 3 * 外商投资占 GDP 比重+0.101 5 * 居民家庭平均每户全年通信支出指数<br>Units：Dmnl |
| 32 | 城镇居民家庭人均可支配收入指数 = 城镇居民人均可支配收入/2005 年产值居民人均可支配收入<br>Units：Dmnl |
| 33 | 城镇居民家庭人均可支配收入 = 2.953 * 人均 GDP+2 439.8<br>Units：亿元/万人 |
| 34 | 人均 GDP = GDP/城镇人口数<br>Units：亿元/万人 |
| 35 | 居民家庭平均每户全年通信支出指数 = 居民家庭平均每户全年通信支出/2005 年居民家庭平均每户全年通信支出<br>Units：Dmnl |
| 36 | 城镇人口比重 = 0.005 8 * 城市高质量发展水平+0.814<br>Units：Dmnl |
| 37 | 能源消耗量 = 0.752 * 非农产业能源消耗量+生活能源消耗量 * 0.248<br>Units：万吨标准煤 |
| 38 | 生活能源消耗量 = 生活能源消耗量与城镇人口比重 * 城镇人口数<br>Units：万吨标准煤 |
| 39 | 工业固体废弃物产生量 = 工业固体废弃物与非农产出比例 * 非农产出<br>Units：万吨 |

续表

| 公式编号 | 函数关系或方程式 |
|---|---|
| 40 | 工业固体废弃物产生指数＝工业固体废弃物产生量/2005年工业固体废弃物产生量<br>Units：Dmnl |
| 41 | 生活污水排放量＝生活污水排放量＊城镇人口数<br>Units：万吨 |
| 42 | 污水排放指数＝污水排放量/2005年污水排放量<br>Units：Dmnl |
| 43 | 非农产出＝GDP−农业产出<br>Units：亿元 |
| 44 | 生态环境高质量发展水平＝0.312 1＊污水排放指数+0.156 6＊非农产业废气排放指数+0.256 8＊工业固体废弃物产生指数+0.1＊能源消耗指数<br>Units：Dmnl |
| 45 | 非农产业废水排放指数＝非农产业废水排放量/2005年非农产业废水排放量<br>Units：Dmnl |
| 46 | 社会高质量发展水平＝0.134 1＊医疗卫生占GDP比重+0.000 3＊失业率+0.156 8＊城镇居民人均可支配收入指数+0.127 8＊教育经费占GDP比重+社会保障覆盖率＊0.190 3<br>Units：Dmnl |
| 47 | 城市高质量发展水平＝0.240 7＊经济高质量发展水平+0.412 6＊社会高质量发展水平+0.155 0＊生态环境质量+0.191 7＊科技创新水平<br>Units：Dmnl |
| 48 | 非农产业废水排放量＝非农产出＊非农产业废水排放与非农产出比率<br>Units：万吨 |
| 49 | 废水排放量＝生活污水排放量+非农产业废水排放量<br>Units：万吨 |
| 50 | 农业用地面积＝总面积＊农业用地面积占国土面积比例变化<br>Units：平方千米 |
| 51 | 农业产出＝农业用地面积＊农业产出与农业用地面积比率<br>Units：亿元 |
| 52 | 专利申请指数＝专利申请数/2005年专利申请数<br>Units：Dmnl |

续表

| 公式编号 | 函数关系或方程式 |
|---|---|
| 53 | 非农产业废气排放量=非农产出 * 废气排放与非农产出比率<br>Units：亿立方米 |
| 54 | 非农产业废气排放指数=非农产业废气排放量/2005 年非农产业废气排放量<br>Units：Dmnl |
| 55 | 城镇人口年变化率= WITH LOOKUP（城镇人口比重,（[（2005,0)-(2018, 1)],（2005,0.429),（2006,0.443),（2007,0.459),（2008,0.470),（2009, 0.483),（2010,0.499),（2011,0.513),（2012,0.526),（2013,0.537), （2014,0.548),（2015,0.561),（2016,0.574),（2017,0.585),（2018,0.586), （2019,0.587)))<br>Units：1/Year |
| 56 | 出生率变化 = WITH LOOKUP（Time,（[（2005,0)-(2018,1)],（2005, 0.124 0),（2006,0.120 9),（2007,0.121 0),（2008,0.121 4),（2009,0.119 5), （2010,0.119 0),（2011,0.119 3),（2012,0.121 0),（2013,0.120 8), （2014,0.123 7),（2015,0.120 7),（2016,0.129 5),（2017,0.124 3), （2018,0.109 4)）,（2019,0.104 8)))<br>Units：Dmnl |
| 57 | 专利申请数占科技拨款的比例=WITH LOOKUP（Time,（[（0,0)-(2100, 10)],（2000,0.017 573),（2001,0.020 49),（2002,0.024 898),（2003, 0.026 313),（2004,0.021 862),（2005,0.019 588),（2006,0.017 53),（2007, 0.142 91),（2008,0.013 838),（2009,0.016 967),（2010,0.022 764),（2011, 0.024 961),（2012,0.024 358),（2013,0.027 784),（2014,0.027 395),（2015, 0.033 518),（2016,0.019 696),（2017,0.017 73),（2018.0.018 03), （2019,0.017 89)))<br>Units：件/亿元 |
| 58 | 2005 年高新技术产出=19 374.6<br>Units：亿元<br>注明：根据《中国统计年鉴》,2005 年高新技术产出为 1 977 亿美元。 |
| 59 | 科技拨款占财政支出比率变化 = WITH LOOKUP（Time,（[（0,0)-(2100, 10)],（2000,0.39),（2001,1.37),（2002,0.88),（2003,1.09),（2004, 1.28),（2005,1.25),（2006,1.25),（2007,1.46),（2008,1.49),（2009,1.2), （2010,1.05),（2011,0.97),（2012,0.98),（2013,1.26),（2014,1.15), （2015,1.20),（2016,1.29),（2017,1.37),（2018,1.27),（2019,1.25)))<br>Units：Dmnl |

续表

| 公式编号 | 函数关系或方程式 |
|---|---|
| 60 | 死亡率变化 = WITH LOOKUP (Time,([(2005,0)-(2018,1)],(2005,0.065 0),(2006,0.068 4),(2007,0.069 3),(2008,0.070 6),(2009,0.070 8),(2010,0.071 1),(2011,0.071 4),(2012,0.071 5),(2013,0.071 6),(2014,0.071 6),(2015,0.071 1),(2016,0.070 9),(2017,0.071 1),(2018,0.071 3),(2019,0.071 4)))<br>Units：Dmnl |
| 61 | 2005 年死亡率 = 0.065 1<br>Units：1/Year<br>注明：根据《中国统计年鉴》,2005 年死亡率为 6.51%。 |
| 62 | 2005 年出生率 = 0.124 0<br>Units：1/Year<br>注明：根据《中国统计年鉴》,2005 年出生率为 12.40%。 |
| 63 | 2005 年 GDP = 187 318.9<br>Units：亿元<br>注明：根据《中国统计年鉴》,2005 年 GDP 为 187 318.9 亿元。 |
| 64 | 2005 年城镇人口数 = 56 212<br>Units：万人<br>注明：根据《中国统计年鉴》,2005 年城镇人口数为 56 212 万人。 |
| 65 | 2005 年财政支出金额 = 33 930.28<br>Units：亿元<br>注明：根据《中国统计年鉴》,2005 年财政支出额为 33 930.28 亿元。 |
| 66 | 专利授权数占专利申请数的比重 = WITH LOOKUP (Time,([(0,0)-(2 100,10)],(2000,0.650 56),(2001,0.584 758),(2002,0.560 471),(2003,0.628 247),(2004,0.696 384),(2005,0.573 642),(2006,0.709 318),(2007,0.743 708),(2008,0.579 049),(2009,0.556 371),(2010,0.529 241),(2011,0.484 566),(2012,0.523 173),(2013,0.506 322),(2014,0.439 653),(2015,0.470 027),(2016,0.718 068),(2017,0.537 99),(2018,0.545 801)))<br>Units：Dmnl |
| 67 | 高新技术产出与专利授权数比率 = WITH LOOKUP (Time,([(0,0)-(2020,400)],(2009,223.212),(2010,121.647),(2011,246.975),(2012,98.611 4),(2013,61.316 9),(2014,188.571),(2015,336.769),(2016,258.179),(2017,332.659),(2018,333.587))<br>Units：亿元/件 |

续表

| 公式编号 | 函数关系或方程式 |
|---|---|
| 68 | 财政支出年增长率 = 0.156 5<br>Units:1/Year<br>注明:根据《中国统计年鉴》,得出 2005—2018 年财政支出,再根据公式计算出增长率,最后计算出年增长率。 |
| 69 | 2005 年全社会固定资产形成总额 = 88 774<br>Units:亿元<br>注明:根据《中国统计年鉴》,200 年全社会固定资产形成总额是 88 774 亿元。 |
| 70 | 2005 年居民家庭平均每户全年通信支出 = 1 472.14<br>Units:亿元/万人<br>注明:根据《中国统计年鉴》,2005 年居民家庭平均每户全年通信支出为 1 472.14 元/人。 |
| 71 | 2005 年能源消耗量 = 261 369<br>Units:万吨标准煤<br>注明:根据《中国统计年鉴》,2005 年能源消耗量为 261 369 万吨标准煤。 |
| 72 | 非农产业能源消耗量与非农产出比率 = WITH LOOKUP (Time,([(2000,0)-(2017,20)],(2000,15.17),(2001,14.58),(2002,14.19),(2003,13.81),(2004,12.51),(2005,10.17),(2006,9.96),(2007,9.64),(2008,8.12),(2009,7.85),(2010,7.33),(2011,6.42),(2012,5.96),(2013,5.39),(2014,5.13),(2014,5.13),(2015,4.66),(2016,4.35),(2017,4.25),(2018,4.36),(2019,4.21)))<br>Units:万吨标准煤/亿元 |
| 73 | 生活能源消耗量与城镇人口比重 = WITH LOOKUP (Time,([(2000,0)-(2100,10)],(2000,0.249 9),(2001,0.237 7),(2002,0.238 2),(2003,0.260 4),(2004,0.285 1),(2005,0.310 1),(2006,0.314 1),(2007,0.325 7),(2008,0.321 8),(2009,0.322 8),(2010,0.309 6),(2011,0.376 2),(2030,0.576 1)))<br>Units:万吨标准煤/万人 |
| 74 | 工业固体废弃物与非农产出比率 = WITH LOOKUP (Time,([(2000,0)-(2017,10)],(2000,1.279 2),(2001,1.293 4),(2002,1.308 6),(2003,1.340 1),(2004,1.403 5),(2005,1.352 8),(2006,1.270 4),(2007,1.300 6),(2008,1.331 5),(2009,1.311 9),(2010,1.313 8),(2011,1.337 6),(2012,1.423),(2013,1.455),(2014,1.519),(2015,1.685),(2016,2.191),(2017,3.016),(2018,2.875),(2019,2.510)))<br>Units:万吨/亿元 |

续表

| 公式编号 | 函数关系或方程式 |
|---|---|
| 75 | 2005 年工业固体废弃物产生量 = 124 324<br>Units：万吨<br>注明：根据《中国统计年鉴》，2005 年工业固体废弃物产生量为 124 324 万吨。 |
| 76 | 废气排放与非农产出比率 = WITH LOOKUP（Time，（[（2005，0）-（2017，0.1）]，（2005，0.01），（2006，0.01），（2007，0.02），（2008，0.01），（2009，0.02），（2010，0.01），（2011，0.009），（2012，0.008），（2013，0.008），（2014，0.007），（2015，0.007），（2016，0.008），（2017，0.006），（2018，0.007），（2019，0.006）））<br>Units：亿标立方米/万元 |
| 77 | 2005 年非农产业废气排放量 = 268 988<br>Units：亿标立方米<br>注明：根据《中国统计年鉴》，2005 年非农产业废气排放量为 268 988 亿标立方米。 |
| 78 | 生活污水排放与城镇人口比重 = WITH LOOKUP（Time，（[（2005，0）-（2017，100）]，（2005，47.66），（2006，47.76），（2007，47.92），（2008，55.03），（2009，55.18），（2010，54.22），（2011，60.62），（2012，60.59），（2013，62.87），（2014，62.09），（2015，62.07），（2016，92.23），（2017，91.97），（2018，91.87），（2019，91.78）））<br>Units：万吨/万人 |
| 79 | 2005 年废水排放量 = 2 431 121<br>Units：万吨<br>注明：根据《中国统计年鉴》，2005 年废水排放量为 2 431 121 万吨。 |
| 80 | 非农产业废水排放与非农产出比率 = WITH LOOKUP（Time，（[（2005，0）-（2017，1）]，（2005，0.28），（2006，0.24），（2007，0.16），（2008，0.13），（2009，0.11），（2010，0.06），（2011，0.04），（2012，0.03），（2013，0.03），（2014，0.03），（2015，0.02），（2016，0.02），（2017，0.01），（2018，0.01），（2019，0.01）））<br>Units：亿吨/亿元 |
| 81 | 总面积 = 960 万<br>Units：平方公里 |
| 82 | 农业用地面积占国土面积比例 = WITH LOOKUP（Time，（[（2005，0）-（2017，0.1）]，（2011，0.084），（2015，0.086），（2016，0.086），（2017，0.086），（2018，0.085）））<br>Units：Dmnl |

续表

| 公式编号 | 函数关系或方程式 |
|---|---|
| 83 | 农业产出与农业用地面积比率 = WITH LOOKUP（Time,（[（2005,0）- （2017,2000）]，（2005,669.653），（2006,558.353），（2007,697.095），（2008,831.503），（2009,876.879），（2010,990.535），（2011,1 220.41），（2012,1 358.3），（2013,1 412.03），（2014,1 494.2），（2015,162.441），（2016,184.462），（2017,189.834），（2018,188.378）））<br>Units：亿元/平方千米 |
| 84 | 社会保障覆盖率 = WITH LOOKUP（Time,（[（2005,0）-（2017,60）]，（2005,19.61），（2006,19.64），（2007,20.91），（2008,28.9），（2009,35.27），（2010,37.25），（2011,39.43），（2012,41.92），（2013,43.92），（2014,45.62），（2015,45.55），（2016,45.18），（2017,44.97），（2018,45.13），（2019,45.20）））<br>Units：Dmnl |
| 85 | 失业率 = WITH LOOKUP（Time,（[（2005,0）-（2018,10）]，（2005,4.1），（2006,4），（2007,4），（2008,4），（2009,4），（2010,3.9），（2011,3.5），（2012,3.3），（2013,3.4），（2014,3.5），（2015,3.6），（2016,3.7），（2017,3.4），（2018,2.4），（2019,3.3）））<br>Units：Dmnl |
| 86 | 2005 年专利授权数 = 214 003 件<br>Units：件<br>注明：根据《中国科技统计年鉴》，2005 年专利授权数 214 003 件。 |
| 87 | 2005 年专利申请数 = 476 264 件<br>Units：件<br>注明：根据《中国科技统计年鉴》，2005 年专利申请数为 476 264 件。 |
| 88 | INITIAL TIME = 2005 |
| 89 | FINAL TIME = 2030 |
| 90 | TIME STEP = 1 Year |

## 6.2.3 系统模型检验

利用系统动力学软件特有的模型检验功能,找出模型的缺陷,进而对模型进行改进。模型检验本质上是一个证伪过程,但不可能完全证明模型的脆弱性。因此,进行全面综合的测试既不容易也没必要。一般情况下,模型检验有:①系统边界检验,②模型结构与行为检验,③量纲一致性检验,④参数估计检验,⑤行为重现检验,⑥敏感性检验,⑦积分误差检验。

### 1)系统边界检验

系统边界检验的主要目的是检验重要变量和概念是否为内生变量,检验系统边界假设是否对系统行为敏感。确定系统边界的两个主要方面是研究变量和时间跨度。本书通过大量文献研究、问卷调查和相关专家访谈,结合系统模型研究目的,最终确定 ESET 系统模型包括 3 个状态变量,4 个速率变量,50 个辅助变量和 33 个常量或参数,这些元素共同构成了 12 条正反馈回路作用机制和 5 条负反馈回路作用机制,系统控制对模型变量的反应灵敏,城市高质量发展的政策杠杆作用点存在且有效。因此,从模型的变量选择和系统边界两个角度来看,模型基本上满足研究目标要求。

### 2)模型结构与行为测试

典型系统结构会产生典型的行为,即所谓的内在规律性行为。前文通过 17 条反馈回路的因果关系分析,证明了模型的结构满足实际需求。然后,对系统结构进行分解,分析各水平变量、速率变量和辅助变量的组成,依次检查各因果决策的合理性。限于篇幅,这里仅列出了城市高质量发展水平、科技创新水平、经济高质量发展水平变量等的因果决策图,如图 6.6—图 6.8 所示。通过将系统结构分解,并测试每个局部结构,得出结果说明各个因果决策结构与行为都符合实际情况,通过检验。

### 3)量纲一致性检验

为了保证量纲在具有实际意义的前提下还能确保方程内部的量纲是统一的,就要进行系统量纲一致性检验。城市高质量发展系统中所涉及的指标,资金的单位是为万元,并且以年为基期,剔除假设影响因素之后的值,人员单位均为人,专利的单位为件。

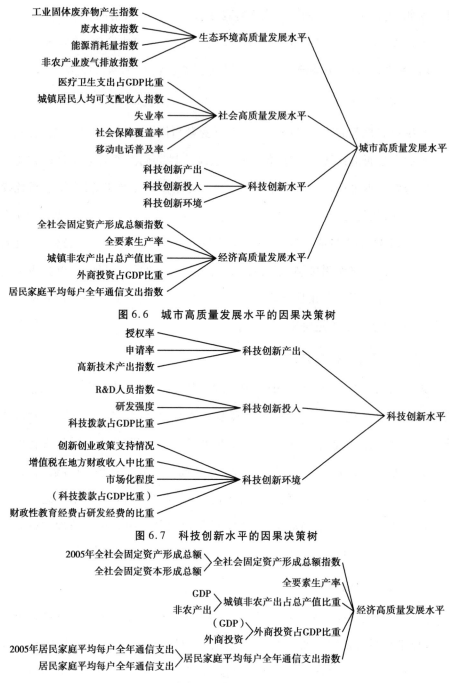

图 6.6　城市高质量发展水平的因果决策树

图 6.7　科技创新水平的因果决策树

图 6.8　经济高质量发展水平的因果决策树

4）运行检验

在现实中,ESET 系统是一个受多种因素影响的复杂系统,选取不同的仿真步长如步长一年、半年、一季度,即 DT=1,DT=0.5,DT=0.25 进行仿真分析,对重要指标的模拟结果进行查看,可见图 6.9,如果系统基本稳定,没有发生剧烈的震荡和波动,说明运行符合实际系统。

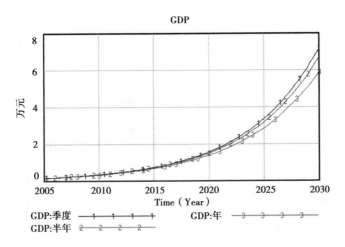

图 6.9　GDP 仿真比较结果

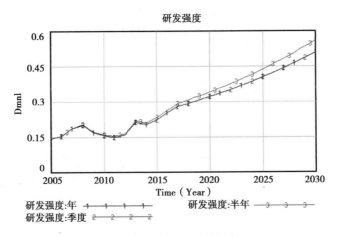

图 6.10　研发强度仿真结果

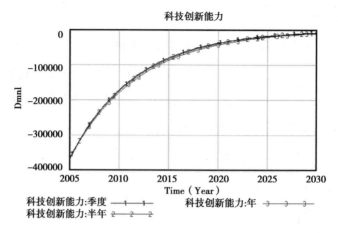

图 6.11　科技创新水平仿真结果

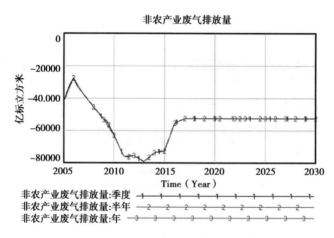

图 6.12　非农产业废气排放量仿真结果

5）敏感性检验

敏感性分析是研究当改变一个系统参数和外部条件时,观察这个系统状态变化或输出变化程度。通过敏感性分析可以分析实际系统和对实际系统调试决策。一个实际系统中,很多因素影响和控制一个参数变化范围。灵敏性分析的原理是当某一个因素发生很小的变化,但是效果指标却发生了很大改变,则说明该因素对此指标敏感;假若某一因素发生很大的改变,但是效果指标却发生很小的变化,则说明该因素对此指标不敏感,反之,就说明该因素对此指标不敏感。通过敏感性分析,有助于决策者确定敏感性参数,为合理制定决策提供依据。

　　灵敏性分析主要是分析不确定因素变化对系统影响,找出敏感因素并估计灵敏度。灵敏性检验的两种方式主要是参数灵敏性检验和结构灵敏性检验。模型本身可以对模型的结构关系进行明确,因此不需要对模型进行结构分析,接下来只需进行参数灵敏度分析,即在合理的范围内改变参数,然后观察模型将如何变化。

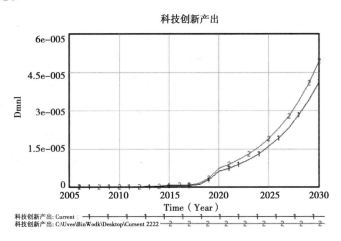

图 6.13　科技创新产出灵敏度分析

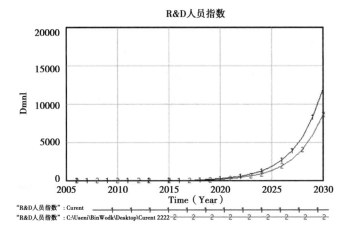

图 6.14　R&D 人员指数灵敏度分析

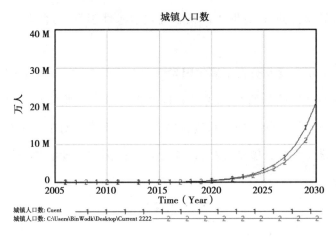

图 6.15　城镇人口数灵敏度分析

本书分析了模型中常变量的灵敏度,由授权专利数、研发人员数和出生率在-5% ~5%的范围内进行测试,可见,上述变量值发生改变以后,虽然改变了模型曲线振幅,但是模型行为趋势变化不大。显然,这些敏感因素均能够验证城市高质量发展系统模型敏感性检验合格。进一步的政策敏感性参数的仿真模拟分析将在本书下一小节重点展开。

6）历史检验

系统历史测试主要目的是观察模型的仿真结果与实际系统是否一致,即测试历史数据与系统行为的拟合程度。系统历史测试能够有效、快速地发现模型中存在的问题,并通过反复修正和拟合,在一定程度上保证了模型的有效性和正确性。对 ESET 系统的检验,本书选取了模型回路中 GDP、专利授权数、废水排放量和科技拨款等重要指标,将模拟值与实际值进行了比较,并测试了模型与 ESET 系统实际运行的拟合程度。

（1）GDP

根据对 ESET 系统所进行的仿真运算,得到 2005—2030 年 GDP 仿真值与实际值的比较,如表 6.3 与图 6.16 所示。

表 6.3 GDP 仿真值、实际值与误差值 单位:亿元、%

| 年份 | 仿真值 | 实际值 | 误差值 |
|------|--------|--------|--------|
| 2005 | 187 318.9 | 199 275.43 | −0.06 |
| 2006 | 219 438.5 | 226 225.26 | −0.03 |
| 2007 | 270 232.3 | 296 958.57 | −0.09 |
| 2008 | 319 515.5 | 304 300.48 | 0.05 |
| 2009 | 349 081.4 | 392 226.29 | −0.11 |
| 2010 | 413 030.3 | 368 777.05 | 0.12 |
| 2011 | 489 300.6 | 543 667.33 | −0.10 |
| 2012 | 540 367.4 | 607 154.38 | −0.11 |
| 2013 | 595 244.4 | 546 095.78 | 0.09 |
| 2014 | 643 974 | 699 971.74 | −0.08 |
| 2015 | 689 052.1 | 733 034.15 | −0.06 |
| 2016 | 743 585.5 | 774 568.23 | −0.04 |
| 2017 | 827 121.7 | 870 654.42 | −0.05 |

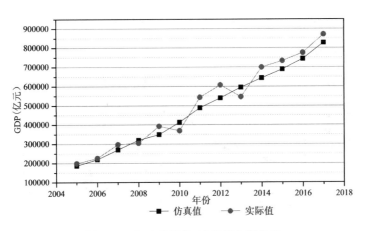

图 6.16 GDP 仿真值、实际值与误差值

## (2)专利授权数

根据对 ESET 系统所进行的仿真运算,得到 2005—2030 年专利授权数仿真值与实际值的比较,如表 6.4 与图 6.17 所示。

表 6.4  专利授权数仿真值、实际值与误差值         单位:项、%

| 年份 | 仿真值 | 实际值 | 误差值 |
|------|--------|--------|--------|
| 2005 | 214 003 | 211 884.16 | 0.01 |
| 2006 | 268 002 | 255 240.00 | 0.05 |
| 2007 | 351 782 | 344 884.31 | 0.02 |
| 2008 | 411 982 | 403 903.92 | 0.02 |
| 2009 | 581 992 | 576 229.70 | 0.01 |
| 2010 | 814 825 | 831 454.08 | −0.02 |
| 2011 | 960 513 | 881 204.59 | 0.09 |
| 2012 | 1 255 138 | 1 195 369.51 | 0.05 |
| 2013 | 1 313 000 | 1 326 262.62 | −0.01 |
| 2014 | 1 302 687 | 1 371 249.53 | −0.05 |
| 2015 | 1 718 192 | 1 668 147.60 | 0.03 |
| 2016 | 1 753 763 | 1 670 250.52 | 0.05 |
| 2017 | 1 836 434 | 1 748 984.81 | 0.05 |

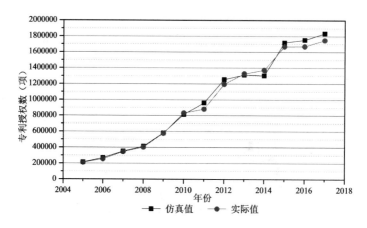

图 6.17  专利授权数仿真值、实际值与误差值

### (3) 废水排放量

根据对 ESET 系统所进行的仿真运算,得到 2005—2030 年废水排放量仿真值与实际值的比较,如表 6.5 与图 6.18 所示。

表 6.5 废水排放量仿真值、实际值与误差值 单位:万吨、%

| 年份 | 仿真值 | 实际值 | 误差值 |
|------|--------|--------|--------|
| 2005 | 5 245 089 | 4 812 008.30 | 0.09 |
| 2006 | 5 144 802 | 4 677 092.70 | 0.10 |
| 2007 | 5 568 494.16 | 5 108 710.20 | 0.09 |
| 2008 | 5 716 801 | 5 197 091.80 | 0.10 |
| 2009 | 5 890 977.25 | 6 266 997.10 | −0.06 |
| 2010 | 6 172 562 | 5 611 420.00 | 0.10 |
| 2011 | 6 591 922.44 | 7 012 683.40 | −0.06 |
| 2012 | 6 847 612.14 | 7 132 929.30 | −0.04 |
| 2013 | 6 954 432.7 | 7 244 200.71 | −0.04 |
| 2014 | 7 161 750.53 | 7 090 842.11 | 0.01 |
| 2015 | 7 353 226.83 | 7 003 073.22 | 0.05 |
| 2016 | 7 110 953.88 | 7 182 781.73 | −0.01 |
| 2017 | 6 996 609.97 | 6 360 554.50 | 0.10 |

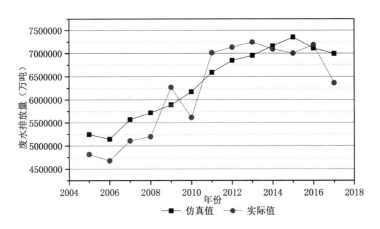

图 6.18 废水排放量仿真值、实际值与误差值

(4) 科技拨款

根据对 ESET 系统所进行的仿真运算,得到 2005—2030 年科技拨款仿真值与实际值的比较,如表 6.6 与图 6.19 所示。

表 6.6　科技拨款仿真值、实际值与误差值　　　单位:亿元、%

| 年份 | 仿真值 | 实际值 | 误差值 |
|---|---|---|---|
| 2005 | 1 334.9 | 1 236.03 | 0.08 |
| 2006 | 1 688.5 | 1 639.32 | 0.03 |
| 2007 | 2 135.7 | 2 073.47 | 0.03 |
| 2008 | 2 611.0 | 2 510.57 | 0.04 |
| 2009 | 3 276.8 | 3 212.54 | 0.02 |
| 2010 | 4 196.7 | 3 922.11 | 0.07 |
| 2011 | 4 797.0 | 4 749.49 | 0.01 |
| 2012 | 5 600.1 | 5 544.65 | 0.01 |
| 2013 | 6 184.9 | 6 123.66 | 0.01 |
| 2014 | 6 454.5 | 6 327.94 | 0.02 |
| 2015 | 7 005.8 | 6 936.44 | 0.01 |
| 2016 | 7 760.7 | 7 683.86 | 0.01 |
| 2017 | 8 383.6 | 8 383.60 | 0.00 |

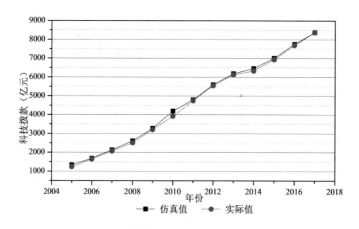

图 6.19　科技拨款仿真值、实际值与误差值

　　根据前文选定的系统输出和响应指标,本书检验了所建立的城市高质量发展仿真模型,因为选取的数据时间段为 16 年,16 年短期内波动较大,个别变量拟合结果误差超过 10% 是正常现象。

由于 ESET 系统本身受到许多不确定因素影响,ESET 系统的变量还要受到国家政策、自然灾害等外部环境的影响,系统中有些变量可能会因为这些不确定因素的影响在某一点上出现波动;即使是借助线性回归方法确定变量关系,表现在模型中依然会出现个别误差较大的情况。基于上述的历史检验结果,可以看出系统的仿真模型能够达到理想状态,得出的数据结果是有效和可用的,这充分说明本书所建立的 ESET 系统仿真模型成立。

# 6.3　城市高质量发展情景分析及动态随机仿真

## 6.3.1　情景分析法与主要流程

1)"情景分析"(Scenario Analysis)

其最大优势在于基于经济、产业和技术等重大演变基础上,提出关键假设,然后对未来各种方案进行详细的、严密的推理,最后对结果进行描述。情景分析有助于管理者发现未来某些变化趋势,对未来变化及其影响过高或者过低估计进行有效避免,避免常见错误出现。

本书中构建的 ESET 系统是一个复杂系统,有众多影响因素,突发事件对系统影响变化情况传统预测方法不能预测,传统预测方法具有片面性。本书运用情景分析法对 ESET 系统仿真结果进行了情景分析,设定三种情景分析和政策模拟,时间区间为 2005—2030 年,做研究时设想假设类型在未来可能变成现实,计算不同情景设想,选出最实际的"可能的未来",最终得出最佳方案,这为政府制定相关政策提供决策参考依据。

本书情景分析思路是首先找出 ESET 系统模型的关键政策参数,通过调整关键政策参数的范围,找出临界点,使模型中的主要变量增长趋势发生变换的临界点就是要寻找的临界点,最终找出关键政策参数的合理取值范围。在 ESET 系统存量流量关系模型(图 6.5)的基础上,运用 VENSIM DSS5.6 软件提供的"Causes Tree"功能,对影响科技创新水平的变量和参数进行分析,得到因果决策树,如图6.20所示。科技创新水平受科技创新投入水平、科技创新产出水平和科技创新环境的影响。本书将在情景分析章节针对这些少数关键参数变量通过政策情景分析的方式展开重点分析研究,以期更为直接地观察政策仿真模拟的效果。

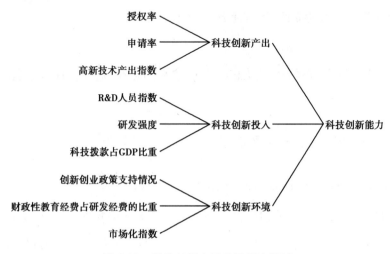

图6.20　科技创新水平的因果决策树

### 2)情景分析法及主要流程

#### (1)情景分析方法

情景分析法(Scenario analysis)又称作脚本法、前景描述法,是系统动力学动态仿真分析的重要方法之一。其核心思想是综合分析未来的不确定因素,根据研究目的构造多种情景,对未来关键因素的参数变化范围进行假定,然后考察不同的政策、不同措施对未来发展趋势所产生的影响和效果,得出评估结果。它与预测研究不同,二者最本质的区别在于:情景分析是观察在事前对参数变化进行假定的前提下,观察被研究对象在未来可能出现的情况。该方法特有的特点有如下几点:

①情景分析法与类比或因果预测相比,在进行实证分析中考虑的问题更全面,并且应用更为灵活。具体来说,统筹考虑变量在未来可能出现的各种不同

的情况时,情景分析法比较适用,综合考虑不同的因素,以"全视角"的方式对未来发生的情景表示出来,最大程度为决策者提供广阔的思考空间,有助于做出最终决定。

②情景分析应用范围更广,更灵活,不受假设条件的限制。

③情景分析不仅运用定性分析方法的优势,同时还把定量分析的优势运用到实证研究中,将定性研究与定量研究有效地结合在一起。

城市高质量发展受到众多因素影响,并且这些因素参数的未来变动情况具有多种可能性。因此,本书采用情景分析方法对这些因素参数未来可能变化的情景进行合理假设,动态观察不同情景下城市高质量发展水平的变化情况,以期为相关主管部门科学制定提升城市高质量发展政策提供可靠依据。

**(2)情景分析的主要流程**

不同学者研究问题不同,构建情景分析的流程必然不太一样。代表性的有Clemons 的 5 步情景分析法、Peter 的 8 步情景分析法、Luc 的 9 步情景分析法等。目前国际上应用最广泛的一种流程分析法是由斯坦福研究院(Stanford Research Institute,SRI)提出的 6 步情景分析法。其 6 项步骤如下:

步骤一:明确决策焦点。本书的主要目的是探索科技创新水平对城市高质量发展的作用情况,因此本书的决策焦点围绕科技创新水平和城市高质量发展问题展开。

步骤二:关键影响因素识别。探索直接影响决策点的关键因素。通过图6.20 系统模型的因果决策树可以直观看出,科技创新投入水平、科技创新产出水平、科技创新环境是影响科技创新水平的直接要素;而对科技创新投入水平具有直接影响作用的要素有人力投入和资金投入,科技创新产出水平具有直接影响作用的要素有专利申请指数、专利授权指数和高新技术产出指数,科技创新环境具有直接影响作用的要素有基础研究经费占研发经费的比重、科技拨款占 GDP 比重和创新创业政策支持情况。

步骤三:外在驱动力量分析。科技创新是本书中的外在驱动力量,这个变量主要是通过影响其他变量进而间接对城市高质量发展产生影响。

步骤四:选择不确定的轴向。把科技创新水平分为重要程度与不确定程度两个群组,每个群组归类为高、中、低三类。在两个群组中,选出 2~3 个构成不确定轴面作为情景内容的主体框架,进一步为下个步骤发展出情景逻辑。

步骤五:发展情景逻辑。根据不同焦点设置不同的情景。对设置的各个情景进行细节描述,在本书中,设置了三个情景(基准情景、集约发展情景和创新集约发展情景)进行分析。

步骤六:分析情景的内容。对上文设置的情景进行一致性的检验,分析各角色在未来的环境中可能做出的反应,最终对各情景在管理决策上的含义进行认定。

虽然对情景分析步骤进行了设定,但是在做实际研究过程中不能照搬步骤,使用者要根据具体的需求、研究问题的需要以及建模的复杂程度进行灵活运用,适当地调整步骤。尽管不同的研究中可能存在步骤不一致情况,但是情景分析的目的是相通的,就是首先研究目标和核心问题确定,然后根据确定的关键要素设定不同的情景,最后对情景分析进行预测,得出结果,根据结论指导决策者制定决策。图 6.21 给出了 ESET 系统模型的情景分析流程。

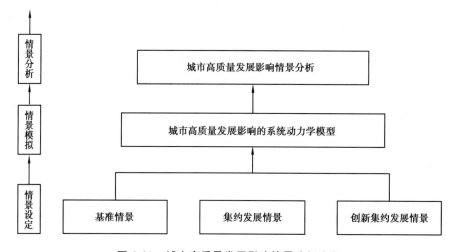

图 6.21　城市高质量发展影响情景分析流程

### 3）仿真模拟分析与评价

结构决定行为,系统行为与系统结构和系统参数取值有关。一个特定的系统结构下各个变量之间是相互影响的,当系统中某一变量的取值发生改变时,系统的行为可能因此发生明显的改变。本书设置三种情景进行情景模拟。由前文分析可知,科技创新投入水平、科技创新产出水平和科技创新环境是影响科技创新水平的关键变量,如图6.22所示,而科技创新水平是决定城市高质量发展的重要因素。外生变量本模型中主要用来对系统行为进行控制和仿真,进而在不同场景下对中国城市高质量发展水平进行预期。借助 VENSIM DSS5.6 软件实现仿真系统的仿真模拟,系统中有关参数2005—2017年的数据来自统计年鉴、通过计算所得或者通过问卷调查取得,2018年以后根据不同情景分析对各参数取值进行预设。

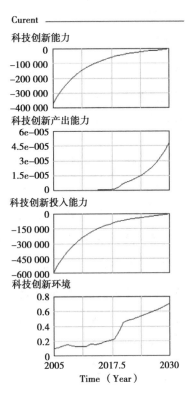

图6.22　初始条件下科技创新水平的模拟曲线

由于模拟的总时间长度太短无法将变化趋势的图像展示完整,因此本书将模拟的总时间定为30年。

政策模拟是立足当前研究的特点,基于数学或实体模型,观察和比较系统运行情况,深入分析不同调控方案对经济、社会、城市发展的影响,以及不同调控方案对促进社会经济发展方式转变的作用,有利于提供相应的决策参考。根据以上分析,本书对经济高质量发展、社会高质量发展、生态环境高质量发展和科技创新等子系统内同一变量取不同数值,并观察这种情况对城市高质量发展水平的影响,观察和比较系统运行结果不同方案设计下的差异程度,选择最优的政策制订方案,为以后制定政策建议提供理论支撑。

情景法分析不是对研究对象未来状态的准确预测,而是侧重于考察研究对象在不同趋势条件下出现的状态,然后对其进行比较和研究,适合政策或者提出措施的前预估。借助 Vensim 软件进行情景分析,2000—2019 年参数的趋势均以统计数据或其计算所得数值为准,2019 年之后各参数取值根据不同情景分析需要预设,仿真周期为 2020—2030 年。

## 6.3.2  城市高质量发展综合情景设置

科技、经济、社会和环境之间存在着一种相互依存、相互影响、相互促进的复杂关系。实现四个子系统的高质量发展和四个子系统之间耦合协调发展是实现高质量可持续发展的前提。影响城市高质量发展的影响因素众多,35 个大中城市存在多样性,实际发展情况差异巨大,建立的情景分析无法包含所有实际情况,只能建立典型情景进行分析讨论。为考察 2020—2030 年城市高质量发展和各子系统的情况,找出一个各子系统高质量和协同耦合的发展情景,本书设置了三种典型情景,最终找出一个能够使得各子系统协同耦合发展的情景。

首先根据经济、社会、生态环境和科技发展情况,对各解释变量设置了一个基准情况。基准情景可以用来反映城市未来发展的水平状况,目的主要是影响未来城市高质量发展的基本因素进行揭示和澄清,而不是精确估计一些特定经济情况和事件,在基准情景的基础上调整一些因素的变动情况,选取两种不同情况的情景假设,集约发展情景和创新集约发展情景,进而比较全面客观分析可能出现的情况。本书设置了三种情景:基准情景(S1)、集约发展情景(S2)和创新集约发展情景(S3),三种情景的具体描述情况如下:

基准情景(S1):我国城市未来发展情景一假定当前发展水平下,即以固定资本和劳动力为生产要素的非农生产函数不变,自然人口变动模式不变,单位产出能耗和城乡生活能耗,单位城市人口对环境负面影响按现有模式改变,单位非农产出的废水废气排放将保持现有水平,如表6.7所示。

表6.7 基准情景下参数设定

| 情景 | 内容 | 参数设置 |
|---|---|---|
| 基准情景<br>(S1) | 经济子系统 | 固定资本形成额指数在2019年为5.17,假定之后稳定在5.17;农业产出占农业用地比例由2019年3.9%缓慢下降,到2030年下降到3%。 |
| | 社会子系统 | 失业率2019年为3.6%,假设之后稳定在3.6%;人口出生率和死亡率2019分别为10.48%和7.14%,之后保持稳定;社会保障覆盖率2019年为45.20%,假定之后保持此水平不变。 |
| | 生态环境子系统 | 非农产业能源消耗量与非农产出比率2019年为4.21,假定之后保持此水平稳定;工业固体废弃物与非农产出比率2019年为2.510,假定之后保持此水平稳定;非农产业废水排放与非农产出比率2019年为0.01,假定之后保持此水平不变。 |
| | 科技创新子系统 | 各指标保持不变 |

集约发展情景(S2):由于在基准情景下,我国未来的城市发展过程中会出现资源的过度消耗和对环境负面影响的不断增加,因此在思考调整城市发展战略时,必然会想到集约发展。简言之,集约发展是指高效率的发展。在城市发展过程中,是指在同等产出和城市人口的前提下,更有效、更经济地消耗自然资源,同时减少生产生活中对环境的负面影响。因此,本书将中国未来城市发展的第二种情景设定为集约发展情景,即在城市发展过程中进一步降低城市建设速度、单位面积农业产出继续稳定增长、单位人口生活污水排放和城乡居民人均生活消耗不再增加,保持目前的稳定水平,工业废水、单位产出废气排放量和单位产出的工业废水、废气排放以及单位产出的能源消费量持续降低,科技创新要素水平保持不变,具体参数设置如表6.8所示:

表 6.8　集约发展情景下参数设定

| 情景 | 内容 | 参数设置 |
|---|---|---|
| 集约发展情景(S2) | 经济子系统 | 固定资本形成额指数在 2019 年为 5.17,假定之后稳定在 5.17;农业产出占农业用地比例在 2019 年以后始终保持 5% 的增长速度增长。 |
| | 社会子系统 | 失业率 2019 年为 3.6%,假设之后稳定在 3.6%;人口出生率和死亡率 2019 分别为 10.48% 和 7.14%,之后保持稳定;社会保障覆盖率 2019 年为 45.20%,假定之后保持此水平不变。 |
| | 生态环境子系统 | 非农产业能源消耗量与非农产出比率 2019 年为 4.21,工业固体废弃物与非农产出比率 2019 年为 2.510,非农产业废水排放与非农产出比率 2019 年为 0.01,假定之后按照 2005—2019 年平均下降速度逐年下降;生活污水排放量保持不变。 |
| | 科技创新子系统 | 各指标保持不变 |

　　创新集约发展情景(S3):在不改变其他条件的情况下,在集约情景下未来的城市发展仍然表现出不可持续性,体现在城市发展过程中过度消耗自然资源和对生态环境负面影响日益加大。城市高质量发展不仅强调城市全面发展、人与自然协调发展,而且还要彻底转变发展理念,也就是说,不能以数量来评判发展的优劣,而应该同等重视数量和质量。因此,创新集约情景下我国未来城市发展的启示——要在未来城市发展中实现高质量发展,必须彻底改变现有发展理念,改变过去以物质资料生产和积累的数量和速度来衡量发展的发展理念。因此,按照当前我国发展战略和仿真,情景三假定为创新集约发展,即积极减缓非农生产、提高科技创新水平。实际上,积极减缓非农生产和提高科技创新水平是对非农生产增速的合理调节,是对以往追求数量发展的一种反思和否定。具体参数设置如表 6.9 所示。

表 6.9　创新集约发展情景下参数设定

| 情景 | 内容 | 参数设置 |
|---|---|---|
| 创新集约发展情景（S3） | 经济子系统 | 固定资本形成额指数在 2019 年为 5.17,假定之后稳定在 5.17;农业产出占农业用地比例在 2019 年以后始终保持 5% 的增长速度增长。 |
|  | 社会子系统 | 失业率 2019 年为 3.6% ,假设之后稳定在 3.6% ;人口出生率和死亡率 2019 分别为 10.48% 和 7.14% ,之后保持稳定;社会保障覆盖率 2019 年为 45.20% ,假定之后保持此水平不变。 |
|  | 生态环境子系统 | 非农产业能源消耗量与非农产出比率 2019 年为 4.21,工业固体废弃物与非农产出比率 2019 年为 2.510,非农产业废水排放与非农产出比率 2019 年为 0.01,假定之后按照 2005—2019 年平均下降速度逐年下降;生活污水排放量保持不变。 |
|  | 科技创新子系统 | 科技创新拨款占财政支出比率、专利授权数占专利申请数的比重、高新技术产出与专利授权数的比率假定 2019 年之后按照 5% 比例增长。 |

## 6.3.3　基准情景下城市高质量发展水平分析

为了对城市发展进行理性审视,本书对我国基准情景下的未来城市发展水平进行预测。在目前情景设定下,随着城市发展,非农产出不断增加,并呈现出指数增长趋势(图 6.23)。由此可见,我国城市发展过程反映了非农产出规模不断扩大、非农产业比重逐步提高的发展趋势,并最终趋于稳定。需要指出的是尽管非农产出规模扩大有利于提升居民生活水平,但由于非农生产的性质,消耗资源、污染环境的本质,这种指数型增长很可能导致严重资源和环境问题的产生,对城市高质量、可持续发展构成威胁。

我国在基准情景下,随着城市发展进程,我国工业废水排放量持续增加,并反映出与非农产业产出变化趋势相似的指数增长,并反映出与非农产业产出变

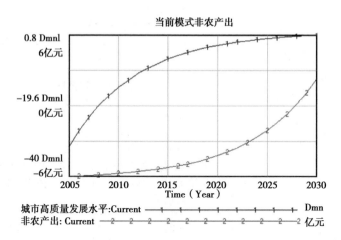

**图6.23　基准情景下中国城市高质量发展水平、非农产出变动**

化趋势相似的指数增长(图6.24),我国能源消费也呈现指数增长趋势(图6.24)。如上所述,资源过度消耗和生态环境恶化与非农生产的本质有紧密联系,如果不及时调整当前的生产模式,会对自然和人类带来不可挽回的后果。基准情景下,我国城市发展反映了资源消耗的不断增加、生态环境持续恶化的发展趋势,不符合人与自然和谐、可持续、高质量发展的要求。

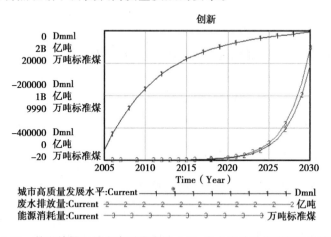

**图6.24　基准情景下城市高质量发展水平、废水排放及能源消耗量变动**

总之,在基准情景下,中国未来经济、社会、自然过程与城市发展反映的中国未来城市发展的总体进程是相一致的。总的来说,中国经济、社会过程未出现不妥,但是自然过程不利于城市可持续高质量发展,也就是说,在基准情景下,我国未来的城市发展将导致社会系统与自然系统不协调,无法满足可持续发展、高质量发展的要求。

## 6.3.4  集约发展情景下城市高质量发展水平分析

与基准情景相比,在集约发展情景下,虽然能源利用效率更高,生产生活对环境的负面影响更小,但最终对资源和环境的影响并没有产生趋势性的变化。首先,虽然集约情景下的废水排放量低于基准情景下的(图6.25),但总体上还是呈指数趋势变动;其次,集约情景下的能耗变化与基准情景下的能耗变化差异非常小(图6.25),两种情景下,都会以指数形式增加。

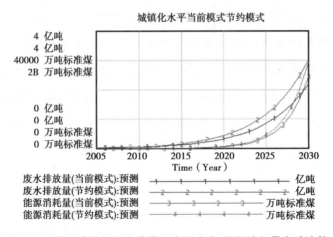

图 6.25　基准情景和集约情景下中国废水、能源消耗量变动比较

## 6.3.5  创新集约发展情景下城市高质量发展水平分析

在创新集约情景下,由于主动积极降低固定资本积累速度,经济在城市发展过程中受到的影响最为直接。具体来说,非农产出不再呈现指数增长趋势,而是呈现出先增速后减速的"S形"增长态势(图6.26),而且数量上远低于基准情景和集约情景。创新集约发展情景下城市高质量发展水平依然呈逐步提高的趋势(图6.26)。

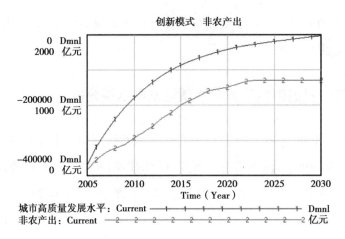

图 6.26　创新集约情景下中国城市高质量发展水平、非农产出变动

在创新集约发展情景下,随着城市发展,由于经济产出规模的扩大改变了指数型无限增长的运动趋势,能源消耗、废水排放的变化无一例外地改变了以往指数型增长趋势,转变为平缓增长最终趋于稳定甚至下降的运动趋势(图 6.27)。可见,创新集约发展情景下的城市发展最符合城市高质量可持续发展的要求,在此情景下,自然资源消耗在合理区间波动,对环境的负面影响也较低,改变了传统重数量的发展理念。

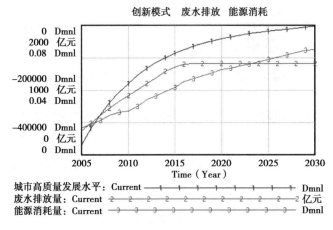

图 6.27　创新集约情景下城市高质量发展水平、废水排放和能源消耗量变动

### 6.3.6 三种情景的比较分析

综合上述三种情景的城市高质量发展水平的分析,在不同的科技、经济、社会和生态环境的影响下,最终城市高质量发展水平的差距较大。比较基准情景和集约发展情景可以看出,虽然资源利用效率更高,对环境的负面影响在生产生活中不会增加甚至减弱,但集约情景下的发展并没有显示出预期的效果。也就是说,由于非农生产消耗资源、污染环境,现代人口的生活方式也会消耗资源,对环境产生负面影响的本质特征并没有发生改变,相关变量如非农产量、能源消耗、废水和废气排放等,不会改变指数增长方式,最终导致资源的过度消耗和生态环境的恶化。在这种情况下,希望通过集约发展方式来实现人与自然协调、最终实现城市全面协调可持续、高质量发展的愿望是很难达成的,集约情景下城市发展不满足当前科技创新视角下对城市发展的要求。

本节的研究结论可以适用于那些经济社会发展已经达到一定水平,但是发展比较平缓,遇到了发展瓶颈期,未来急需借助科技创新实现转型升级,实现从"量"到"质"转变的一些城市。总之,要使未来中国城市发展向高质量、可持续的方向发展,不但要对城镇人口数这一直接影响城市发展水平的因素进行合理调节,采取适当措施减少在生活过程中对资源和环境的负面影响,合理控制非农生产的无限增长,引导人们理性、合理地生产、消费,还要采取科技创新改变经济发展方式、提高资源利用率、提高生活水平和保护环境。简而言之,就是要通过科技、经济、社会和生态环境各子系统协调耦合,才能推动城市高质量发展。

## 6.4 科技创新因素敏感性分析

基于第 6 章的研究,本章使用 Vensim 仿真平台,针对科技创新三个维度对城市高质量发展水平进行仿真,最终得到科技创新三个维度的敏感程度。以探求科技创新对城市高质量发展水平影响为目的,本书选取科技创新水平子系统中的各个指标包括(R&D 经费投入、R&D 人员投入、专利授权数、高新技术产出、财政性教育经费比重、市场化指数和创新创业政策)进行优化和仿真,构建 3 种情景,并将这 7 个指标分别归入不同政策偏好的情景中,分别对此进行模拟分析,得到敏感因素。

## 6.4.1　城市高质量发展水平的仿真预测

使用 Vensim 仿真平台,运行模型,得出仿真结果如图 6.28 所示。

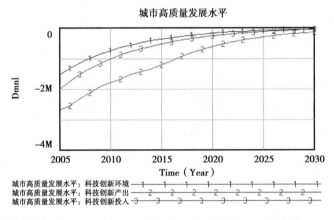

图 6.28　科技创新与城市高质量发展水平的关系图

可以看出科技创新投入、科技创新产出与科技创新环境三者均对城市高质量发展带来驱动作用,其中科技创新环境的影响最大,科技创新投入次之,科技创新产出最低。科技创新环境对城市高质量发展的推动作用最大,主要原因是从长远来看,人口偏向于向具有良好创新环境的城市集聚,随着社会发展,环境因素如教育环境、生态环境等越来越成为人口向城市定居的关键因素;科技创新投入次之,主要是因为从长久来看,科技创新投入对城市高质量发展的作用需要长时间才能得到回报;科技创新产出作用最低,一方面科技创新产出引致的科技创新成果在带来高效益的同时,也会促使更多企业加大新产品研发和产品商业化过程,从而引发企业之间的恶性竞争。另一方面,可能是科技创新产出所带来的经济效应分配不均衡的原因不能对促进人口发展产生显著的推动作用。

基于上述理论研究和实证分析结果,提出以科技创新环境建设为先导,以科技创新投入为手段,以科技创新产出实现为重要环节的科技创新驱动城市高质量发展对策。

## 6.4.2  科技创新投入维度因素敏感性分析

科技创新投入情景包括 R&D 人员投入数量和 R&D 经费投入 2 项指标,设定基准情景及重点开发情景两种方案,其中基准情景是在这种情景下评价指标的取值为原始数据,而重点开发情景下指标的取值是基准情景下的 2 倍,把这 2 项指标分别引入两种方案中。通过对比城市高质量发展水平在重点开发情景下与基准情景下的仿真效果,具体如图 6.29 所示。

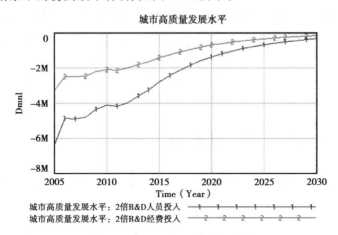

图 6.29  人员、经费投入与城市高质量发展水平的关系图

在科技创新投入情景下,R&D 经费投入对城市高质量发展水平的推动效果远远高于 R&D 人员投入指标。这是由于研发经费投入较多,可以引进先进的设备、技术、高科技人才,科技人才的可支配收入显著促进城市科技创新水平。据数据统计,近年来,不断提高城镇居民人均可支配收入,人均消费支出也有较大幅度增长。面对物价上涨、房价上涨、养老、子女教育等成本上涨,劳动者的身心健康承受着巨大压力。科技创新的核心要素是科技创新人才,从事创造性

劳动的劳动者,如科研人员、技术工人等,尤其是中青年劳动者可能会因为生活压力难以安心从事科技创新工作。通常情况下随着城镇居民收入水平的提高创新人才收入会随之提高,这可以有效聚集创新型人才这一科技创新要素,进而提高科技创新水平。综上所述,要建立健全科技创新人才收入分配制度,提高人力资本投资在科研预算中的比重,大幅度提高科技创新人才的收入水平。

科技人才是科技创新的核心和根本。因此,我国在以后的教育改革中,改变传统教育模式,构建有利于培养高素质科创人才的新模式,坚定不移地推进素质教育;转变现有的教育观念,从教师到校长再到全社会,转变过去单纯依靠传授知识到知能并重,教育的重点是要培养一个人的能力,以培养创新型人才为教育的目标和价值取向;实行民主教学,构建新型的师生关系;加强对学生问题意识的培养,教育学生要善于思考,勇于质疑、挑战权威;将能力和综合素质引入旧有评级机制,并适当向这两方面倾斜;实施教材改革,使之具有启发性和探索性;把探索性原则贯穿教学,优化学生认知过程,培养他们的探索精神;要以培养发散思维为切入点,协调发展聚合思维和发散思维,培养学生的创新思维能力等,使我国科技队伍在创新精神方面不断成长,拥有广泛的群众基础。

### 6.4.3　科技创新产出维度因素敏感性分析

科技创新产出情景包括专利授权数和高新技术产出两项指标,基准情景下指数的取值不变,重点开发情景下专利授权数和高新技术产出为基准情景中的2倍,重点开发情景下城市高质量发展水平的仿真结果如图6.30所示。

在科技创新投入情景下,比较专利授权数和高新技术产出对城市高质量发展水平的推动效果,发现专利授权数的推动效果高于高新技术产出指标,并且专利授权数推动效果的增长速度高于高新技术产出指标。专利授权数表示促进科技创新水平所具有的技术基础,提供技术资源用于提高科技创新水平。专利授权数在一定程度上象征着整个科技产业所具有的创新实力和先进程度,近些年来科技创新对国民经济和社会影响越来越大,科技资源对城市高质量发展的影响也越来越大。但是专利转化为市场产品率较低,对城市发展高质量发展的贡献有限。

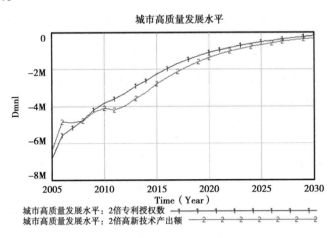

图 6.30  专利授权数、高新技术产出与城市高质量发展水平的关系图

## 6.4.4  科技创新环境维度因素敏感性分析

科技创新环境情景包括基础研究经费和科技拨款项指标,通过对比重点开发情景下城市高质量发展水平和基准情景下的城市高质量发展水平可以获得科技创新环境情景下的仿真结果,具体如图 6.31 所示。

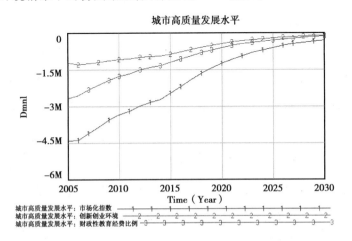

图 6.31  市场化指数、创新创业环境、财政性教育经费比例与城市高质量发展水平关系图

科技创新环境情景下,创新创业环境对城市高质量发展水平的提升速度最高,财政性教育经费比重的影响排名第二,市场化指数的影响最低。这里的财政性教育经费比重对城市的发展具有较强的推动作用,当前我国越来越重视提高国家的创新能力,在科技方面的拨款力度越来越大,促使提高科技创新能力,进而推动城市的高质量发展。但是科技创新成果市场化比较滞后,特别是中高端技术行业研发投入强大与发达国家相比差距较大,市场化程度明显不足,影响技术创新水平。

综上所述,通过科技创新投入、科技创新产出、科技创新环境变化等三维度对城市高质量发展系统仿真模拟可以看出,R&D 人员投入、R&D 经费投入、专利授权数、高新技术产出、创新创业环境、财政性教育经费比重和市场化指数等参数变量均是影响城市高质量发展水平的政策敏感因素。针对这些关键因素采取有效措施可以加速提高城市高质量发展水平,更好地调控科技创新水平,本书将在第 7 章对具体对策措施展开系统全面地阐述。

# 6.5　提高城市高质量发展的对策建议

由前文系统分析得出结论可知,仅仅从表面上、依靠政府和相关部门的政策推进城市高质量发展,并不能从根本上改变城市的发展现状,提升高质量发展,因此,唯有明确以提高城市的高质量发展为最终目标,从科技创新对城市高质量发展影响机理出发,逐步彻底改善科技创新城市高质量发展的水平评价,不断提高城市高质量发展。将我国未来城市高质量发展之路置于科技创新视角之下推进,需要确定城市发展的战略思路,给出对策建议。由前述章节关于城市高质量发展的水平评价和城市高质量发展面临的问题,以及科技创新对城市高质量发展影响机理,本节在此基础上,提出推动城市高质量发展的对策建议,如图 6.32 所示。

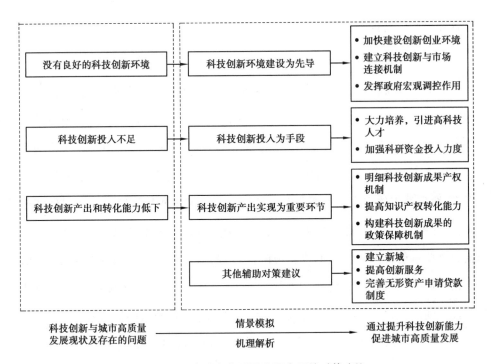

图 6.32 提高城市高质量发展水平的对策建议

## 6.5.1 以科技创新环境建设为先导，为城市高质量发展营造良好的 创新环境

当前的中国经济非常激烈，企业想要在激烈的竞争中脱颖而出，出类拔萃，就必须重视高素质人才的培养，必须重视自身科技创新水平，通过科技创新水平提升自身的竞争力和实力。因此，企业要把自身实力与高质量科技创新结合起来，专心搞科技创新，提升自主研发能力。另外，政府要为企业提供投资环境、政策等良好的创新环境，引导企业走科技创新之路，保证企业在创新的过程中有法律的保障；企业相关部门还应重视科研文化的建设，提供精神支柱为企业文化发展。

在这篇高质量发展的大文章中，同样缺不了政府的作为，搭建适应中小企业创新发展的服务平台，营造良好的创新生态。让创新落地，把实业做好，这才是现在努力的目标。

**1)加快建设创新创业环境**

①加大建设科技创新硬环境,提高创新服务水平和城市软实力。当前,我国城市发展急需从高速增长向高质量发展转变。此时,必须依靠科技创新的驱动力,把原有的驱动因素转变为创新驱动因素。需要加大科技创新投入给一些科技创新发展水平较低的城市,加强科技创新硬环境建设,提高科技创新服务水平,增强城市软实力。创新驱动要求政府将管理职能从研发管理转向创新服务,改变重研发部门、轻创新主体的模式,努力营造良好的创新环境,充分发挥企业在技术创新中的主导地位。现阶段,市政府需通过明确自身功能定位,引导社会资本加入到创建科技创新服务平台行列,完善专业化技术转移服务体系,推进服务型政府建设,加强从研发到产业化整个创新链的创新公共服务。

②营造大众创业环境,完善创新环境。首先,政府应加大投入、优化方向,充分发挥财政的杠杆作用,形成政府主导、企业互补的格局,使创新创业有"资"可寻。其次,建立健全资本运营体系,鼓励创新型企业发展。再次,建立健全创新支撑体系,夯实大众创业环境的基础,改善创新环境,使整体创新要素有序运行。最后,提高科技创新服务能力,为科技创新发展创造环境。不同城市的科技创新发展水平存在显著差异。如果一个城市的技术创新指数明显高于另一个城市,那么这个城市的发展就相对较快。

**2)把科技创新与市场应用结合起来,提高科研成果产出水平和市场化程度**

努力实现科技创新项目与市场对接,提高科技创新成果转化效率,完善科技创新与市场的对接机制,把基础研究与应用研究紧密结合起来,提高科研成果产出水平。高校和科研院所要充分利用自身优势,充分发挥科技创新的基础性作用和科教资源集聚效应,更好释放基础研究源头的创新活力。对国家战略需要和经济迫切需要的基础研究和高技术研究,要积极跟踪、慎重选择,对影响国家"卡脖子"问题,提前谋划基础研究和应用研究布局,充分整合跨学科、跨领域优势力量,攻克关键核心技术,积累原始资源,加强产—学—研—用一体化建设。

### 3)发挥政府宏观调控的作用

一个国家或城市完善的政策和制度对科技创新发展起到举足轻重作用,政府要制定有利于科技创新发展的政策,发挥它的主导作用。在市场资源配置时,有必要政府要发挥它的作用,弥补市场不足,在保证原有创新科研机构、企业地位不动摇的情况下,激发和引导原有创新主体的灵感,动员新兴的创新者加入,不断吸引更多的创新主体加入到科技创新的行列中,为科技创新工作贡献力量。

政府知识产权保护是提高科技创新能力的重要手段。要重视保护关键技术和知识产权,制定相关政策法规,对违反规定、损害知识产权人的行为进行严惩。当然,对于保护知识产权好的行为,可以将此作为示范,借鉴经验,发挥扩散效应,事先彻底分析一些国际惯例和规则,避免不必要的争议。高新技术与城市发展相结合的理想状态是"产城融合",绿色科技新城是城市未来的发展方向,也是未来科技园区的发展方向,城市发展的难点是市民化问题,实现真正的融合是一个漫长且富有挑战的过程,"产城融合"可以为两类人带来大量的就业机会,一类是具有专业技能的年轻农民工,另一类是刚毕业的年轻大学生。

## 6.5.2　以科技创新投入为手段,为城市高质量发展提供坚实的后盾力量

### 1)大力培养,引进高科技人才

①科技创新的根本是科技人才,制约科技创新诸多因素中人才因素是首要因素。因此,需要大力推进人才战略,加大力度投入和储备科技创新人才,充分发挥人力资源对科技创新的主推动力,努力实现中央政府提出的科技兴国、科技强国、科技兴城战略。政府作为宏观调控的主导者,在培养科技创新人才方

面,创造良好的科技创新环境是其首要责任,然后是为科创人才提供完善的创新服务设施。建立科技创新人才的培育机制,建立一套有利于科技创新人才的培育机制是十分必要的,这种人才培育机制有利于科技创新人才脱颖而出。因此,具体工作如下:

a.人才培养要以教育为基础,实行多层次的培养计划。制订高级科研人员、过程技术人员、生产管理人员多层次的培养方案。硕士、博士教育的主要任务是培养高素质高层级人才,重点培养从事基础研究和开发研究的科技创新人才;本科教育的主要任务是培养中级人才和工程技术人才;培养初级人才是专科学校和专业技术教育的主要任务,重点培养从事企业实际工作的定向型专业人才。为保证人才使用效率,要建立专门的人才使用和管理人才政策体系,规定不同学历层次人员的就业领域和工资标准。同时,这些不同层次的科技人才需要定期参加一定的继续教育和培训,从而不断更新科研专业人才的专业知识。主要目的是大大提高科技人才的学习能力、实践能力和创新能力,为科技创新注入新的活力。

b.大力发展地方教育,大量培养地方人才。政府应适当改革当前的教育体制,并制定关于科创人才方面的政策制度,地方教育应引起足够重视,培养出大量地方人才。从整体实际需求出发,设定开放的办学体制,提供多元化的教育环境,培养教师素质,最重要的是要着力培养不同领域、不同行业的技术人才。

c.建立相关青年科技人才库,为后续可持续发展提供后备力量,为青年科技人才的发展提供进一步的学习机会。

d.人才管理部门应该建立人才使用和激励机制,让人才通过公开竞争展示才华,为科技创新贡献力量,为城市的高质量发展贡献力量。建立创新人才选拔、任用、奖励制度。

②大力吸引和引进国外人才,为创新人才队伍注入新血液。为吸引和留住优秀的核心人才,特别是在自主创新领域取得成就的高科技人才,要与国外一些先进研发中心加强联系和交流。此外,政府应推出一些重大项目,以满足国

家发展需要,通过国内外招标方式和公开招聘渠道等方式引进一批顶尖人才,给予他们优厚待遇,创造良好科研环境,努力把他们变成我国人才培养的重要组成部分。

③丰富创新人才的层次,鼓励创新人才全面发展。城市要实现高质量发展,就需要在以人为本的基础上,促进经济要素的集约化发展。从长远来看,科技人才是重要因素,人才是动态的、高附加值的要素。科技人才可以创造和传播科技成果,承担起通过提高科技创新能力促进城市高质量发展的责任。必须大力引进高素质高质量的高新技术人才,特别是精通城市建设的人才。要为他们提供良好福利待遇,如高薪、分配住房、高奖金、安排子女教育和完善相关配套设施等,留住能为城市高质量发展做出一定贡献的高素质人才。建立科技创新成果通报奖励制度,给予公平奖励,对研发成果贡献率高的先进科技工作者和人员予以奖励。

综上所述,支撑起一个城市科技创新体系人才是主要因素。除了大量投入科技创新人才,保证人才量投入,还要重视对创新人才培训教育,提供各种培训平台,进行多层次、多渠道和多形式人才培训,集中精力大力培养有关城市建设方面科技人才,对科技创新队伍进行完善,保证创新人才质量,这样才会有更多高素质的人才展开研究。另外,省内高校可以开设很多有关城市高质量发展相关课题和学科,培育更多科创人才为社会作贡献;科研主体之间要相互加强信息交流合作,提高各自科研主体的综合素质;政府和科技部门要采取措施激发创新热情,建立完善科技创新激励机制,对做出突出贡献的创新人才给予奖励。这些人才不仅能做科研、懂技术,还能搞管理、做生意、自主创业,他们可以推动科技成果应用于实践,推动科技创新、科研生产一体化的开展。高质量高素质人力资源储备及人才素质的提高,从科技创新视角,对推动城市高质量发展,特别是对促进经济、人口高质量发展具有积极作用。

### 2)加强科研资金的投入力度

与世界上一些发达国家相比,我国科技创新支出相对较低。加大科研经费

投入应从以下几个方面着手:

①加大企业科研投入,制定更多的优惠政策。企业是科创活动的主要参与者与实施者,企业的 R&D 经费在全国 R&D 经费中的比例是最大的,因此,要采取措施对企业重点项目和科研项目的重点科技活动给予更多优惠政策,加大企业科研投入。主要采取措施有:对科研活动适当给予科技拨款、采取部分有偿使用、对购置科研设备给予适当税收优惠,采取先征后返的方式减免增值税等。

②针对科研机构和高校科技创新活动加大科技拨款财政拨款力度,增加科研经费支出。改变现有科技创新经费支持体系,建立一种以企业为主,以高校和科研机构为辅的新的体系,政府要加大对企业科研活动的财政支持力度。目前,我国企业还不太重视对科研经费的投入,因此,政府需出台一些激励政策,加大引导企业对科研经费的投入,比如对于一些企业的科研投入已经达到了政府规定的数额标准,在科技创新产品出口或者转化过程中,政府应给予一定的额外补贴,或者税收方面给予一定的减免支持。还有一些示范项目上,可以通过借助融资平台扩大资金来源。加大科研经费投入力度,目的是为形成知识产权创造有利条件和提高技术产业化水平,提供创新动力给城市经济、社会发展,从而促进经济、社会向高质量发展,最终促进城市高质量发展。

③重视基础研究经费的投入,完善基础设施建设。基础研究被认为是培育创新人才的摇篮,是高新技术发展的重要源泉,是未来科技发展的内在动力,是建设先进文化的基础,基础研究的突破可以改变人类的命运。只有真正提高基础研究的能力,才能提高科技创新能力,只有基础研究取得重大原创突破,才能产生颠覆性核心技术,推动中国产业向全球价值链中高端迈进。李克强同志在视察中科院时指出,"一个国家基础研究的深度和广度,决定着一个国家原始创新的动力和活力"。针对目前我国在基础研究方面存在的问题,继续加大投入基础研究,继续发挥在基础研究中中央财政的主体作用和引导作用,基础研究的投入渠道进行拓宽。

有关城市高质量发展的项目,各科研主体加大资金投入,引入国外高端设备,对基础设施进行完善。同时,各科研主体要提高科研经费使用效益,对各类科研经费适用范围进行明确,主管机构妥善保管和开支经费,严格监督检查每项费用的用处,保证每笔资金用到实处。

由本书的实证分析可以看到,科技创新支出、专利申请授权量、财政支出中科技支出对于城市高质量发展有很大的促进作用。因此,城市发展中的科技创新体系的建设需要一定的科技资金投入和财政支持,要加大城市发展中需要的科技创新投入力度,以取得更多科技成果。科技部门和各有关部门要相互协调,制定能促进城市高质量发展的科技创新投入政策,给予高校、科研机构以及企业的科技创新活动在财政拨款、减免税金、设立基金、风险投资等方面支持和激励。

### 6.5.3 以科技创新产出实现为重要环节,将创新成果运用于提高城市高质量发展水平

1)明晰科技创新成果的产权机制,激励创新主体的积极主动性

政府一般不直接采用处于辅助地位的行政管理手段干预经济、社会发展,主要还是采用经济、法律手段。但是,知识产权具有特殊性,如易受侵犯性、广泛性和不确定风险性等,必须通过行政管理方式的介入来完善创新管理的确权过程。具体包括以下几个方面:

①简化科技创新成果的申请流程。取得产品的使用权,必须先向审查机关提出申请,进行初步审查和实质审查。必要时,应对产品试验结果进行试验或检验,取得权力的过程周期之长,过程非常之复杂。因此,可借鉴测试制度相关规定,通过书面审查形式简化申请程序和流程,提高新产品申请与授权的工作效率。

②降低申请或者取得科技创新成果管理权的成本。申请人应当自申请提交之日起至产品保护期届满止,缴纳申请费、审查费和年度产品管理费。当出

现后期监测不合格、授权条件不符合标准时,对已缴纳费用产品授权机关不会退还。因此,可以通过降低申请或授权管理成本来调动科技创新主体的积极性。

③延长科技创新成果的保护期。向发达国家学习借鉴成果确权等级制度,适当延长相关成果的保护年限,对知识产权人或产品权人的利益确保,发挥科创成果促进城市高质量发展的作用。

**2)提高知识产权转化能力**

目前,知识产权的发展速度快于技术产业化。由于两者发展不协调,存在诸多矛盾,在一定程度上制约了提高科技创新整体发展水平。因此,增强科技创新在促进城市高质量发展中的作用,需要提高知识产权质量,推进技术产业化发展,提高推广和转化科技成果力度。具体措施如下:

①科学构建合理有序的科技创新成果交易平台,让科技创新的经济价值得以充分实现。创新主体从事科技创新的最终目的是最大化自身利益,科技创新产权人可以通过产品产权转让或自产自销,实现科技知识创新成果的转化。与国外成熟的技术成果交易机制相比,市场交易范围中仍然没有包括我国产品产权,严重制约了推广应用科技创新成果。基于此,需尽快建立完善有关科技创新成果的市场交易制度,具体可从以下三个方面开展:

a.构建多元化、完善的信息技术平台。设立监管机构,对新产品市场交易过程进行监督管理。建立像博览会、展览会、高交会等多元化、完善的信息技术平台,为科技创新成果拥有者和需求者建立一种可以相互了解的渠道,最大限度地促进创新成果的应用和推广。

b.规范科技创新成果交易合同文本。科技创新成果的交易涉及很多细节,包括产品研发流程、授权、权力转移、技术支持等方面。科技创新成果的研发和推广存在高风险。科技创新成果交易对产品权利的真实性、有效性和技术成果的实际完整性有较高的要求。因此,有必要对现有合同文本进行规范和规范,明确交易双方的权利义务,依法开展科技成果,确保交易顺利进行。

②建立科技信息共享体系。政府有关部门应当定期在网站、报刊等地方发布科技信息，实现信息共享和科研成果共享，使科研人员了解科研需求信息和科研成果供给信息，避免因信息不足而造成科研重复和工序不平衡的问题。

③构建研—产一体化发展体系，为创新提供了体系保障。

a. 加强科研机构、政府、企业和高校之间的信息交流，缩短从研究到生产之间的环节，努力把创新成果投入到生产，得到推广和使用。政府要作为中介，应该加强企业、政府、科研机构、高校四者互相的联系。科技创新链、企业产业链和资金链之间存在的沟通障碍需要更好解决，实现三者之间更好衔接，努力将科技创新从基础研究到应用开发的时间进一步缩短，不断扩散和传播推动科技创新成果，让科技创新产出转化能力得到全面提升。

b. 科技创新促进"产城一体""产城融合"。产业的发展是城市发展的过程中重要支撑，产城一体、产城融合将会给具有专业技能的农民工和刚毕业大学生创造出多种多样的就业机会，满足他们的就业需求。

④提高科技创新贡献率。封闭的科研理念，限制科研成果应用，导致与市场脱节，无法有效地转化许多科研成果，浪费了大量创新资源，这是当前科研理念和管理机制下科技成果转化率低的原因。只有将科技创新成果有效地、持续地转化为生产力，才能应用到城市发展中，突出科技进步的贡献率，使经济加速发展成为现实。应该树立基于市场发展的创新研发理念。因此，应建立市场发展为基础的创新型研发理念。目前，我国企业创新水平普遍较低，缺乏技术开发实力，面对如此严峻的形势，政府管理部门迫切需要建立一套税收机制、资金支持的制度体系，帮助企业开展创新活动，有效帮助企业提高自身研发和创新水平。总之，要实现真正的创新驱动，必须依赖科技创新成果的推广和应用，这有利于提高城市高质量发展，增强城市的竞争力。

**3）完善和更新现有政策法规，构建科技创新成果政策保障机制**

①当下我国科技创新成果政策保障体系还比较薄弱，实现保障体系有质的飞跃是当前最主要任务之一。提高科技创新能力的必要条件之一是完善的政

策保障体系。一些发达国家和地区长期以来已经认识到保护科技创新成果的重要性,因此其相关政策法规相对完善。但与发达国家相比,我国保护科技创新成果法律法规还没形成独立体系。此外,综合前述对策建议中可知知识产权在提高成熟高质量发展中的作用,有必要形成针对科技创新专门的法律法规,以此来保护科技创新成果,实现科技创新成果法律法规的质变。

②当今中国是一个开放的中国,现有保护科技创新成果的法律法规也要与时俱进,实时更新,与国际标准接轨。对国际上有关保护科技创新成果法律法规时刻跟进,更新我国法律法规,主要是为了用国际标准推动我国科技创新成果产出,对科技创新成果质量有一个很好的推动作用,进一步提高中国科技创新能力和在国际上的竞争力。

③提高科技创新成果法规的法律约束力。将现有的保护科技创新成果相关法规上升到法律层面,这一做法有助于明确科技创新成果的认定标准和创新主体的权利义务;与此同时,对某些企业、个人的技术剽窃或者利用假冒伪劣产品谋取利益的行为制定相应的处罚措施,责令谋取利益者对知识产权所有者损失进行补偿,督促获利性企业或者个人销毁虚假产品和技术;此外,对情节严重的,可以处以行政拘留。

④宣传保护科技创新成果的重要性,对创新主体维权意识进行有效培养。从我国科技创新整体情况来看,虽然我国科技创新主体具有较强的创新意识,但将科技创新能力转化为生产力,获得实际权力的能力相对较弱。造成上述现象的原因主要有:第一,目前我国不完善的科技创新政策保障体系,法律约束力不强。第二,虽然每个创新主体都有很强的创新意识,但它们没有意识到科技创新成果的重要性。本书认为,政府可以利用高校有效低成本的传播媒介,如电视、互联网和手机等,提高创新主体保护创新成果的意识。除此之外,随着知识经济全球化,知识产权侵权事件越来越普遍,通过媒介传播工具,有助于培养创新主体的知识产权保护意识。当然,可以适时组织相关知识产权研讨会,培养创新主体的维权意识。

## 6.5.4 其他辅助对策建议

### 1）努力打造科技创新与城市高质量发展相结合的新城

当前,在科技创新和城市高质量发展的宏观战略背景下提出了科技新城的概念。科技新城顺应当下城市发展的新理念,立足世界新时代新技术、新产业发展的新趋势,努力打造出一种以高新技术产业为核心发展力量,努力促进产城高度融合、提升城市自主创新能力,努力打造一种集多种功能(居住、消费、产业和文教娱乐等)于一体的创新活跃、低碳智能、生活幸福的现代化、国际化的新兴城市。

科技新城具有三大特征:创新驱动性、功能复合性和高成长性。

①创新驱动性。一般从功能、产业和主体人员构成三个方面体现创新驱动性,相对于其他新城,科技新城的核心是高科技园区;高新技术及相关配套产业的发展是驱动科技新城可持续发展的动力之一;从主体构成来看,高素质高水平的高科技人才是科技新城的主体人群。科技新城能够构建一种新的创新文化,它具有多元化、包容性和鼓励失败的特点,创新创业活跃的中小高科技企业聚集在一起,吸引大批高素质人才,推动城市高质量发展。

②功能复合性。复合性的主要表现形式是综合性,与科技园区、高新技术开发区等工业园区相比,科技新城具有多元复合的特点和集居住、工作、生活等功能于一体的多功能性,可以进行自我循环发展,也可以参与到附近大城市的大循环当中。

③高成长性。高成长性是科技新城不同于其他新城的最主要特征。高成长性主要有三方面含义:一是科技新城的发展是一个动态过程;二是说明了科技新城是一个开放系统,三是科技新城的先进引领性。

科技新城是科技创新引领城市可持续高质量发展的一种理想形态,通过科技创新推动城市发展,实现城市动力转换;通过科技产业发展支撑城市发展,集创新产业发展和完善生活设施于一体,以"产"促"城",以"城"聚"产",最终实现"产城融合"的发展目标。

### 2)提高创新服务,促进城市高质量发展

城市服务创新能力不仅包含以政府为主导的城市公共服务,如城市规划、高效便捷的基础设施建设等,还包括针对消费者的以行业协会或企业为主的服务行为。所有这些都是服务理念、服务方式的创新和服务水平的提高。一个城市服务创新能力直接对这个城市形象和魅力有所影响,更是对聚集和吸引生产要素和高尖端人才起到关键作用。我国某些城市建立的城市应急联动系统就是城市服务创新能力的一种具体体现。还有今年刚开始受新冠肺炎疫情影响,当下经济社会发展运行的一些具体场景发生了变化。面对新的挑战,新的形势,一些地方提出"双新举措",提高城市创新服务能力,促进城市高质量发展。

城市创新水平的提高是一个由弱到强、循序渐进的过程,在这个过程中需要每一个创新主体充分发挥主观能动性,参与到整个创新过程中。首先,需要政府进一步明确自己的管理职能,主要目的是要对城市发展战略规划进行科学定位,立足自己所在城市特色,制定城市创新发展战略规划。建立其与周边城市的联动发展机制、人才保障机制、资本市场体系和城市基础设施建设等。其次,要加大城市创新企业的培育和扶持力度。加快创新型企业发展。中小企业是科技创新的重要力量,一般来说,企业不重视科研的原因主要是,一旦科研失败,不仅对企业造成损失,还没有后续的保障,甚至可能导致企业关门歇业,因此,通过政策的支持和保障鼓励他们加入科技创新的队伍中。政府和有关部门要在政策上对企业科研有所侧重,增加创新种类,这对企业来说有很多的选择,可以不断提高自身科研能力,并在政策的支持下为提高城市高质量发展奠定基础。

### 3)完善无形资产申请贷款制度

在研发阶段和科技成果转化阶段高新技术企业需要很多的资金支持,但在

实践中高新技术企业很难获得金融机构的有力支持,这时对无形资产质押融资是解决高新技术企业这一难题的一个有效途径。完善金融制度,规范金融秩序,鼓励因其间的良性互动可以有效解决信息不对称导致的无形资产质押融资的逆向选择和道德风险问题。具体解决措施主要有:

①规范质押物评估制度,完善质押物产权交易市场。目前,针对无形资产质押的相关规定的很多内容还不是很清楚,过于原则化,如参与主体的权利和义务、具体操作方法和保障措施等。为了保证评估机构在质押评估时能够客观公正,这需要多部门之间的协调配合,政府应该采取有效措施:第一,健全并完善评估体系和无形资产评估方法,统一评估标准。明确各参与主体的权利义务。第二,严格控制一些假冒伪劣企业、行业,对造假行为进行严格的行政处罚,维护金融市场的健康有序。第三,建立从业人员准入制度,加强评估机构信誉评级制度,加强职业道德建设,提高考核人员职业道德水平和标准,从源头上避免考核机构和企业的串通。第四,提供良好的交易平台为无形资产市场交易,减少银企之间信息不对称,保证无形资产质押业务的顺利开展。

②银行的金融创新与差别化贷款策略。当前,银行间的竞争非常激烈,应该抓住当下机遇,转变旧观念,积极进行金融创新,发展新业务。银行应在无形资产质押方面制定完善的管理办法,引入合理的信贷品种,明确规定无形资产质押的折扣率和完善的合同签订细节,使其具有更好的可操作性。通常,银行只会把贷款贷给绩优的高新技术企业,这对优质的中小型高新技术企业来说有害无益,银行也会失去一些好的优质中小高新技术企业。面对此种情况,首先银行应该设立科技支行,挖掘潜在优质中小型高新技术企业,并提供帮助给中小企业在业绩不佳的早期,培养自己上期稳定的客户,提高银行自己的知名度。其次,银行也要在无形资产评估和管理专业人才方面培养自己的专业人才。在短期内,这种做法将大大增加成本。从长远来看,它可以拓展业务,准确识别优质信贷客户,从而提高银行的竞争力。银行在贷前要对企业进行调查,贷后要对质押物的保值进行监督,银行可以采取阶段性贷款的策略来防范道德风险。

最后,调整利率,运用差异化贷款策略,对潜在客户进行差异化贷款营销。

③诚实守信是高新技术企业的基本素质。长远来看,无形资产可以质押对高新技术企业来说是一项好政策,保持长期的融资畅通对高新技术企业来说是长期努力的方向。努力提高自身经营水平是企业不断获得资金支持、在行业中提高竞争力简单有效的方式之一,按时还清到期借款,保持企业拥有良好的企业形象和信用记录,以诚实守信为本。

# 6.6   本章小结

本章在前文的基础上,通过 SD 工具构建我国城市高质量发展系统的动态仿真模型并进行情景分析,完成了对影响机理实证的优化分析。首先,对 SD 的优势、用途、建模步骤和分析方法进行介绍;其次,根据科技创新视角下我国城市高质量发展机理的理论框架,借助 SD 的因果关系图和存量流量图功能,构建了我国城市高质量发展系统的动态仿真模型。模型运行结果显示,模型结构合理,模型检验通过;最后,借助中国统计年鉴数据,设定基准情景、集约发展情景、创新集约发展情景等不同政策情景运行该动态仿真模型,情景分析了关键影响因素的作用强度和敏感程度,动态实证了科技创新视角下我国城市高质量发展机理。研究发现,R&D 人员投入、R&D 经费投入、专利授权数、高新技术产出、基础研究经费和科技拨款额等参数变量均是影响城市高质量发展的政策敏感因素。这些结论为系统给出推动我国城市高质量发展的对策建议提供了重要依据。

# 7 结论与展望

## 7.1 主要研究发现

在实现"两个一百年"奋斗目标的关键时期和全面建设社会主义科技强国、现代化强国的新时代,提升科技创新能力,全面提高城市高质量发展,是适应经济高质量发展、培育经济发展新动能的内在要求。针对城市高质量发展方面现有研究成果较为匮乏,从科技创新视角探讨城市高质量发展水平评价、机理和对策理论研究明显不足,以及政府政策制定亟待智力支持和决策参考的现实需要。本书从科技创新视角出发,以城市高质量发展为研究对象,遵循"关联研究—机理研究—对策建议"的研究范式,就科技创新与城市高质量发展关联性、科技创新对城市高质量发展的影响机理与对策建议展开研究。首先对科技创新、城市高质量发展和科技创新对城市高质量发展影响等核心概念进行了清晰界定,探讨了科技创新视角下城市高质量机理,并确定了科技创新视角下我国城市高质量发展关键因素,通过构建解释结构模型得到了关键影响因素之间多级递阶结构,揭示了科技创新对城市高质量发展影响机理;其次,基于"纵横向"拉开档次法,综合测度了科技创新和城市高质量发展水平;再次,借助中国统计年鉴数据和问卷调查数据,构建 SEM 模型和 SD 模型,实证了科技创新对城市高质量发展的影响机理,分析了关键影响因素作用方式、作用效果、作用强度和政策敏感点;最后,基于科技创新和城市高质量发展关联研究和影响机理,构建SD模型,设置不同情景,提出了提高城市高质量的对策建议。本书主要结论如下:

### 1）科技创新和城市高质量发展之间的关联性

首先,通过"纵横向"拉开档次法计算得到科技创新和城市高质量发展水平值,根据测评年度数据和变化趋势,看出中国城市高质量发展水平呈现出缓慢上升趋势,2004 年以前,城市高质量发展水平呈缓慢增长变化,2004—2007 年,城市发展速度加快,说明该阶段是城市高质量发展水平提升的关键时期,2008 年至今,增长速度有所减缓;从空间描述城市高质量发展水平值,表明各地区之间的差距相差较大,东部沿海地区的城市高质量发展水平很明显高于中西部地区。其次,科技创新整体上科技创新发展趋势较为平稳,不同城市的科技创新水平不尽相同,在城市高质量发展水平较高的城市,科技创新水平呈稳步上升趋势,而城市高质量发展水平偏低地区的科技创新水平呈下降趋势。最后,利用回归分析发现科技创新与城市高质量发展之间显著线性相关,利用格兰杰因果关系检验对科技创新和城市高质量发展之间关系进行检验,研究结果发现科技创新是城市高质量发展格兰杰原因。

### 2）科技创新对城市高质量发展影响机理研究

首先,从定性角度分析城市高质量发展系统构成要素和科技创新系统构成要素相互作用机理,并绘制出相应的系统构成要素机理图;其次,对科技创新对城市高质量发展机理进行了深入解析,揭示了科技创新对城市高质量发展机理是"把科技创新作为内源驱动力,促进经济、社会和生态环境"质"的提升,最终推动城市高质量、可持续发展,实现城市由量变到质变,质变推动量变的转型升级"。

### 3）科技创新对城市高质量发展机理的实证

通过 SEM 模型方法对本书所构建的科技创新对城市高质量发展的影响机

理模型进行实证研究,得出主要结论如下:一是,本书采用 SEM 模型对本书机理进行实证具有较好适用性;二是,科技创新促进城市高质量发展路径共有 3 条,分别是:科技创新投入能力—科技创新产出能力—生态环境高质量发展—城市高质量发展、科技创新环境—经济高质量发展—城市高质量发展和科技创新环境—社会高质量发展—城市高质量发展,这些都与第 4 章研究结论相符合;三是,不同城市科技创新促进城市高质量发展的作用是不一致的,对有些城市是"量"的增长,有些城市是"质"的提高。

**4)针对不同情景分析提出提高城市高质量发展的政策建议**

基于科技创新对城市高质量发展影响机理的理论框架,通过 SD 工具构建 ESET 系统的动态仿真模型;基于情景设定和模拟,设定基准情景、集约发展情景、创新集约发展情景等不同政策情景运行该动态仿真模型,情景分析了关键影响因素的作用强度和敏感程度,得出基准情景、集约发展情景下的各子系统都不能耦合协调发展,城市也不能实现高质量可持续发展,只有在创新集约发展情景下才能实现城市高质量发展;此外通过敏感性分析,得出影响城市高质量发展的政策敏感因素。明确以提高城市高质量发展为最终目标,基于科技创新对城市高质量发展影响的现实问题和机理,提出了"以科技创新环境为先导,科技创新投入为手段,科技创新产出为重要环节"的对策建议。

# 7.2 主要贡献

本书在充分借鉴前人研究成果的基础上,紧跟政策导向,贴合研究实际,结合个人所思,围绕科技创新视角下我国城市高质量发展机理与对策展开研究,力求在理论、实践和方法有所突破和创新。归纳本书的主要贡献如下:

①本书以科技创新的全新视角审视城市高质量发展,独占研究视角。科技创新是关系到城市发展转型升级是否成功、关系到国家战略方针的基本国策。

国家层面对于科技创新的提出对于城市高质量发展的建设来说是一次重大的机遇,城市发展作为科技创新建设的主阵地,承担着建设国家的历史重任。随着国家确立高质量发展战略方针,城市的发展也面临重大转型升级,进入一个新的历史时期,与此同时,城市的高质量发展是实现经济高质量发展转型升级的重要突破口。本书从科技创新的角度提出城市高质量发展系统的协调发展,独占研究视角。识别了我国城市高质量发展关键影响因素,并从科技创新视角理论分析了城市高质量发展作用机理。

②采用格兰杰因果检验论证了科技创新与城市高质量发展的内在关系。通过构建适宜的评价指标体系,利用"纵横向"拉开档次法,尝试性地测算了城市高质量发展水平和科技创新水平,科技创新水平平均值为横坐标,城市高质量发展水平平均值为纵坐标,绘制出两者相关关系图,得出两者是高度相关的;然后用格兰杰因果检验,论证了科技创新与城市高质量发展之间的内在关系。

③揭示了科技创新对我国城市高质量发展的影响机理。基于系统理论分析了科技创新和城市高质量发展两个系统构成要素之间的相互作用机理,然后分析科技创新系统对城市高质量发展系统的影响机理,基于定性描述系统分析,揭示了科技创新对我国城市高质量发展影响机理,为城市高质量发展问题的研究提供了系统清晰的理论研究框架,有助于相关研究的进一步深化和拓展,并通过构建模型实证了科技创新对我国城市高质量发展影响机理。机理的揭示对我国城市高质量发展本质和规律的认识更加深刻,这在一定程度上弥补了关于科技创新对我国城市高质量发展影响机理研究缺失的不足,丰富了现有的理论研究体系。

④提出提高我国城市高质量发展水平的对策措施。本书基于城市高质量发展机理和现实问题,明确以提高城市高质量发展为最终目标,提出了建构以"科技创新环境为先导,以科技创新投入为手段,以科技创新产出实现为重要环节"的对策建议。这种基于问题内在机理和基本规律谋求从根本上解决问题的方案和思路,不仅能够为政府政策制定提供有力的智力支持和革新思路,而且

为类似课题研究提供了较好的思路借鉴。

# 7.3　研究不足与展望

本书在科技创新对城市高质量发展影响机理和对策措施方面做了一些研究，取得了一定成果。但是仍有一些不足之处，在以后的相关研究中应进一步完善和拓展。归纳起来，主要有以下几个方面：

①在对科技创新水平和城市高质量发展水平进行测度时，受数据获取所限，评价时所选取指标具有一定主观性，所选指标并不能完全反映科技创新和城市高质量发展水平值，因此需要在以后研究中对数据收集的缺陷有所突破。

②模型方面需要进一步拓展。由于文章篇幅限制和数据的不可获得性，本书在构建的 ESET 系统的仿真模型时进行了一定的简化处理。未来的研究应在本书系统仿真模型的基础上进一步拓展模型边界，以更加真实地反映我国城市高质量发展系统的全貌。

③路径对策方面需要进一步量化。本书的对策建议没有对各地区的地区差异、特色优势等进行深入考虑，在未来的相关研究中应进一步量化分析对策措施的地区差异和成本问题。

总之，本书对城市高质量发展的系统讨论，均是在科技创新这一视角下进行的，不管是理论还是实证部分都仍需进一步不断完善，在后续研究中，笔者也会对相关问题给予更深入的思考。

# 参考文献

[1] Nichol J E, King B, Ding X L. Sustainable Urbanization [J]. International Journal of Remote Sensing, 2013, 34(3): 755-758.

[2] 崔涛. 坚持创新是引领发展第一动力 [J]. 煤炭经济研究, 2018, 38 (3): 1-5.

[3] Wong P K, Ho Y P. Knowledge sources of innovation in a small open economy: The case of Singapore[J]. Scientometrics, 2007, 70(2): 223-249.

[4] 熊艳. 论科技创新支撑新型城镇化建设对策 [J]. 东方企业文化, 2013 (23): 167-167.

[5] Ke Y, Wang R, An Q, et al. Using eco-efficiency as an indicator for sustainable urban development: A case study of Chinese provincial capital cities [J]. Ecological Indicators, 2014, 36(1): 665-671.

[6] 张波, 张钰嘉. 中国科技创新如何推动高质量发展——从美国得到的启示 [J]. 经济研究导刊, 2019, 15(7): 190-191.

[7] 杨丹萍. 对波特国家竞争优势理论的评析[J]. 技术经济与管理研究, 2004 (3): 30-32.

[8] 徐秋实, 陈萍. 从国外城镇化建设模式看中国新型城镇化发展路径 [J]. 世界农业, 2015 (3): 171-177.

[9] 于莲. 科技创新与新型城镇化的关联度 [J]. 重庆社会科学, 2016(2): 23-28.

[10] Abdel-Rahman A N, Safarzadeh M R, Bottomley M B. Economic growth and urbanization: A cross-section and time-series analysis of thirty-five developing countries [J]. Rivista Internazionale Di Scienze Economiche E

Commerciali, 2006, 53(3): 334-348.

[11] 丁明磊, 陈宝明, 吴家喜. 科技创新支撑引领新型城镇化的思路与对策研究[J]. 科学管理研究, 2013 (4): 18-21.

[12] 甘丹丽. 科技创新与新型城镇化协同发展对策研究[J]. 科技进步与对策, 2014, 31(6): 41-45.

[13] 程开明. 城市化、技术创新与经济增长——基于创新中介效应的实证研究 [J]. 统计研究, 2009, 26(5): 40-46.

[14] 约瑟夫·阿洛伊斯·熊彼特. 经济发展理论 [M]. 南昌:江西教育出版社, 2014.

[15] 湛泳, 李珊. 金融发展, 科技创新与智慧城市建设——基于信息化发展视角的分析 [J]. 财经研究, 2016, 42(2): 4-15.

[16] 宛群超, 邓峰. FDI, 科技创新与中国新型城镇化——基于空间杜宾模型的实证分析[J]. 华东经济管理, 2017 (10): 103-111.

[17] 张昌尔. 以新型城镇化和科技创新构筑湖北科学发展新动力[J]. 政策, 2013, 4: 10-15.

[18] 鲁继通. 技术创新, FDI 与京津冀城镇化的动态关系——基于 VAR 模型的实证分析[J]. 广东行政学院学报, 2015, 27(4): 67-74.

[19] Williams K. Sustainable cities: research and practice challenges [J]. International Journal of Urban Sustainable Development, 2010, 1(1-2): 128-132.

[20] Riva R. The spatial dynamics of U. S. urban-industrial growth, 1800—1914by A. R. Pred[J]. Giornale Degli Economisti E Annali Di Economia, 1969, 28(7-8):545-546.

[21] Higgs R. American Inventiveness, 1870-1920 [J]. Journal of political Economy, 1971, 79(3): 661-667.

[22] Feller I. Production isoquants and the analysis of technological and

technical change[J]. The Quarterly Journal of Economics, 1972, 86(1): 154-161.

[23] Henderson J V. Urbanization and economic development[J]. Annals of economics and finance, 2003, 4: 275-342.

[24] Lan P. Three new features of innovation brought about by information and communication technology[J]. International journal of information technology and management, 2004, 3(1): 3-19.

[25] Maparu T S, Mazumder T N. Transport infrastructure, economic development and urbanization in India (1990—2011): Is there any causal relationship? [J]. Transportation research part A: policy and practice, 2017, 100: 319-336.

[26] Wilson R P, Vandenabeele S P. Technological innovation in archival tags used in seabird research[J]. Marine Ecology Progress Series, 2012, 451: 245-262.

[27] Campbell T. Learning cities: Knowledge, capacity and competitiveness [J]. Habitat International, 2009, 33(2): 195-201.

[28] Carlino G A, Chatterjee S, Hunt R M.. Matching and learning in cities: Urban density and the rate of invention[J]. Federal Reserve Bank of Philadelphia, 2005(31): 1-45.

[29] Zhu H, Zhao S, Abbas A. Relationship between R&D grants, R&D investment, and innovation performance: The moderating effect of absorptive capacity[J]. Journal of Public Affairs, 2020, 20(1): e1973.

[30] Song M, Im S, Bij H, et al. Does strategic planning enhance or impede innovation and firm performance? [J]. Journal of Product Innovation Management, 2011, 28(4): 503-520.

[31] 仇怡. 城镇化的技术创新效应——基于 1990—2010 年中国区域面板

数据的经验研究［J］. 中国人口科学, 2013 (1)：26-35.

［32］闫玉科, 张萌, 章政. 广东新型城镇化发展路径研究——基于制度创新视角［J］. 农业经济问题, 2016 (3)：51-60.

［33］黄群慧. 中国城市化与工业化的协调发展问题分析［J］. 学习与探索, 2006 (2)：213-218.

［34］张新光. 20 世纪以来世界农业发展中几个带有规律性的问题［J］. 西藏大学学报, 2008, 23 (3)：95-101.

［35］Feldman M P, Audretsch D B. Innovation in cities：Science-based diversity, specialization and localized competition［J］. European economic review, 1999, 43 (2)：409-429.

［36］Hospers G, Dalm R V. How to create a creative city? The viewpoints of Richard Florida and Jane Jacobs［J］. Foresight, 2005, 7 (4)：8-12.

［37］Bond E W, Riezman R G, Wang P. Urbanization and economic development：A tale of two barriers［J］. Society for Economic Dynamics, 2016, 4：31.

［38］Rosenthal S S, Strange W C. Agglomeration, Labor Supply, and the Urban Rat Race［J］. Center for Policy Research, 2003, 62 (1)：1-3.

［39］Yang Z, Zhang X, Lei J, et al. Spatio-temporal pattern characteristics of relationship between urbanization and economic development at county level in China［J］. Chinese Geographical Science, 2019, 29 (4)：553-567.

［40］于新东. 国外城市化研究综述与评点［J］. 环球市场信息导报, 2014 (3)：78-80.

［41］孙晓月, 任建兰, 张雅芹. 东部沿海省市新型城镇化水平比较研究［J］. 绿色科技, 2017 (24)：140-143.

［42］Zhao M, Zhang Y. Development and urbanization：a revisit of Chenery-Syrquin's patterns of development［J］. The Annals of regional science,

2009, 43(4): 907.

[43] 仇保兴. 紧凑度和多样性——我国城市可持续发展的核心理念[J]. 城市规划, 2006, 30(11): 18-24.

[44] Camagni R, Capello R, Nijkamp P. Towards sustainable city policy: an economy-environment technology nexus [J]. Ecological economics, 1998, 24(1): 103-118.

[45] Yin K, Wang R, An Q, et al. Using eco-efficiency as an indicator for sustainable urban development: A case study of Chinese provincial capital cities[J]. Ecological Indicators, 2014, 36: 665-671.

[46] 何刚. 近代视角下的田园城市理论研究 [J]. 城市规划学刊, 2006 (2): 75-78.

[47] Song Y. Ecological city and urban sustainable development[J]. Procedia Engineering, 2011, 21: 142-146.

[48] Andrews F M. Social Indicators of Perceived Life Quality [J]. Social Indicators Research, 1974, 1(3): 279-299.

[49] Gurin G, Veroff J, Feld S. Americans view their mental health: A nationwide interview survey [J]. 1960, 174(17): 1264.

[50] 刘敏. 丰裕社会中的贫困——再论香港的贫困问题[J]. 兰州学刊, 2011 (6): 95-100.

[51] 骆学强. 构建城市发展质量新优势的路径探析[J]. 农村经济与科技, 2016 (18): 168-169.

[52] Geraldi J. Habitat U N, State of the World's Cities 2010/2011: Cities for All, Bridging the Urban Divide[J]. Revista Critica de Ciencias Sociais, 2010(91): 282-284.

[53] 张纪录. 基于生态文明的河南省新型城镇化发展评价分析 [J]. 平顶山学院学报, 2017, 32(2): 92-97.

[54] 吴国玺，何富忠. 区域城市化与生态环境耦合系统研究［J］. 生态经济：学术版, 2008, 1：407-410.

[55] 程开明，段存章. FDI 与中国城市化关联机理及动态分析［J］. 经济地理, 2010 (1)：99-103.

[56] 黄娟，尚枫，雷鹏飞. FDI 对我国城市化水平的影响研究——基于 2003～2007 年 21 个市数据［J］. 经济问题, 2011 (4)：44-47.

[57] 臧新，江梦冉. 外资区域转移与地区城镇化发展的相互关系——基于江苏省主要城市的实证研究［J］. 国际贸易问题, 2015 (2)：125-133.

[58] Nefussi B, Schwellnus C. Does FDI in Manufacturing Cause FDI in Business Services? Evidence from French Firm-Level Data［J］. CEPII research center, 2007(1).

[59] 曾鹏，吴功亮. FDI 影响中国城市群城市化进程的机理探讨：产业结构变迁视角［J］. 重庆大学学报：社会科学版, 2016, 22(1)：7-21.

[60] 王飞. 硬科技创新推动我国经济高质量发展［J］. 中国经贸导刊, 2018 (1)：71-73.

[61] 王丰龙，曾刚，周灿. 中国地方政府科技财政支出对企业创新产出的影响研究——来自工业企业数据库的证据［J］. 地理科学, 2017, 37 (11)：1632-1639.

[62] 周叔莲，王伟光. 科技创新与产业结构优化升级［J］. 管理世界, 2001 (5)：70-78.

[63] Han Z, Liu T. Analysis of the characteristics and spatial differences of urbanization quality of cities at prefecture level and above in China［J］. Geographical Research, 2009, 6：1508-1515.

[64] 叶裕民. 中国城市化质量研究［J］. 中国软科学, 2001 (7)：27-31.

[65] 韩增林，刘天宝. 中国地级以上城市城市化质量特征及空间差异［J］. 地理研究, 2009, 28(6)：1508-1515.

[66] Li F, Liu X, Hu D, et al. Evaluation method and index system of eco-city development: a case study in Dafeng City of Jiangsu Province, China [J]. The journal of applied ecology, 2007, 18(9): 2006-2012.

[67] 邵琳, 翟国方, 丁琳. 安徽省城市化质量时空演变及驱动力因子分析 [J]. 现代城市研究, 2013, (10): 76-81.

[68] Shen J. Estimating urbanization levels in Chinese provinces in 1982—2000 [J]. International statistical review, 2006, 74(1): 89-107.

[69] 王德利, 赵弘, 孙莉, 等. 首都经济圈城市化质量测度[J]. 城市问题, 2011 (12): 16-23.

[70] 杨建涛, 高建华, 史雅娟. 基于 PIL 的中原城市群城镇化演进与态势研究 [J]. 中国土地科学, 2014, 28(3): 59-66.

[71] 杨梅. 基于熵值法的武汉城市圈城镇化质量分析 [J]. 江汉大学学报 (社会科学版), 2011, 28(6): 60-63.

[72] 王发曾, 程丽丽. 山东半岛, 中原, 关中城市群地区的城镇化状态与动力机制[J]. 经济地理, 2010 (6): 918-925.

[73] 张引, 杨庆媛, 李闯, 等. 重庆市新型城镇化发展质量评价与比较分析[J]. 经济地理, 2015 (7): 79-86.

[74] 国家城调总队福建省城调队课题组. 建立中国城市化质量评价体系及应用研究[J]. 统计研究, 2005(7): 15-19.

[75] 刘建国, 刘宇. 中国城市化质量的省际差异及其影响因素[J]. 现代城市研究, 2012, 27(11): 49-55.

[76] 雷鸣, 石森昌, 雷盯函. 基于"五位一体"的成市发展质量综合评价体系研究[J]. 城市, 2017 (1): 49-54.

[77] 任保平, 李禹墨. 新时代我国高质量发展评判体系的构建及其转型路径[J]. 陕西师范大学学报 (哲学社会科学版), 2018, 47(3): 105-113.

［78］魏敏，李书昊. 新时代中国经济高质量发展水平的测度研究［J］. 数量经济技术经济研究，2018，35（11）：3-20.

［79］陈诗一，陈登科. 雾霾污染，政府治理与经济高质量发展［J］. 经济研究，2018，53（2）：20-34.

［80］师博. 黄河流域中心城市高质量发展路径研究［J］. 人文杂志，2020，1：5-9.

［81］卢丽文，张毅，李小帆，等. 长江中游城市群发展质量评价研究［J］. 长江流域资源与环境，2014，23（10）：1337-1343.

［82］Zhang Y，Yang Q，Li C，et al. The quality evaluation and comparative analysis of new urbanization development in Chongqing［J］. Economic Geography，2015，7：79-86.

［83］白先春，凌亢，朱龙杰，等. 我国县级城市发展质量综合评价——以江苏省县级市为例［J］. 统计研究，2005（7）：51-54.

［84］朱龙杰，白先春. 基于 LOWA 算子的城市发展质量评价指标体系构建［J］. 统计与决策，2006（12）：145-147.

［85］毕胜，彭树远，张冉冉. 基于城市功能的城市发展质量测度分析［J］. 中国高新科技，2019（15）：124-129.

［86］李雪铭，晋培育. 中国城市人居环境质量特征与时空差异分析［J］. 地理科学，2012，32（5）：521-529.

［87］马静，李小帆，张红. 长江中游城市群城市发展质量系统协调性研究［J］. 经济地理，2016，36（7）：53-61.

［88］董直庆，蔡啸，王林辉. 技术进步方向，城市用地规模和环境质量［J］. 经济研究，2014，39（10）：111-124.

［89］李帅，魏虹，倪细炉. 基于层次分析法和熵权法的宁夏城市人居环境质量评价［J］. 应用生态学报，2014，25（9）：2700-2708.

［90］雷刚，吴先华. 基于发展阶段的低碳生态城市质量评价——以山东省

为例 [J]. 经济与管理评论, 2014, 30(1): 155-160.

[91] 吴文钰. 城市便利性, 生活质量与城市发展: 综述及启示 [J]. 城市规划学刊, 2010, 4: 71-75.

[92] 马慧强, 王清. 中国地级以上城市经济发展与基本公共服务协调性空间格局 [J]. 干旱区资源与环境, 2016, 30(9): 71-77.

[93] 曾贤刚, 牛木川. 高质量发展条件下中国城市环境效率评价 [J]. 中国环境科学, 2019, 39(6): 2667-2677.

[94] 师博, 任保平. 中国省际经济高质量发展的测度与分析 [J]. 经济问题, 2018, 9(8): 15-20.

[95] 汪小青, 张晓玲, 陈晓杰, 等. 建立中国城市化质量评价体系及应用研究[J]. 统计研究, 2005 (7): 15-19.

[96] 丁志伟, 张改素, 王发曾. 中原经济区 "三化" 协调的内在机理与定量分析[J]. 地理科学, 2013, 33(4): 402-409.

[97] 李萌, 赵锦慧. 基于层次分析法的武汉市人居环境质量评价[J]. 湖北大学学报: 自然科学版, 2015, 37(3): 292-297.

[98] 郝华勇. 基于主成分分析法的武汉城市圈城镇化质量实证研究 [J]. 武汉科技大学学报: 社会科学版, 2012, 14(3): 291-294.

[99] 孔凡文, 许世卫. 中国城镇化发展速度与质量问题研究 [M]. 沈阳: 东北大学出版社, 2006.

[100] 李裕瑞, 王婧, 刘彦随, 等. 中国 "四化" 协调发展的区域格局及其影响因素[J]. 地理学报, 2014, 69(2): 199-212.

[101] 李国成, 肖庆宪. 基于粗糙集的城镇化质量评价研究——以安徽省为例 [J]. 科技与管理, 2014, 16(2): 115-119.

[102] 何文举. 基于解释结构模型的湖南省城市化质量影响因素分析 [J]. 地域研究与开发, 2013, 32(4): 49-53.

[103] 李小军, 方斌. 基于突变理论的经济发达地区市域城镇化质量分区研

究——以江苏省 13 市为例 [J]. 经济地理, 2014, 34(3): 65-71.

[104] Xu L, Yao S, Chen S, et al. Evaluation of Eco-city Under the Concept of High-quality Development: A Case Study of the Yangtze River Delta Urban Agglomeration [J]. Scientia Geographica Sinica, 2019, 11 (2): 1228-1237.

[105] Laumas P S, Williams M. Urbanization and Economic Development[J]. Eastern Economic Journal, 1984, 10(3):325-332.

[106] Headey D. The Principal Components of Growth in the Less Developed Countries [J]. Kyklos, 2008, 61(4): 568-598.

[107] 刘芳. 城市发展的本质特征及其决定因素分析——以新经济地理学视角 [J]. 上海经济研究, 2008, 20(6): 21-26.

[108] Chun-Chien, Chih-Hai Y. Knowledge capital and spillover on regional economic growth: Evidence from China [J]. China economic review, 2008, 19(4): 594-604.

[109] Topal H F, Hunt D V L, Rogers C D F. Urban Sustainability and Smartness Understanding (USSU)—Identifying influencing factors: A systematic review[J]. Sustainability, 2020, 12(11): 4682.

[110] 宋晓会. 欠发达地区县域城镇化发展的动力机制研究——以林州市为例 [D]. 武汉:华中师范大学, 2016.

[111] Chen H, Jia B, Lau S. Sustainable urban form for Chinese compact cities: Challenges of a rapid urbanized economy [J]. Habitat international, 2008, 32(1): 28-40.

[112] Bakıcı T, Almirall E, Wareham J. A smart city initiative: the case of Barcelona [J]. Journal of the knowledge economy, 2013, 4(2): 135-148.

[113] Angelidou M, Psaltoglou A, Komninos N, et al. Enhancing sustainable

urban development through smart city applications ［J］. Journal of Science and Technology Policy Management, 2018,9(2):146-169

［114］ Sheng L. Rethinking the impacts of foreign investors on urban development: the city of Macao ［J］. The Annals of regional science, 2012, 49 (1): 73-86.

［115］ Crowley D F, Shalaby A S, Zarei H. Access walking distance, transit use, and transit-oriented development in North York City Center, Toronto, Canada ［J］. Transportation Research Record, 2009, 2110(1): 96-105.

［116］ Cheng H, Hu Y. Planning for sustainability in China's urban development: Status and challenges for Dongtan eco-city project ［J］. Journal of Environmental Monitoring, 2010, 12(1): 119-126.

［117］ Jong M D, Yu C, Joss S, et al. Eco city development in China: addressing the policy implementation challenge［J］. Journal of Cleaner Production, 2016, 134:31-41.

［118］ Li Y, Li Y. Low-carbon City in China［J］. Sustainable Cities and Society, 2013, 9:62-66.

［119］ Unsworth R. 'City living' and sustainable development: The experience of a UK regional city ［J］. Town planning review, 2007, 78(6): 725-747.

［120］ Freytag T, Gössling S, Mössner S. Living the green city: Freiburg's Solar-siedlung between narratives and practices of sustainable urban development ［J］. Local Environment, 2014, 19(6): 644-659.

［121］ Yigitcanlar T, Inkinen T, Makkonen T. Does size matter? Knowledge-based development of second-order city-regions in Finland ［J］. disP-The Planning Review, 2015, 51(3): 62-77.

［122］ Tian Y, Jim C Y, Wang H. Assessing the landscape and ecological quality of urban green spaces in a compact city [J]. Landscape and urban planning, 2014, 121: 97-108.

[123] Mobaraki O, Mohammadi J, Zarabi A. Urban form and sustainable development: The case of Urmia City [J]. Journal of Geography and Geology, 2012, 4(2): 1-12.

[124] Choon S-W, Siwar C, Pereira J J, et al. A sustainable city index for Malaysia [J]. International Journal of Sustainable Development & World Ecology, 2011, 18(1): 28-35.

[125] Sharma R, Newman P. Urban rail and sustainable development key lessons from Hong Kong, New York, London and India for emerging cities [J]. Transportation research procedia, 2017, 26: 92-105.

[126] Kim K, Jung J K, Choi J Y. Impact of the smart city industry on the Korean national economy: Input-output analysis[J]. Sustainability, 2016, 8(7): 649.

[127] Vardoulakis S, Dear K, Wilkinson P. Challenges and opportunities for urban environmental health and sustainability: the HEALTHY-POLIS initiative[J]. Environmental health, 2016, 15(1): 1-4.

[128] Kaklauskas A, Zavadskas E K, Radzeviciene A, et al. Quality of city life multiple criteria analysis [J]. Cities, 2018, 72: 82-93.

[129] Döllner J, Buchholz H, Nienhaus M, et al. Illustrative visualization of 3D city models[C]//Visualization and Data Analysis 2005. International Society for Optics and Photonics, 2005, 5669: 42-51.

[130] Rérat P. Housing, the compact city and sustainable development: Some insights from recent urban trends in Switzerland [J]. International Journal of Housing Policy, 2012, 12(2): 115-136.

[131] Lederer A, Curtis C J, Silver L D, et al. Toward a healthier city: nutri-

tion standards for New York City government［J］. American journal of preventive medicine, 2014, 46(4): 423-428.

［132］Monfaredzadeh T, Krueger R. Investigating social factors of sustainability in a smart city［J］. Procedia Engineering, 2015, 118: 1112-1118.

［133］Anadon L D, Chan G, Harley A G, et al. Making technological innovation work for sustainable development［J］. Proceedings of the National Academy of Sciences, 2016, 113(35): 9682-9690.

［134］Hopkins T K, Wallerstein I. Patterns of development of the modern world-system［J］. Review (Fernand Braudel Center), 2016, 39 (1/4): 83-128.

［135］Glaeser E L, Rosenthal S S, Strange W C. Urban economics and entrepreneurship［J］. Journal of urban economics, 2010, 67(1): 1-14.

［136］O'sullivan A. Urban economics［M］. Chicago: Irwin, 1996.

［137］胡序威.《中国城市化格局·过程·机理》简评［J］. 地理学报, 2009, 64(4): 507-507.

［138］鲍超, 方创琳. 干旱区水资源对城市化约束强度的时空变化分析［J］. 地理学报, 2008, 63(11): 1-6.

［139］刘维奇, 郑玉刚. 技术变迁对城市化路径的作用机制研究［J］. 城市发展研究, 2007, 14(6): 26-31.

［140］方创琳, 王岩. 中国城市脆弱性的综合测度与空间分异特征［J］. 地理学报, 2015, 70(2): 234-247.

［141］尹稚. 健康城镇化:从数量增长到质量提升——城镇化战略重点的调整［J］. 城市规划, 2017, (3): 74-81.

［142］俞滨祥, 赵景海. 黑龙江省城市化机制与对策研究［J］. 城市规划, 1999, 23(8): 49-51.

［143］俞万源. 贫困落后地区的城市化［J］. 地域研究与开发, 2002, 21

（1）：35-37.

[144] 陈波翀,郝寿义,杨兴宪,等. 中国城市化快速发展的动力机制 [J]. 地理学报, 2004, 59(6)：1068-1075.

[145] 俞滨洋,王洋. 从"快速城市化"到"健康城市化"——中国城市化转型及"健康规划"初探 [C]// 转型与重构——中国城市规划年会. 2011.

[146] Freeman C, Soete L. Developing science, technology and innovation indicators：What we can learn from the past [J]. Research Policy, 2009, 38(4)：583-589.

[147] 官建成,陈凯华. 我国高技术产业技术创新效率的测度 [J]. 数量经济技术经济研究, 2009(10)：19-33.

[148] 王东武. 知识创新,技术创新与管理创新的协同互动模式研究[J]. 华中农业大学学报：社会科学版, 2007 (3)：65-68.

[149] 戚伟,刘盛和,金浩然. 中国城市规模划分新标准的适用性研究[J]. 地理科学进展, 2016, 35(1)：47-56.

[150] Fischel W A, Mills E S, Hamilton B W, et al. Urban Economics [J]. Land Economics, 1985, 61(3)：339.

[151] 陈昌兵. 新时代我国经济高质量发展动力转换研究 [J]. 上海经济研究, 2018, 30(5)：16-24,41.

[152] 万钢. 推动我国经济发展更多依靠科技创新驱动 [J]. 中小企业管理与科技(中旬刊), 2018(8)：69-72.

[153] 单卓然,黄亚平. 试论中国新型城镇化建设：战略调整,行动策略,绩效评估 [J]. 规划师, 2013(4)：10-14.

[154] 张文忠,许婧雪,马仁锋,等. 中国城市高质量发展内涵,现状及发展导向——基于居民调查视角[J]. 城市规划, 2019, 43(11)：13-19.

［155］魏后凯，王业强，苏红键，等. 中国城镇化质量综合评价报告[J]. 经济研究参考，2013，(31)：3-32.

［156］刘华兵. 基于"原始"+"现代"的省域城镇化协调发展研究 ［D］. 重庆：重庆大学，2015.

［157］伊塔马·埃文-佐哈尔，张南峰. 多元系统论 ［J］. 中国翻译，2002(4)：19-25.

［158］斯密. 国民财富的性质和原因的研究. 下卷 ［M］. 北京：商务印书馆，1974.

［159］张建华，刘仁军. 保罗·罗默对新增长理论的贡献 ［J］. 经济学动态，2004(2)：77-81.

［160］孙经纬. 卢卡斯及其新古典经济学 ［J］. 外国经济与管理，1996，1：12-18.

［161］易信. 新一轮科技革命和产业变革对经济增长的影响研究——基于多部门熊彼特内生增长理论的定量分析 ［J］. 宏观经济研究，2018(11)：79-93.

［162］Cooke P. Regional innovation systems：competitive regulation in the new Europe ［J］. Geoforum，1992，23(3)：365-382.

［163］Chung S. Building a national innovation system through regional innovation systems ［J］. Technovation，2002，22(8)：485-491.

［164］Doloreux D，Dionne S. Is regional innovation system development possible in peripheral regions? Some evidence from the case of La Pocatière，Canada ［J］. Entrepreneurship and Regional Development，2008，20(3)：259-283.

［165］郑度. 人地关系地域系统与国土开发整治——贺吴传钧院士 90 华诞 ［J］. 地理学报，2008，63(4)：346-348.

［166］方创琳. 中国人地关系研究的新进展与展望 ［J］. 地理学报，2004，

59(s1)：21-32.

[167] 方创琳，刘晓丽，蔺雪芹. 中国城市化发展阶段的修正及规律性分析 [J]. 干旱区地理，2008，31(4)：512-523.

[168] 方创琳. 区域人地系统的优化调控与可持续发展 [J]. 地学前缘，2003(4)：311-317.

[169] 李小云，杨宇，刘毅. 中国人地关系演进及其资源环境基础研究进展 [J]. 地理学报，2016，71(12)：5-26.

[170] 马世骏. 生态规律在环境管理中的作用——略论现代环境管理的发展趋势 [J]. 环境科学学报，1981，1(1)：95-100.

[171] 刘仁传. 基于《公共管理导论》的新公共管理批判探讨 [J]. 现代商贸工业，2020，000(009)：162-163.

[172] 谭鑫，皮亚彬. 城市化质量测度及其影响因素分析 [J]. 生态经济，2016，32(6)：103-107.

[173] 王丽君，张磊，高旭. 天津市新型城镇化质量时空格局演变及驱动分析 [J]. 江苏农业科学，2017，45(16)：316-321.

[174] 唐隽捷，顾剑华，陈铭杰. 民族地区人口城市化质量综合评价及系统耦合分析 [J]. 系统科学学报，2019，107(3)：104-109.

[175] 蓝庆新，刘昭洁，彭一然. 中国新型城镇化质量评价指标体系构建及评价方法—基于 2003—2014 年 31 个省市的空间差异研究[J]. 南方经济，2017，36(1)：111-126.

[176] 肖振宇，宁哲，张杰. 新型城镇化新型度评价研究——基于城市群的视角 [J]. 经济问题，2017(7)：92-98.

[177] 杨新刚. 安徽省县域城镇化质量的时空演变 [J]. 经济地理，2016，36(4)：84-91.

[178] 孙旭，吴忠，杨友宝. 特大城市新型城镇化质量综合评价及其空间差异研究——以上海市为例 [J]. 东北师大学报：自然科学版，2015，

28（3）：154-160.

[179] 李静，张平宇. 三江平原垦区城镇化质量测度研究 [J]. 现代城市研究，2014（5）：63-69.

[180] 郭叶波. 城镇化质量的本质内涵与评价指标体系 [J]. 学习与实践，2013（3）：13-20.

[181] 靖学青. 中国城市化质量的空间差异性及其经济协调性——基于30个省会城市的实证研究 [J]. 宁夏社会科学，2016（6）：89-94.

[182] 曾文，张小林，向梨丽，等. 江苏省县域城市生活质量的空间格局及其经济学解析[J]. 经济地理，2014，34（7）：28-35.

[183] 马林靖，周立群. 快速城市化时期的城市化质量研究——浅谈高城市化率背后的质量危机[J]. 云南财经大学学报，2011（6）：119-125.

[184] 李涛，廖和平，杨伟. 重庆市"土地，人口，产业"城镇化质量的时空分异及耦合协调性 [J]. 经济地理，2015（5）：65-71.

[185] 王钰. 城市化质量的统计分析与评价——以长三角为例 [J]. 中国城市经济，2011，（20）：6-8.

[186] 王艺明，陈晨，高思航. 中国城市全要素生产率估算与分析：2000—2013 [J]. 经济问题，2016，2（8）：1-8，34.

[187] 宋冬梅，刘春晓，沈晨. 基于主客观赋权法的多目标多属性决策方法 [J]. 山东大学学报（工学版），2014，45（4）：1-9.

[188] 陈国宏，康艺苹，李美娟. 区域科技创新能力动态评价——基于改进的"纵横向"拉开档次评价法 [J]. 技术经济，2015，34（10）：17-23.

[189] 孙晓东，冯学钢. 中国省际旅游发展的多指标综合相似性及时空聚类特征 [J]. 自然资源学报，2015（1）：50-64.

[190] 倪鹏飞，白晶，杨旭. 城市创新系统的关键因素及其影响机制——基于全球436个城市数据的结构化方程模型 [J]. 中国工业经济，

2011，2：16-25.

[191] 林佳丽，薛声家. 广东省各市科技创新有效性评价——基于 DEA 超效率模型的分析 [J]. 科技管理研究，2008，28(8)：111-114.

[192] 童纪新，陈继兴，蔡元成. 基于灰色关联分析的区域科技创新效率评价研究——以江苏省为例 [J]. 科技进步与对策，2011，28(10)：108-110.

[193] 周柯，时艳强，曾杨. 科技创新与区域经济转型耦合发展研究 [J]. 区域经济评论，2013(6)：69-77.

[194] 张永凯，薛波. 上海与深圳城市科技创新能力差异及创新模式比较分析 [J]. 科技管理研究，2017，37(11)：71-77.

[195] 胡晓辉，杜德斌. 科技创新城市的功能内涵，评价体系及判定标准 [J]. 经济地理，2011，31(10)：1625-1629.

[196] 罗煜. 郑洛新城市科技创新能力评价——兼论郑洛新国家自主创新示范区建设 [J]. 技术经济，2017，36(1)：90-95.

[197] 李文明. 城市科技创新系统构建过程中的政府对策研究 [J]. 青岛科技大学学报：社会科学版，2007，23(2)：6-10.

[198] 郭凯. 基于灰色系统理论与模糊数学的洛阳创新型城市评价研究 [J]. 科技管理研究，2014，34(5)：49-53.

[199] 杨艳萍. 区域科技创新能力的主成分分析与评价——中原城市群科技创新能力的综合评价 [J]. 技术经济，2007，26(6)：15.

[200] 孙钰，李泽涛，马瑞. 我国城市科技创新能力的实证研究 [J]. 南开经济研究，2008，23(4)：68-85.

[201] 张金邦，苏兵. 科技创新型城市创新能力评价研究 [J]. 价值工程，2012，31(6)：319.

[202] 张鸿，汪玉磊，郝添磊. 城市科技创新效率实证分析——基于 27 个城市的面板数据 [J]. 企业经济，2016，32(11)：149-155.

［203］许楠. 基于 SFA 与 DEA 模型的创新型城市科技创新效率实证研究
［J］. 数学的实践与认识, 2011, 41(18): 112-117.

［204］贺霞, 韩天锡, 张丽. 城市科技创新能力组合评价和贡献度分析
［J］. 天津理工大学学报, 2010, 26(3): 30-34.

［205］褚德海, 张莉莉, 赵希男. 大型城市科技创新能力的竞优评析方
法——以大连市为例［J］. 科技管理研究, 2012, 32(5): 86-91.

［206］王盟迪. 粤港澳大湾区科技创新能力空间结构演变与影响因素探究
［J］. 科技管理研究, 2019, 39(18): 1-10.

［207］刘洁泓. 城市化内涵综述［J］. 理论参考, 2010, 5(2): 31-34.

［208］韩士元. 城市经济发展质量探析［J］. 天津社会科学, 2005(5):
83-85.

［209］朱烨, 卫玲. 产业结构与新型城市化互动关系文献综述［J］. 西安财
经学院学报, 2009, 22(5): 113-117.

［210］刘斌斌, 黄吉焱. FDI 进入方式对地区绿色技术创新效率影响研
究——基于环境规制强度差异视角［J］. 当代财经, 2017, 4: 91-100.

［211］邓峰, 宛群超. 环境规制、FDI 与技术创新——基于空间计量学的经
验分析［J］. 工业技术经济, 2017, 36(8): 51-58.

［212］刘书瀚, 于化龙. 基于生产性服务业集聚的中心城市等级划分及其空
间溢出效应研究［J］. 城市发展研究, 2017, 24(11): 112-118.

［213］Wang X, Qin S, Wu N. Connotation, Measurement of New-type Urbaniza-
tion and the Characteristics of Its Spatial Variation［J］. Areal Research &
Development, 2014, 9(5): 21-28.

［214］Hayes A C. Population quality and sustainable development in Indonesia:
notes on a framework for the discussion of policy issues［J］. Majalah De-
mografi Indonesia, 1990, 34: 1-20.

［215］杨济亮. 新型城镇化背景下传统文化的传承与利用——以闽江口历

史文化名镇名村为例［J］. 福建省社会主义学院学报，2015，1：111-118.

[216] 冯亚芬，俞万源，雷汝林. 广东省传统村落空间分布特征及影响因素研究［J］. 地理科学，2017，37(2)：236-243.

[217] Chao B, Chuanglin F. Quantitative research of water resources constraint on urbanization in arid area of Northwest China：Taking Wuwei and Zhangye cities in Gansu Province as a case［J］. Journal of Desert Research，2007，27(4)：704-710.

[218] Liu Y, Liu Y, Chen Y, et al. The process and driving forces of rural hollowing in China under rapid urbanization ［J］. Journal of Geographical Sciences, 2010, 20(6)：876-888.

[219] 李子伦. 产业结构升级含义及指数构建研究——基于因子分析法的国际比较［J］. 当代经济科学，2014，36(1)：89-98.

[220] 刘宏，乔晓. 创新模式"换角"驱动高质量经济发展［J］. 经济问题探索，2019，6：32-41.

[221] 李静，刘霞辉，楠玉. 提高企业技术应用效率 加强人力资本建设［J］. 中国社会科学，2019，6：37-40.

[222] 胡振亚，汪荣. 工业化、城镇化与科技创新协同研究［J］. 科学管理研究，2012，6：7-10.

[223] 赵传松，任建兰，陈延斌,等. 中国科技创新与可持续发展耦合协调及时空分异研究［J］. 地理科学，2018，38(2)：214-222.

[224] 魏楚,沈满洪. 能源效率及其影响因素:基于 DEA 的实证分析［J］. 管理世界，2007，167(8)：66-76.

[225] 于涛，张京祥，罗小龙. 我国东部发达地区县级市城市化质量研究——以江苏省常熟市为例［J］. 城市发展研究，2010 (11)：7-12.

[226] 包群，陈媛媛，宋立刚. 外商投资与东道国环境污染:存在倒 U 型曲

线关系吗？［J］. 世界经济, 2010(1)：3-17.

［227］林国蛟. 城市化进程与高新技术产业发展［J］. 浙江经济, 2001 (11)：102-106.

［228］约瑟夫, 阿洛伊斯, 熊彼得. 经济发展理论［M］. 北京：商务印书馆, 2009.

［229］庞瑞芝, 范玉, 李扬. 中国科技创新支撑经济发展了吗？［J］. 数量经济技术经济研究, 2014, 31(10)：37-52.

［230］曹萍. 城市基础设施与区域经济发展关系研究［J］. 中国人口·资源与环境, 2011, 136(s2)：451-453.

［231］刘士林. 文化城市与中国城市发展方式转型及创新［J］. 上海交通大学学报(哲学社会科学版), 2010, 18(3)：5-13.

［232］吴明隆. 结构方程模型：AMOS 的操作与应用［M］. 重庆：重庆大学出版社, 2009.

［233］Yang C, Nay S, Hoyle R H, et al. Three Approaches to Using Lengthy Ordinal Scales in Structural Equation Models：Parceling, Latent Scoring, and Shortening Scales［J］. Applied Psychological Measurement, 2010, 34(2)：122-131.

［234］Landis R S, Beal D J, Tesluk P E. A comparison of approaches to forming composite measures in structural equation models［J］. Organizational Research Methods, 2000, 3(2)：186-207.

［235］吴艳, 温忠麟. 结构方程建模中的题目打包策略［J］. 心理科学进展, 2011,19(12)：1859-1867.

［236］Foust M S. Item Parceling Strategies in SEM：Investigating the Subtle Effects of Unmodeled Secondary Constructs［J］. Organizational Research Methods, 1999, 2(3)：233-256.

［237］Cattell R B. Validation and intensification of the sixteen personality factor questionnaire ［J］. Journal of Clinical Psychology，1956，12（3）：205-214.

［238］Little T D，Cunningham W A，Shahar G，et al. To Parcel or Not to Parcel：Exploring the Question，Weighing the Merits ［J］. Structural Equation Modeling A Multidisciplinary Journal，2002，9（2）：151-173.

［239］Matsunaga M. Item Parceling in Structural Equation Modeling：A Primer ［J］. Communication Methods & Measures，2008，2（4）：260-293.

［240］钟彦琰，李冠宇，徐璐. 中国城市高质量发展的空间格局演变及影响因素分析——基于全国 285 个地级市的实证研究［C］// 2018 年（第六届）全国统计建模大赛. 2018.

［241］Wang K，Zhou W Q，Li W F. Impacts of population spatio-temporal dynamics on ecosystem quality during fast urbanization in Beijing，China ［J］. The journal of applied ecology，2016，27（7）：2137-2144.

［242］白雪飞，张阳. 辽宁区域科技创新体系创新能力评价研究［J］. 辽宁大学学报：自然科学版，2012，3：268-272.

［243］薛超. 江苏省科技创新投入与产出绩效关系研究［D］. 扬州：扬州大学，2014.

［244］金碚. 科学发展观与经济增长方式转变［J］. 中国工业经济，2006，6（5）：5-14.

［245］刘永千. 科技成果转化能力评价研究：以上海市为例［J］. 中国科技论坛，2017，1：12-18.

［246］赵玉红，蔡元成，赵敏. 城市科技创新能力比较研究［J］. 华东经济管理，2013，27（12）：162-166.

［247］吴晓云，李辉. 我国区域创新产出的影响因素研究——基于 ICT 的视角［J］. 科学学与科学技术管理，2013，34（10）：69-76.

［248］李宗璋，林学军. 科技创新能力综合评价方法探讨［J］. 科学管理研

究，2005，20(5)：8-11.

[249] 徐珊珊. 云南科技创新产出能力影响因素的灰色关联分析 [J].
2014，5：1-1.

[250] 刘洪久，刘清扬，胡彦蓉. 江苏县域科技创新能力评价的实证分析
[J]. 徐州工程学院学报 (社会科学版)，2018(3)：47-51.

[251] Lin D，Velicer W F，Harlow L L. Effects of estimation methods，number
of indicators per factor，and improper solutions on structural equation
modeling fit indices [J]. Structural Equation Modeling A Multidisciplinary
Journal，1995，2(2)：119-143.

[252] 武松，潘发明. SPSS 统计分析大全 [M]. 北京：清华大学出版社，
2014.

[253] 王其藩，李旭. 从系统动力学观点看社会经济系统的政策作用机制与
优化 [J]. 科技导报，2004，22(5)：34-36.

[254] 王其藩. 高级系统动力学 [M]. 北京：清华大学出版社，1995.